Educar na infância

Gizele de Souza (org.)

Educar na infância
perspectivas histórico-sociais

editoracontexto

Foto de capa
Jaime Pinsky

Montagem de capa
Gustavo S. Vilas Boas

Diagramação
Kenosis Design

Preparação de textos
Lilian Aquino

Revisão
Dayane Pal

Dados Internacionais de Catalogação na Publicação (CIP)
(Câmara Brasileira do Livro, SP, Brasil)

Educar na infância : perspectivas
histórico-sociais / organizadora Gizele de Souza. – São Paulo :
Contexto, 2021.

Vários autores
ISBN 978-85-7244-463-7

1. Crianças – Aspectos sociais 2. Educação – Finalidades e
objetivos 3. Educação – História 4. Educação infantil
5. Infância 6. Pedagogia 7. Sociologia educacional
I. Souza, Gizele de.

09-12960 CDD-306.432

Índices para catálogo sistemático:
1. Infância : Sociologia educacional 306.432

2021

Editora Contexto
Diretor editorial: *Jaime Pinsky*

Rua Dr. José Elias, 520 – Alto da Lapa
05083-030 – São Paulo – SP
PABX: (11) 3832 5838
contexto@editoracontexto.com.br
www.editoracontexto.com.br

Sumário

PREFÁCIO
Educar na infância: a perspectiva do compromisso

Marcos Cezar de Freitas

Este livro reúne pesquisadores que têm colaborado intensa e continuamente com o adensamento dos estudos sobre a infância no Brasil.

É bem-vindo porque retoma a questão da educação na infância projetando-a em perspectiva histórico-social, e esta é, sem dúvida, a perspectiva a ser enfatizada.

Essa ênfase é necessária, a meu ver, porque o recorte histórico-social tem sido um dos principais responsáveis pela continuidade e multiplicação dos estudos sobre a infância em nosso país.

Haverá um momento em que nós, os responsáveis por tais estudos, também nos tornaremos objeto de investigação. Refiro-me à inexorabilidade inerente ao processo que articula os fazeres acadêmicos e que, em dada circunstância, converte os próprios estudiosos de um campo em objeto de estudo.

Esse processo pode ser tomado em perspectiva histórica (se nos concederem o benefício da distância cronológica até que se interessem por nós), tanto quanto pode ser tomado em perspectiva sociológica/antropológica se, desde já, parecer ser importante fazer um *Who is Who?* nos domínios das investigações sobre a criança no Brasil.

Este livro é um marco, nesse sentido. Proporciona ao leitor uma percepção clara e diversificada das muitas tendências que estão presentes discutindo a infância, no cenário nacional. É, ao mesmo tempo, um momento-síntese no qual essa diversidade de atores e tendências se exibe em um só palco, para que os estudos do campo se mostrem como partes da mesma trama que entretece sociedade e infância.

É possível perceber que nós, os que estudamos a criança, a partir das últimas duas décadas do século XX, nos movemos, a despeito de nossas inegáveis diferenças individuais e conceptuais, ao redor de duas palavras-chave: educação e política.

Com essas duas palavras-chave abrimos a maioria das portas por intermédio das quais alcançamos nosso "lugar interpretativo" para falar da criança e da infância como "objetos de ciência" identificados com "nossas" visões de mundo.

Enquanto autores, somos significativamente diferentes em termos metodológicos, ideológicos e acadêmicos. Mas nossos textos, todos, a despeito de nossas diferenças, sempre foram permeáveis ao tema das desvantagens (pessoais e sociais) das crianças e das famílias que se configuraram personagens dos enredos que nos investiram, correta ou incorretamente, da condição de "intérpretes" de suas vidas, de seus problemas e de suas histórias.

No Brasil, no transcorrer de quase todo o século XX, os temas "criança pobre", "mulher pobre", "família pobre", "instituições públicas", "deficiências e deficientes" e tantos outros relacionados à história social da infância, foram construídos na mistura de imagens configuradas socialmente, imagens essas que se fundiram com elementos prenhes da narrativa científica e que foram, muitas vezes, diluídos em argumentos de puro preconceito social.

A categoria "construção social" merece ser lembrada porque diz respeito à configuração não só da infância, mas das instituições públicas brasileiras. O que isso exatamente quer dizer?

Construção social é uma categoria que, direta ou indiretamente, permeia todos os escritos deste livro. Com maior ou menor ênfase, nenhum autor evita enfrentar o tema das configurações de força (política, econômica etc.) que incidem sobre a vida concreta das crianças e de suas famílias.

Para compreender e analisar algumas repercussões dessas configurações basta verificar quantas vezes o tema da sonegação de bem-estar social à criança foi retomado.

Essa mesma categoria, a da construção social, inspirada nalguns estudos que renovaram recentemente o campo da sociologia da infância, também é enfatizada neste prefácio para corroborar o contentamento que sinto quando encontro o tema infância tratado como "tempo social", mesmo quando os aportes interpretativos são diferentes dos meus.

A infância como "tempo social" é, antes de tudo, uma percepção enraizada na "verificação" histórico-social. Indica a compreensão adquirida nos últimos vinte anos, por autores como os que comparecem a este denso livro, de que tanto a disseminação das instituições públicas quanto a situação concreta na qual vivem as crianças, no Brasil, historicamente resultaram de assimetrias profundas nas correlações de força e nos desequilíbrios que se manifestaram na consolidação de direitos entre estratos sociais desiguais e diversificados.

Nesse sentido, a disseminação das instituições públicas voltadas para a infância não foi somente um processo resultante da promulgação de leis específicas e da consolidação de rubricas orçamentárias específicas. A educação das crianças resultou também de um jogo de reciprocidades sociais que, no caso brasileiro, desfavoreceu imensamente as crianças pobres.

Outra virtude implícita nos textos deste livro é a de trazer mais uma vez ao debate o tema da desvalorização social da esfera pública, no Brasil. Trata-se de uma desvalorização que se converteu em verdadeiro descuido para com a criança pobre.

A desvalorização social da esfera pública foi essencial no processo de estratificação através do qual a creche e também a escola pública tornaram-se instituições identificadas com a criança pobre e esta criança pobre foi convertida socialmente em "imagem fundadora" de uma determinada noção de "criança problema".

Para compreender alguns jogos de distanciamento entre setores da sociedade brasileira é necessário ter em conta a formação constante de campos relacionais, para usar uma expressão impregnada da lógica analítica de Bourdieu, em cuja produção de sentido a forma social da educação pública e as diferentes formas sociais da infância brasileira resultaram não só de jogos de dominação primariamente descritos como jogos entre dominantes e dominados. Resultaram também dos jogos de distinção entre pares; distinção que se alimenta também da produção de autoimagens que entretece toda a sociedade.

Concretamente isso significa reconhecer que alguns componentes da desigualdade que assola a vida das crianças pobres também resultam das formas através das quais as pessoas de todos os estratos sociais se percebem reciprocamente.

É importante lembrar com Mayall (2002) que estudar a infância demanda uma atenção bastante especial ao tema da divisão do trabalho. De uma forma geral, a divisão que socialmente se legitima entre domínio público e domínio privado mantém certa "reserva de honorabilidade" para o trabalho feito fora de casa e certa "reserva de depreciação" para o trabalho feito dentro de casa. Não por acaso, há associação direta entre o domínio externo como "trabalho de homem" e o âmbito doméstico como lugar do "trabalho de mulher".

É também importante lembrar, retomando alguns "estudos de gênero" do final da década de 1970, que na divisão do trabalho as pessoas não são simplesmente pacientes, simplesmente passivos receptores da "ordenação do mundo". Ao contrário, os sujeitos sociais se constituem todo momento quando se apresentam como negociadores de seus saberes e práticas. Trata-se de um universo diretamente conectado à história da infância.

Esse campo de negociação (e tensão) permanente constitui um "domínio intermediário" entre as esferas pública e privada e é a luta pelo controle desse domínio que atenua as desvantagens presentes em estruturas totalmente assimétricas.

No processo em que as lutas quotidianas formatam e possibilitam o aumento ou a perda do bem-estar social, mulheres associam as crianças com as quais convivem ao seu "campo de negociação", público e privado. A criança é presença fundamental na negociação da mulher em sua dimensão coletiva e pública. Basta lembrar em muitos países as lutas por creches, escola pública, hospital público etc.; lutas que com maior ou menor intensidade fundem a criança e seus direitos às formas sociais que a condição feminina assume e que interferem decisivamente na maneira como a mulher concebe sua própria inserção no mundo.

A criança é também um componente ativo na organização do cotidiano privado, participando ativamente de um processo no qual sua estrutural desvantagem em relação aos adultos não a impede de participar da reprodução da sociedade ou das mudanças sociais que não cessam de ocorrer (Cf. Corsaro, 1997, p. 5).

Lembremos, porém, que mesmo associada ao campo de lutas femininas, a criança, *per se*, ocupa várias outras posições de subordinação e desprestígio dentro da sociedade. São desprestígios que se manifestam simultaneamente e que lhes são particulares. A criança é depositária de várias desvantagens que se mesclam e se tornam perceptíveis na multiplicação dos sofrimentos marcados pelas questões de gênero e idade.

Por isso, é importante pensar a criança como parte dos "grupos sociais minoritários", essencialmente desvalorizados. A criança é portadora de um desprestígio próprio e também de um desprestígio compartilhado com a mulher.

A condição de minoria, conceituação também apoiada em Mayall (op. cit.) evidentemente não é de ordem numérica, nem estatística. Ser minoria, nessa situação, é uma condição peculiar ao déficit de respeito à voz e ao interesse próprio que acompanha a criança.

Operando uma espécie de soma argumentativa, então, pode-se reconhecer que a pobreza foi (e é) um dado fundamental na construção social das instituições para a educação de "crianças-problema" e a dialética público/privado foi (e é) um dado fundamental para os estudos sobre a infância e suas conexões familiares.

Transitando por cenários impregnados da presença "do social", o que se converte em fortuna crítica em obras como esta é a distância tomada em relação ao entendimento predominante de que a infância é simplesmente uma "fase de transição", finda a qual surge a juventude e, na sequência, a vida adulta. Esse distanciamento deve ser sempre celebrado porque é da especificidade de cada situação a experiência de tempo compartilhada em condições singulares. Ou seja, a construção social de infâncias é uma perspectiva que desaparece nesse evolucionismo característico da noção de fase que se submete à gramática do desenvolvimento pessoal para falar da infância apenas como uma etapa prévia em relação à juventude.

A educação tem sido indicada como estratégia organizadora e regeneradora dos mais importantes processos de socialização secundários, aqueles que excedem o plano da família. Muitas vezes, os chamados problemas educacionais não têm sido mais do que denúncias de que distúrbios carregados da esfera particular estariam a inviabilizar a ação da educação sobre vida social. A casa e a rua tornaram-se parte do conteúdo simbólico que acompanha nossas investigações sobre crianças. Ambas, casa e rua, tornaram-se fantasmagorias sociais a assombrar os sonhos de estabilidade social de uma parcela da sociedade que enxerga na criança pobre uma futura ameaça ao patrimônio econômico acumulado.

O deslocamento em direção às instituições da educação na infância vai se agregando ao campo dos direitos da criança e da mulher. A educação formal das crianças traz para si uma complexa trama de profissionalização que envolve profissionais do ensino, da saúde, da política, da emoção etc. Essa rede profissional participa dos jogos da economia atrelada a uma dimensão de luta permanente por cuidados públicos e privados. Quando paramos para fazer a contabilidade percebemos que são muitos os levantamentos que comprovam gastos superiores com adultos do que com crianças em quase todo o mundo, no transcorrer do século XX.

No transcorrer do século ou do tempo, estamos diante de estudos que são capazes de tratar cada uma das questões aqui indicadas na perspectiva do processo, do transcorrer, da sedimentação.

Por isso, o que pretendo aqui é apenas confirmar a importância de retomar o tema das crianças na escrita da história da educação, tal como fez Cynthia Greive Veiga. Também tenciono recuperar o processo de transição de "criança a escolar", tal como vislumbrado por Maria Luiza Marcilio.

Quero enfatizar contundentemente a necessidade de compreender o que Maria Cristina Gouvêa nos revela sobre a biologização da diferença e o conceito de raça na produção do conhecimento sobre a infância no século XIX. Destaco, ainda, a importância de recuperar, com Moysés Kuhlmann Jr., o lugar dos intelectuais na educação da infância.

O leitor encontrará riqueza argumentativa em todos os capítulos do livro.

Gizlene Neder, Gizele de Souza e Lívia Fraga Vieira ofereceram ao leitor, respectivamente, os textos "Assistência pública à infância", "Os jardins de infância públicos no início do século XX" e " Políticas de educação infantil no Brasil no século XX". Com esses estudos, percebe-se claramente o alcance da categoria "construção social" para o nosso entendimento a respeito da "forma social" que as instituições adquirem, forma essa que extrapola significativamente os limites da relação entre sujeito e lei.

Com o balanço "30 anos da Educação Infantil na Anped", Eloisa Candal Rocha procura recuperar os caminhos da pesquisa sobre educação infantil no Brasil, oferecendo ao leitor a possibilidade de perceber a criança pequena tomada como objeto de pesquisa no âmbito da mais representativa associação de pesquisadores em educação do país.

Fúlvia Rosemberg, no texto "Educação infantil pós-Fundeb", entre tantas questões que provoca, apresenta uma pergunta fundamental: qual a dívida da sociedade brasileira para com as crianças pequenas? A densidade da pergunta fala por si.

Dois textos encerram o livro tratando, cada qual a seu modo, das singularidades e das particularidades presentes tanto na docência na educação infantil quanto nas condições entendidas como favorecedoras ao desenvolvimento de uma educação de qualidade para atender a diversidade. Os escritos são de Marynelma Camargo Garanhani e de Fabiany de Cássia Tavares Silva e nos conduzem para o coração de práticas que, vistas de perto, revelam aspectos que, necessariamente, precisam ocupar o centro de nossas inquietações políticas.

Por fim, cabe esclarecer que a "perspectiva do compromisso" mencionada no título deste prefácio está presente não só nos capítulos que, juntos, tornam este livro uma obra que já nasce como referência. O compromisso com os direitos e com o bem-estar da criança é um traço distintivo na trajetória de todos os intelectuais que aceitaram o convite para compor esta coletânea. Por isso, este é um livro singular.

Conceição do Jaguari, junho de 2009.

Bibliografia

CORSARO, W. *The sociology of childhood.* Indiana: Pine Forge Press, 1997.

MAYALL, B. *Towards a sociology for childhood.* Buckingham: Open University Press, 2002.

_______. *Children's childhood*: observed and experienced. London: Falmer Press, 1994.

Apresentação

Gizele de Souza

Os textos que aqui se encontram marcam as especificidades e interesses de estudo de colegas que aceitaram de pronto participar desta empreitada editorial, e, do mesmo modo, identificam um campo comum. O que os reuni? A educabilidade da infância – escrutinada por meio de fontes e aportes metodológicos diversos – no recorte histórico-social.

O convite aos pesquisadores deste livro não se centra na especialidade do mundo infantil, mas em fenômenos nos quais a infância é ou foi partícipe de processos sociais. Nessa perspectiva, entendo que se possa pensar a criança não como *persona* que vaga sozinha desgarrada dos adultos e de seus pares no tempo e no espaço, mas como ser social que vive na *relação* com adultos e crianças, produz e se produz nesta convivência. Nessa direção compreendo que a infância é constructo social e que a experiência de infância deve ser tomada, como declara Cynthia Veiga (2004), como "tempo geracional numa perspectiva relacional", aqui se tratando de adultos e crianças.

Os estudos da infância vêm ganhando força e espaço no campo da sociologia e da história e se consolidando como um terreno fértil, convidativo e específico, em terras brasileiras como em outros países. Maria Cristina Gouvêa (2008) demonstra, por exemplo, referente à produção historiográfica que

> o aumento da produção fez-se acompanhar, nas investigações mais recentes, por um refinamento terminológico, em que se busca precisar os conceitos que definem o campo. Assim é que termos como infância e criança, muitas vezes tomados indistintamente, vêm sendo melhor diferenciados (Gouvêa, 2008, p. 97).

Neste livro o leitor encontra textos sobre infância amparados nos aportes da história, da história da educação, da sociologia, da sociologia da educação, da sociologia da infância e da pedagogia. Todavia, a organização do livro se centra por eixos temáticos e neles os artigos examinam determinados objetos na perspectiva do passado e da contemporaneidade.

A primeira parte – História, Infância e Educação – é composta por artigos que vasculham e analisam a relação da infância e da educação na perspectiva da história. Tal empreitada é iniciada por Cynthia Greive Veiga em "As crianças na história da educação", no qual se volta a discutir algumas questões que possam vir a contribuir para os debates sobre a escolarização das crianças, refletindo sobre a importância que o percurso da educação escolar teve na conformação da infância enquanto geração diferenciada de outras.

Maria Luiza Marcilio examina como o modelo escolar ocidental de educação popular se consolida e transforma crianças em escolares, como este modelo generaliza uma relação pedagógica com a infância, propõe novas formas de organização do tempo e do espaço e a profissionalização dos professores. A questão é analisada em várias províncias/estados brasileiros, em fins do século XIX e início do século XX.

O texto intitulado "Raça e infância no século XIX", de Maria Cristina Gouvêa, põe-se como tarefa discutir como a escola e seu sujeito criança/aluno compõem-se como escopos de estudos e intervenções de investigadores sociais voltados para apreensão da diferença ao longo do século XIX.

Moysés Kuhlmann Jr., em seu estudo "Relações sociais, intelectuais e educação da infância na história", trata do conceito de intelectuais e de seus significados e apresenta alguns modos de circulação das ideias em relação à educação da infância. Além dos intelectuais eleitos como objeto de análise para se pensar a história da infância, no texto de Gizlene Neder, vemos a ideia de autoridade presente nas instituições políticas do Estado (escolas e asilos) na passagem à modernidade no Brasil, entre os séculos XIX e XX. Está em destaque o processo de estruturação político-institucional do Estado, considerando as concepções e ações políticas para o desempenho da autoridade pública, em relação aos meninos desvalidos e cegos.

A direção do meu artigo, "Os jardins de infância públicos no início do século XX", e de Lívia Fraga Vieira, "Políticas de educação infantil no Brasil no século XX", refletem estudos de história da educação infantil que dão visibilidade às ações do poder público no atendimento à educação infantil em duas experiências históricas locais.

A segunda parte do livro concentra-se em Políticas e Práticas para a Infância e é composta por quatro artigos. O texto da Eloisa Rocha, "30 anos da Educação Infantil na Anped", apresenta uma revisão da trajetória do Grupo de Trabalho 07 – da Educação da Criança de 0 a 6 anos – no percurso das reuniões anuais da Associação Nacional de Pesquisa e Pós-Graduação no Brasil (Anped), referente aos 30 anos de sua existência. Tem o propósito de recuperar e examinar os caminhos e rumos que a pesquisa sobre educação infantil no Brasil assumiu nessa esfera acadêmica. Esse artigo expõe um importante contexto daquilo que a área de educação infantil já acumulou e priorizou como perspectiva de pesquisas e colabora para o exame das questões que o texto da Fúlvia Rosemberg provoca sobre o atual cenário político de financiamento para a educação. "Educação infantil pós-Fundeb" questiona as possibilidades de superação de impasses e manutenção de problemas na oferta da educação infantil diante da nova legislação federal de financiamento da educação básica no Brasil. A preocupação da autora, ancorada em dados estatísticos recentes, é como atentar e identificar novas formas de avanço na distribuição de recursos e oferta de atendimento e qualidade para a educação infantil, ao mesmo tempo manter a vigília e crítica diante das desigualdades sociais, nas quais as crianças pequenas estão historicamente imersas.

O capítulo "A docência na educação infantil", de autoria da Marynelma Camargo Garanhani, põe como centralidade a necessidade de reflexão sobre a natureza e especificidade da docência na educação infantil. No encerramento do livro, mas não do debate, o texto de Fabiany Tavares Silva, "Necessidades educacionais especiais", propõe-se a discutir a relação da temática da infância e a(s) deficiência(s), assim como perpassa pela análise das interpretações sobre currículo e adaptações curriculares para identificar aproximações possíveis das leituras de controle e de emancipação no contexto da teoria curricular com a questão da construção das adaptações curriculares.

De antemão agradeço a todos os autores e amigos que apostaram comigo que os debates e encontros que realizamos em outras ocasiões pudessem se transformar em um livro que trouxesse consigo um interessante roteiro de investigação acerca da infância.

É inevitável que reserve as últimas palavras de agradecimento ao amigo Marcos Cezar de Freitas, que tem sido há alguns anos meu *companheiro de aventuras científicas* (organização de seminários, projetos, livros), e que aqui também, como de costume, me deu o seu apoio. O belo prefácio que preparou para este livro revela o cuidado, o refinamento e gentileza que teve com os escritos dos colegas. Tais características não são só de perspectiva analítica do autor, mas de posicionamento ético.

Bibliografia

BECCHI, Egle. Chi è il bambino? In: LODI, Donata; BARATELLI, Micali (a cura di). *Una cultura dell'infanzia*: contributi per la società di domani. Roma: La Nuova Itália, 1997, pp. 20-8.

GOUVÊA, Maria Cristina Soares de. A escrita da história da infância: periodização e fontes. In: SARMENTO, Manuel; GOUVÊA, Maria Cristina Soares de (orgs). *Estudos da infância*: educação e práticas sociais. Petrópolis: Vozes, 2008, pp. 97-118.

VEIGA, Cynthia Greive. Infância e modernidade: ações, saberes e sujeitos. In: FARIA FILHO, Luciano M. (org). *A infância e sua educação*: materiais, práticas e representações (Portugal e Brasil). Belo Horizonte: Autêntica, 2004, pp. 35- 82.

PRIMEIRA PARTE

História, Infância e Educação

As crianças na história da educação

Cynthia Greive Veiga

Primeiro Grupo Escolar de Belo Horizonte, 1907 (Barão do Rio Branco). Acervo Banco de Imagens do Museu da Escola de Minas Gerais.

> A infância precisa ser mais protegida, quer contra a ignorância, quer contra as moléstias [...] Assim sendo, cabe por enquanto à escola o principal papel na proteção da infância.
>
> *Vida Escolar, ano II, 15/04/1908*

Este comentário publicado em um periódico escolar de Minas Gerais no ano de 1908 nos indica um contexto em que a escola cada vez mais se apresentava como uma instituição de socialização das gerações. Contudo, é curioso observar que somente recentemente constatamos uma maior interlocução entre a história da infância e a história da educação e escolarização. Durante um bom tempo, a história da educação se fez sem problematizar um dos seus principais sujeitos: a criança, na maioria das vezes subsumida na categoria aluno. Aliás, tendência que muitas das vezes ainda se manifesta no presente, quando em muitas situações de discussões educacionais as crianças e os adolescentes são homogeneizados como alunos.

Não se pretende aqui fazer um balanço dos modos como as crianças se fazem presente na escrita da história da educação, mas apresentar algumas proposições de análise que possam vir a contribuir para o debates sobre a escolarização das crianças. Algumas das considerações já foram desenvolvidas em outros textos, e o propósito deste texto é ampliá-las no sentido de refletir sobre a importância que o desenvolvimento da educação escolar teve na conformação da infância enquanto geração diferenciada de outras.

Compreendo o tempo da infância como uma produção sociocultural. Em meus estudos históricos sobre a infância[1] tenho ressaltado a fundamental importância de problematizar sobre as dinâmicas relacionais e as relações de interdependência entre as gerações para avançarmos na discussão da constituição de uma geração. Observa-se que tais relações são elaboradas em diferentes tempos e lugares, considerando ainda que a produção da identidade das gerações se faz combinada a outras categorias, como gênero, classe social e etnia.

Ressalto ser a minha proposição conceitual fundamentada na sociologia de Norbert Elias[2], à qual me proponho a indicar algumas questões de estudo para pensarmos a escrita da história da escolarização das crianças. Assim organizei minha exposição em três itens: a constituição da infância civilizada; práticas civilizadas de educação; a escola para todos como espaço de socialização das "infâncias".

A constituição da infância civilizada

> [...] Por sua vez aprende então que uma menina não traja sedas como uma grande senhora, não usa chapéu de plumas, não traz diamantes, não fala na sala quando há visitas; que se deita às oito horas da noite e levanta-se às seis da manhã; que ainda não vai ao teatro, nem ao baile, nem ao concerto; que aprende também a cumprimentar os visinhos, a apertar a mão dos amigos do pae, a conversar com a boneca e com as amiguinhas, a ter muito juízo e a não chorar quando a mãe sahe sem leval-a.[3]

Essa orientação foi dada por Felix Ferreira no periódico *A Mãi de Famila*, de 1881, em sua coluna "Educação da Mulher". Nas palavras do autor, problematizo o destaque para a distinção entre atitudes de uma senhora e aquelas "próprias" de uma criança, acrescentando-se o seu enfoque de que tais atitudes são frutos de aprendizagem.

Minha principal hipótese em relação à elaboração da infância como geração distinta de outras por meio de variados e sistematizados saberes e ações é de que tal diferenciação se fez como acontecimento integrante do processo civilizador, na maneira como sistematizado por Norbert Elias.[4] O autor observa que no Ocidente, por volta do século XV – a partir do desenvolvimento de novas relações funcionais entre os indivíduos, do aparecimento da sociedade de corte absolutista, do momento em que se estabeleceram os monopólios da violência física e da tributação e, portanto, da organização dos estados nacionais – ocorreu uma grande transformação dos costumes. Tal fato alterou o comportamento dos indivíduos, mudando as relações de interdependência e as figurações sociais num processo de longa duração histórica.

Esse comportamento se caracterizou fundamentalmente pela demanda da ampliação da capacidade de autocoerção dos instintos e dos impulsos em detrimento da coerção externa. Ter determinadas atitudes e hábitos, inicialmente como aparência e posteriormente como "segunda natureza", se apresentou como modelo civilizado de convivência social. Esse movimento possibilitou que grande parte dos países ocidentais se autointitulassem como povos civilizados. Assim, em meio às diferenciações de comportamentos como procedimento de distinção social, podemos nos perguntar de que maneira tais mudanças interferiram também na produção das diferenças geracionais, ou seja, na melhor definição das distinções entre o comportamento infantil e o adulto.

Autores como Philippe Ariès[5] e Jacques Le Goff[6] discutiram a história da infância a partir da premissa de que a criança foi um não valor na Idade Média. Segundo Le Goff, "amava-se nas crianças o homem ou a mulher que seriam".[7] Philippe Ariès afirma que até o século XVII "não havia espaço para a infância".[8] Contudo, no início do século XXI, observamos que ainda os sentimentos em relação à infância são ambíguos, embora as referências científicas e culturais de diferenciação geracional já estejam consolidadas. Isso serve tanto do ponto de vista do seu tratamento, como podemos constatar através da permanência de atos de violência física e moral contra a criança, como de sua percepção, a criança por ela mesma ou o adulto que virá a ser.

Quero enfatizar com essas constatações que talvez os temas do não valor ou da ausência/presença de sentimentos em relação à infância não sejam suficientes para compreendermos a elaboração da infância como tempo distinto do adulto. Minha pergunta se faz no intuito de pensar o que ocasionou alteração nas formas de trato com as crianças, tendo contribuído ou não para a permanência, superação e/ou aparecimento de sensibilidades múltiplas em relação a elas.

A primeira questão, portanto, refere-se à necessidade de compreender quais as circunstâncias que possibilitaram à sociedade adulta perceber a criança como um outro distinto. Isso talvez nos remetesse a outros questionamentos: o que teria acontecido no mundo adulto para que houvesse o desenvolvimento de estratégias diferenciadoras dessas gerações, particularmente em relação à criança? Do ponto de vista da produção da consciência da distinção geracional, quais foram os elementos definidores da condição de ser adulto, para além dos mecanismos jurídicos, estabelecidos através dos procedimentos de indicação da maioridade?

Minha primeira hipótese é a de que para se apreender a elaboração da infância como objeto sócio-histórico é necessário ir além de uma lógica supostamente natural/evolucionista de entendimento da infância como uma das etapas biológicas da vida, ou seja, é também preciso compreender o tempo geracional numa perspectiva relacional como uma dimensão da experiência humana que demandou um longo processo de aprendizagem, e aqui estaremos tratando de adultos e de crianças. Ou nas palavras de Elias:

> Para os homens que crescem no interior de sociedades como as nossas talvez pareça óbvio que todo o mundo tem uma ideia de sua própria identidade como um ser vivo que passou da infância para a maturidade, que envelhece e que morrerá, mais cedo ou mais tarde. Esta representação de identidade pessoal como um *continuum* de mudanças, como uma individualidade que passa por um crescimento e um declínio, pressupõe um imenso patrimônio de saber [...]. Na falta de um longo desenvolvimento prévio do saber, os homens dificilmente poderiam perceber a uniformidade e a regularidade que marcam a referência dos acontecimentos em toda a extensão que deles conhecemos hoje em dia. [9]

Esta aprendizagem esteve relacionada ao processo histórico de elaboração das coerções. Norbert Elias apresenta as maneiras distintas nas quais os seres humanos se expõem à coação: coações impostas pela sua natureza animal (fome, impulso sexual, envelhecimento...); coações decorrentes da necessidade de sobrevivência (buscar alimentos, afeto, proteção...); coações decorrentes da interdependência, vindas do outro, e que as pessoas exercem mutuamente (*Fremdzwänge*); autocoação (*Selbstkontrolle*), realizada fundamentalmente através da aprendizagem e da experiência, da assimilação de um *habitus* na perspectiva da razão e da consciência.[10]

De acordo com o autor, as relações entre esses tipos de coações mudam em ritmos diferenciados. Enquanto as coações elementares são praticamente as mesmas para todas as espécies humanas, o padrão das relações entre coações decorrentes da interdependência e a autocoação varia imensamente de uma estrutura social a outra e dentro de uma mesma estrutura social de acordo com a dinâmica específica de constituição de uma e outra forma de coação. A análise das diferenciações e integrações das coações numa sociedade é o fundamento de sua teoria da civilização. Assim afirma: "A característica dos processos civilizadores, como foi revelado pelas minhas pesquisas, consiste numa mudança na relação entre coações sociais externas e autocoações individuais."[11]

Os principais argumentos aqui apresentados se referem, primeiramente, ao fato de que ocorreram mudanças de costumes, ou melhor, dos modos de coação, interferindo na própria condição de ser adulto. Num primeiro momento, têm-se alterações de comportamento que distinguem classes sociais entre civilizadas e rudes; em seguida, associam-se também comportamentos indicadores de lugar geracional com a aproximação dos comportamentos dos "grupos inferiores e primitivos" aos infantis e dos grupos representados como civilizados aos adultos. Por exemplo, nas orientações de uma *Civilité Française*, provavelmente de 1714, temos a seguinte prescrição: "Não conserve sempre a faca na mão, como fazem camponeses, mas pegue-a apenas quando dela precisar."[12]

Phillipe Ariès, em seus estudos, observou que a indistinção entre adultos e crianças, ou a "mescla das idades", em várias circunstâncias perdurou até meados do século XVIII, mas acrescenta ainda que também ocorria em larga escala misturas entre classes diferenciadas por época das festividades públicas. Ao investigar os jogos e brincadeiras no antigo regime, afirma de maneira geral a existência de indistinção das idades e classes sociais para essas atividades até o início do século XVIII. Entretanto, já desde o século XVII aconteceu uma distinção entre as atividades praticadas por adultos (mais elaboradas) e as praticadas pelas crianças e pessoas pertencentes ao povo pobre. Dessa maneira podemos afirmar que a consagração do adulto honrado e civilizado em distinção ao povo pobre e rude, favoreceu também a distinção do adulto em relação à criança, pela expectativa social produzida ao longo destes séculos em relação aos hábitos, costumes e comportamentos de um adulto civilizado, ou ainda a sua capacidade plena de autocoerção.

Mas a condição de ser adulto civilizado, distinto das camadas pobres e rudes, foi sendo elaborada não somente a partir das necessidades sociais de distinção de classes, mas também a partir da elaboração das prescrições de educação civilizada das crianças. Conter emoções em relação a ela, aplicar-lhes castigos e ensinamentos morais, acompanhar o seu desenvolvimento, além das fortes críticas ao seu abandono e as orientações para que as famílias assumissem a responsabilidade pelo seu cuidado, foram ações e ideias que consolidaram a produção de um novo lugar do adulto. Destaca-se, por exemplo, a organização da família nuclear e produção do padrão de comportamento da mulher adulta civilizada, ou seja, aquela que deve saber e assumir de modo esclarecido e consciente sua nova condição de mulher: ser mãe de família e esposa dedicada.

Nesse contexto, ocorreram significativas alterações na dinâmica relacional não somente entre ricos e pobres, mas especialmente entre adultos e crianças e homens e mulheres, interferindo radicalmente em suas relações de interdependência. No caso das relações entre as gerações infantil e adulta, observa-se um maior desequilíbrio de poderes. Na medida em que se tem, por um lado, maior conhecimento do desenvolvimento biológico e psicológico das crianças e, de outro, maior sofisticação nos aparatos legais de organização da sociedade, ocorreu uma ampliação da dependência funcional das crianças em relação aos adultos e dependência social das crianças em relação ao Estado e a diferentes instituições, com destaque aqui para a escola.

Dessa maneira, podemos dizer que a constituição da infância civilizada se fez em meio às alterações das funções sociais dos adultos, à racionalização das atitudes e à produção de expectativas sobre o lugar do futuro adulto. Quando os adultos foram deixando, aos poucos, de perceber a criança no seu presente como um "adulto em miniatura", projetaram-na para o futuro, sendo a infância interpretada como um tempo de construção do futuro num contexto de reelaboração dos sentimentos da passagem do tempo e de elaboração da noção de previsibilidade. Na afirmação de Elias,

> A moderação das emoções espontâneas, o controle dos sentimentos, a ampliação do espaço mental além do momento presente, levando em conta o passado e o futuro, o hábito de ligar os fatos em cadeia de causa e efeito – todos esses são distintos aspectos da mesma transformação de conduta, que necessariamente ocorre com a monopolização da violência física e a extensão das cadeias de ação e interdependência social. Ocorre uma mudança civilizadora de comportamento.[13]

Compreendendo o tempo como um símbolo cultural e uma produção histórica, é o próprio tempo uma experiência de coerção externa e autocoerção. Tal experiência é fruto de aprendizagem social e componente do processo civilizador que se conformou lentamente em um *habitus* social. Envolve a individualização da regulação social do tempo e o desenvolvimento do sentimento de passagem do tempo como referência ao curso da vida individual e das transformações da sociedade.

As alterações oriundas do comportamento civilizado, pautadas pela coerção interna e contenção das emoções, desenvolveram nos indivíduos a necessidade de previsão de atitudes, estabelecendo-se condições de previsibilidade. Mas também, como componente do processo civilizador, na produção de uma autoimagem civilizada, esteve presente uma orientação no curso do tempo, de maneira que passado, presente e futuro se estabeleceram como representações simbólicas de progresso, dispostas linearmente.

Em meio às mudanças na percepção da passagem do tempo, podemos identificar que a partir de fins do século XVII estabeleceu-se a noção de desenvolvimento, no século XVIII, a de progresso e no século XIX, a de evolução. Associados a isso, ampliaram-se cada vez mais a distância entre padrões comportamentais e emocionais de adultos e crianças. Assim, no século XIX, a previsibilidade como *habitus* social demandou uma especificidade nos cuidados físicos e morais das crianças, como maneira de prever o seu desenvolvimento e o seu futuro como um adulto civilizado, honesto, trabalhador. Nos dizeres de Felix Ferreira em outra matéria do jornal *A Mãi de Família*:

> As cousas que aprendemos, os livros que lemos, os conselhos que nos dão, não tem por fim unicamente ocupar os primeiros annos da nossa juventude; mas principalmente, assegurar-nos uma existencia feliz, e um futuro prospero, dando-nos a fortaleza da alma pelos exercícios moraes e o vigor do corpo pelos exercícios physicos.[14]

Destacaria, ainda, que a consciência das diferenças geracionais implicou uma maior necessidade dos registros da memória do curso da vida, como é o caso da confecção de álbuns, diários e das comemorações. Pierre Bourdieu assim analisa o aparecimento de uma nova atitude e comportamento familiar:

> Fotografar as suas crianças é fazer-se historiográfico de sua infância e preparar-lhes, como um legado, a imagem do que foram [...]. O álbum de família exprime a verdade da recordação social. Nada se parece menos com a busca artística do tempo perdido que estas apresentações comentadas das fotografias de família, ritos de integração a que a família sujeita os seus novos membros. As imagens do passado dispostas por uma ordem cronológica, ordem das estações da memória sociais, evocam e transmitem a recordação dos acontecimentos que merecem ser conservados porque o grupo vê um fator de unificação nos monumentos da sua unidade passada ou, o que é equivalente, porque retém do seu passado as confirmações da sua unidade presente.[15]

Associado a isso há o incremento de diversas comemorações tais como as festas de casamento, aniversário, celebração do natal, entre outras onde é possível comemorar e rememorar o curso da vida.[16] A partir de fins do século XIX, naturaliza-se a percepção da infância porque representada e interpretada como mais uma etapa da vida e como possibilidade nova de controle do futuro. Nesse contexto, pouco se interroga sobre a constituição sócio-histórica das gerações e do longo processo demandado para a definição de infância civilizada.

Práticas civilizadas de educação

Oh, que existência doirada
Lá cima, no azul, na gloria,
Sem Cartilha, sem taboada
Sem mestre e sem palmatória! (...)
Como querem que despontem
Os frutos da escola aldeã,
Se o nome do mestre é ontem
E do discípulo amanhã![17]
(Guerra Junqueiro, 1878)

A educação de maneira geral possui uma longa duração histórica marcada por violência nas relações entre adultos e crianças. Mas ao longo do processo civilizador desenvolveram-se novas prescrições no trato com as crianças, com fortes críticas à violência física e ao abandono.

É possível que as orientações em relação à necessidade de conter a violência física em crianças estejam num primeiro momento relacionadas à ênfase no comportamento diferenciado do adulto e não propriamente na consciência de tratamento adequado a uma criança. Mario Manacorda, ao discorrer sobre as regras contidas no *Conduite des écoles chrétiennes* elaboradas por João Batista de La Salle em 1702, apresenta as várias sanções sobre o comportamento dos alunos e os modos de se estabelecer a ordem nas escolas. A indicação de maior controle no uso do castigo físico se estabelece sobremaneira pela vergonha a que um adulto honrado poderia ser exposto ao usar da violência e não propriamente pela dor causada nas crianças. Sobre esses dispositivos, tem-se que:

> Em compensação se excluem, porque indignos de um mestre sacerdote, bofetões, pontapés ou golpes de vara [...] ou puxões de nariz, de orelhas, de cabelos, ou dar empurrões ou puxar pelo braço.[18]

John Locke (1632-1704), em sua conhecida obra *Alguns pensamentos acerca da Educação,* com primeira edição em 1693, afirmava:

> [...] sou bastante inclinado a pensar que a grande severidade de punição faz muito pouco bem e, ao contrário, grande mal na educação; e penso que será visto que [...] as crianças mais castigadas raramente tornam-se os melhores homens.[19]

Este autor não era o único a criticar o "sadismo pedagógico" na educação das crianças, vários outros o fizeram principalmente no contexto histórico em que se alteravam os relacionamentos humanos através da diminuição do emprego de violência física na resolução de conflitos e estabeleciam-se novos padrões de comportamento.

Para John Locke deveria haver uma sintonia entre a educação do corpo e educação da mente, dado que a fortaleza do corpo reside na capacidade do indivíduo de suportar privações, e o mesmo se daria com a mente. Assim, afirma:

> [...] o grande princípio e fundamento de toda a virtude e valor está colocado nisto: que um homem seja capaz de negar a si mesmo seus próprios desejos, contrariar suas próprias inclinações e seguir puramente o que a razão indica como melhor, embora o apetite incline-se em outra direção.[20]

Em seu pensamento era necessário encontrar um equilíbrio na educação das crianças que se estabelece entre a benevolência e a severidade. Nem deixar que façam o que querem, pois isso "amolece o espírito", nem tão pouco reprimir e humilhar, pois uma "disciplina escrava forma um caráter escravo",[21] cedendo lugar a adultos tirânicos. O que ele propõe como equilíbrio era exatamente o que os colégios e posteriormente as escolas públicas de instrução elementar iriam largamente adotar, ou seja, um programa de educação fundamentado em recompensas e punições, respectivamente a rédea e a espora necessárias para guiar as crianças na racionalidade e estabelecer a virtude. Segundo Locke, é fundamental desenvolver na criança os sentimentos de estima e de consideração.

> Se puderdes uma vez inspirar nas crianças o amor pela credibilidade e o receio da vergonha e desconsideração, tereis colocado nelas o verdadeiro princípio, o qual agirá constantemente e inclina-las-á ao bem.[22]

Dessa maneira, as práticas disciplinares lentamente foram prescritas na direção dos castigos morais, da exposição, do vexame público, da formação do sentimento de vergonha, acompanhando outros rituais e costumes presentes na sociedade. Contudo, como sabemos, a violência contra crianças permaneceu tanto na relação pedagógica como na relação geracional entre crianças e adultos.

Norbert Elias observa que vergonha, repugnância e embaraço são sentimentos peculiares à modelação da economia das pulsões. Associados à racionalização dos impulsos, se constituíram como características do processo civilizador, em que o indivíduo experimenta sensações que entram em choque não somente perante a opinião social, mas que o colocam em conflito com a parte de si mesmo que representa essa opinião. Podemos dizer que uma nova subjetividade estava em curso.

No início do século XIX, a mesma preocupação se apresenta para os propagadores da escola monitorial, como podemos observar nos dizeres de um autor de fins de século XIX, Octave Greard:

> É um dos títulos dos fundadores das escolas mútuas o reconhecimento público de ter proscrito as punições corporais – a palmatória e o chicote – que, até então, eram usadas; e não será demais reconhecer terem procurado substituir no coração dos alunos o sentimento de medo pelo sentimento de honra, ou como disse M. de Laborde, o sentimento da vergonha bem administrado. [23]

O que esse autor indica como o grande mérito de Bell e Lancaster relaciona-se a uma revolução nos costumes, ou seja, a produção de uma disciplina que venha de dentro para fora a ser desenvolvida pelos alunos do povo. Dessa maneira, a ideia de introduzir no coração dos alunos o sentimento de honra foi a marca dos processos de produção do aluno civilizado nas salas de aula dos séculos XIX e seguintes.

É também o que podemos notar no relatório de um professor de Minas Gerais, Assis Peregrino, em 1839. Citando um educador nomeado como Buffan, afirma ser necessário ao mestre constranger o menino, pois este traz do berço a indulgência ou o excesso de severidade dos pais. Abominando a palmatória e os castigos corporais (pancadas), comunga com outros autores de época da necessidade de fazer predominar nas aulas a emulação, o que tornaria as punições pouco necessárias, que deveriam ser raras para produzirem efeito. Em seus registros indica para uma hierarquia de punições que vai da perda de pontos à comunicação com os pais e expulsão da escola. Chamam-nos atenção dois itens pela característica do vexame público: "o de ficar em pé em um lugar designado durante a parte da aula" e "a obrigação de trazer um escrito pendurado ao pescoço designando a natureza do crime".[24]

Entretanto o maior destaque de Peregrino é dado às recompensas, pois, "fazem nascer sentimentos virtuosos",[25] tais gratificações também se estabelecem numa hierarquia como: mudanças de classes, carta para famílias, recebimento de pontos, vales para trocar por materiais escolares, entre outros. O autor observa que tudo deve ser feito com muito discernimento e, principalmente, sem exagero no enaltecimento das ações do aluno, pois ele deve compreender que o bom comportamento é, antes de tudo, um dever. Também chamou-nos atenção o fato de que alguns elogios são feitos em público diante dos colegas ou mesmo dos habitantes das localidades.

> Na ocasião dos exames que fazem os alunos antes de irem de férias, haverá uma distribuição de prêmios feitos em presença das autoridades locais e todos os mais habitantes que quiserem concorrer para solenizar este ato.[26]

Outras fontes nos informam sobre as mudanças dos procedimentos disciplinares para os alunos, no caso de Minas Gerais.[27] Isto pode ser detectado a partir da legislação e também em correspondências diversas, nas quais há registro de casos em que professores foram suspensos de suas atividades por terem aplicados castigos físicos nos alunos.

Entre tantas outras prescrições para a educação da infância civilizada destacaria os apelos para os adultos conterem os mimos. Nos tratados de educação dizia-se que os "mimos" amolecem a alma e o corpo dos indivíduos. John Locke, na obra já citada, enfatiza a necessidade de disciplinar corpo e mente, no objetivo de educar os instintos e conter as emoções. O mesmo estava prescrito em vários outros tratados ou autores como o de Alexandre de Gusmão (1629-1724), François Fénelon (1651-1715),[28] Rousseau (1712-1778), Kant (1724-1804), além de uma infinidade de autores e obras do século XIX, cuja temática da moderação nas atitudes com as crianças foi um tema recorrente.

Desde então é curioso observar uma forte preocupação com a diferenciação dos sentimentos e os modos de manifestá-los como condição de uma relação civilizada e equilibrada. Desde o século XIX, esse tema esteve fartamente presente em revistas e periódicos especializados destinados a mães de família e professores.

Assim, tem-se que o desenvolvimento dos sentimentos de vergonha e pudor também alterou o comportamento dos adultos, ampliando a distância entre os padrões comportamentais e emocionais de adultos e crianças, e entre homens e mulheres. Como exemplo é interessante observar nos manuais de civilidades, entre os séculos XV e XVIII, uma lenta mudança de hábitos de comportamento em relação ao corpo nu e ao comportamento no quarto de dormir, como aprofundamento dos sentimentos de decoro e da contenção da exposição. Segundo Norbert Elias,

> Não deixa de ter um toque paradoxal o fato de que, à medida que aumentam o controle, a restrição e o ocultamento de ardores e impulsos que são exigidos do indivíduo pela sociedade e, por conseguinte, se torna mais difícil

o condicionamento dos jovens, mais a tarefa de instalar os hábitos socialmente requeridos se concentre na família nuclear, no pai e na mãe... A inter-relação dos hábitos de pais e filhos, através da qual a vida instintiva da criança é lentamente modelada, é assim determinada por nada menos do que pela razão.[29]

A escola para todos como espaço de socialização da infância

Não pode haver, pois, hesitação no caminho traçado ao poder publico. Ao Estado cumpre intervir na instrução popular, mas intervir com a convicção inabalavel de satisfazer a verdadeira necessidade social, necessidade que funda-se na existência da collectividade organizada, – necessidade que só pode ser bem atendida quando auxiliada pela sciencia pedagógica.[30]

A difusão da escolarização para todas as crianças se apresentou como um novo lugar de socialização da infância como prévia de organização das coletividades do futuro. A monopolização da escola pelo Estado se apresentou como fator fundamental de desenvolvimento do imaginário de coesão social pela socialização da infância.

Assim, difundiu-se na escola uma nova interdependência social, entre professores e alunos. Contudo, inicialmente na condição de aluno, não esteve necessariamente presente uma consciência da infância como etapa distinta de outras gerações. Por exemplo, no Brasil, as experiências escolares do início do século XIX ainda foram caracterizadas pela mistura de gerações (crianças e jovens), numa pedagogia que se fazia para alunos, e não gerações. Somente através da intervenção científica na escola, em especial da psicologia, é que foi possível estabelecer formas de socializar distintamente as crianças. Pode-se pensar que a identidade da criança se faz também confundida ou até secundarizada com a de aluno.

De outro lado, é preciso refletir sobre o próprio processo de formação dos professores, onde entre o mestre-escola e a professora,[31] decorreu um longo tempo de aprendizagem de novas atitudes dos professores e adultos em relação aos alunos e às crianças. Para isso concorreram a constituição do próprio espaço escolar, distinto do espaço doméstico do mestre escola e possibilitador da afirmação do aluno na criança. Mas também o processo de feminização do magistério, em que através da argumentação de uma disposição materna naturalizada teria sido possível afirmar a criança no aluno. Associado a isso, tem-se, por exemplo, a divulgação das escolas normais como instituições apropriadas para a formação de professores em métodos voltados para as crianças. Em relatório de 1865, elaborado por uma comissão do governo e dirigido ao presidente da província, tem-se a análise da situação da instrução pública em Minas Gerais:

> Em todo o mundo civilizado, Exmo. Sr., tem-se reconhecido que o meio único de forma-se bom professor, é a existência de uma eschola normal. Verdadeiro viveiro de professores, todos aquelles que se destinão ao magistério vem ahi apprender, pela lição e pelo exemplo, methodos apropriados para incutir no espírito tenro das crianças os sãos princípios da educação e instrucção elementar.[32]

A discussão a respeito de métodos apropriados e materiais escolares adaptados às necessidades das crianças aos poucos foi caracterizando o discurso pedagógico da época, concomitantemente ao desenvolvimento da conscientização das distinções geracionais, processo quase concluído em fins do século XIX. Observa-se que entre as ações empreendidas na escola do início do século XIX e aquelas apresentadas ao seu final ocorreram mudanças significativas. No caso dos materiais pedagógicos ganha destaque a propagação dos desenvolvidos por Friedrich Froebel (1782-1852) e sobre os métodos de ensino, as "Lições de cousas" e o método intuitivo se apresentam como os principais elementos inovadores de uma pedagogia voltada à infância. Ou como sugere o artigo da Revista do Ensino de Minas Gerais em março de 1889:

> O methodo intuitivo é hoje a base de todo trabalho escolar; fora dele é tudo illusório e estéril. Todo programa primário deve começar pelo ensino das coisas, pela fixação de noções de realidades. Cada objeto material explicado pela palavra viva e simples do preceptor é um verdadeiro livro, mais copioso e instructivo que os compêndios cheios de regras áridas. O seu estudo demorado faz abrolhar no espírito da creança o gérmen do pensamento.[33]

Também como diferencial no tratamento da escolarização da infância esteve a fundação dos novos prédios escolares sob fundamentação médica e higienista na intenção de propiciar as crianças espaços saudáveis de aprendizagem. Sob a denominação de "grupos escolares", criados primeiramente em São Paulo (1893), tais estabelecimentos contribuíram inclusive para compor o imaginário de nação em propagação pelo movimento republicano. Como sabemos, a principal novidade dos grupos escolares foi a racionalização na distribuição das matérias de ensino por meio da seriação, sendo cada série dirigida por um professor. Acresce-se a isso o fato de serem dotados de diferentes instalações com vistas a uma educação ampliada (moral, intelectual e física), quais sejam: biblioteca, museu, pátio para ginástica e recreio, sala de música, auditório etc.

Na medida em que a escolarização das crianças foi se fixando na sociedade como atividade de integração e inserção social, o que se apresenta como problema para os adultos não é mais a distinção das gerações. As próprias inovações pedagógicas direcionadas ao público infantil contribuíram para problematizar as especificidades e características individuais das crianças que as tornam diferentes uma das outras. E isso será a grande questão posta pelos educadores da época, uma vez que o esforço da escola era acentuado pela sua característica homogeneizadora de costumes e comportamentos, como estratégia de universalização da infância como geração distinta.

Como vimos, para que a criança deixasse de ser representada como um "adulto em miniatura", vários fatores interferiram. O desenvolvimento da consciência das diferenças geracionais foi acompanhado da produção cada vez mais ampliada da criança e da infância como objeto de conhecimento. A consolidação do tempo da infância como um símbolo socializador foi possibilitado pela definição de suas especifidades em diferenciação as dos adultos. Dessa maneira, é que se afirma que o que se produziu como problema a partir do século XIX não mais dizia respeito às formas de regulação dos comportamentos na cadeia das gerações, mas a necessidade de se produzirem mecanismos reguladores da sociabilidade das diferentes crianças.

Os procedimentos identitários até então presentes, tais como crianças rudes, crianças bem criadas, se sofisticaram, concorrendo para isso dois acontecimentos significativos, o aparecimento do interesse especulativo e científico pela criança e a difusão da escolarização para amplas camadas da população. Ambos os procedimentos se constituíram como dispositivos civilizadores do controle da socialização das diferenças das crianças, fundamentados pelo ideário meritocrático.

Num plano mais amplo, a grande revolução dos saberes da biologia e da psicologia foi de qualificar as idades como leis gerais de caracterização da infância, a partir de estudos relativos à evolução física e mental da criança, estabelecendo padrões e modelos de crescimento físico e das habilidades mentais de acordo com os anos de vida. Estes saberes possibilitaram, ainda, uma maior precisão na distinção das "capacidades" mentais e físicas entre os sexos, tornando possível avaliar as características femininas e masculinas "próprias" da menina e do menino.

Também como decorrente da perspectiva evolucionista da biologia, destacou-se a eugenia, como saber que se preocupou em melhorar a espécie humana a partir dos estudos sobre hereditariedade genética. Tais estudos indicavam, entre outras coisas, uma caracterização das distinções raciais, estabelecendo hierarquias a partir das competências e insuficiências embutidas nas cores das crianças.

Em relação à organização da escola, é preciso enfatizar que o desenvolvimento da escola primária a partir do século XIX para amplas camadas da população, envolvendo gêneros, etnias e classes sociais diferenciadas foi um acontecimento importante para organizar os processos de inserção social no objetivo de resolver a difícil questão da "igualdade perante a lei" como apresentada pela constituição republicana. A difusão da escola também inventou uma nova condição de infância civilizada, a criança escolarizada, mas também diferenciada pela escola.

Contribuiu para isso a organização racional das classes homogêneas possibilitada pela aplicação dos testes psicológicos, homogeneizadores das diferenças da inteligência: anormais, normais e supranormais. É nesse aspecto que se alternaram os procedimentos identitários das crianças, sendo possível classificá-las a partir de categorias formuladas cientificamente.

Podemos afirmar ainda que a combinação entre a escolarização para todos e a socialização universalizada de infância produziu uma criança e uma infância imaginada. Nesse imaginário não estiveram presentes as tensões de classe e a origem étnico-racial, mesmo porque a legitimidade da escola se pautou pela mobilidade de classe. Naturalizaram-se as chances de ascensão social pelo mérito, mas também a possibilidade do "branqueamento" pela interiorização de atitudes e valores do mundo civilizado. No caso específico da escola brasileira, as relações étnico-raciais se fizeram na perspectiva da hierarquia racial, presente na literatura, nas festas escolares, nas imagens veiculadas em livros e cartazes escolares, mas também nos gestos cotidianos de constrangimento pela cor, produzindo-se uma escola de alma branca.

Considerações finais

> Tractando-se da educação, quatro são os fatores que devem merecer a attenção da pedagogia: o aluno, os objectos próprios para o seu desenvolvimento, o methodo e o educador. A creança nasce tão fraca que, abandonada, pereceria inevitavelmente. Os cuidados que reclama o seu estado de fraqueza impõem a necessidade de creal-a. Para isso, porém, é indispensável conhecer-lhe a natureza, as necessidades, as disposições e as leis do desenvolvimento. Embora vulgares, permaneceram estas verdades esquecidas até Pestalozzi. Até então ninguém se lembrara de estudar a natureza do menino para educal-o conforme suas necessidades.[34]

Gostaria de destacar aqui as dificuldades de se escrever uma história da educação sem dar visibilidade aos seus sujeitos, no caso em específico, as crianças. Podemos dizer que a partir de fins do século XVIII a história da escola esteve colada à história da infância. No âmbito do processo civilizador se definiram não somente diferenciações importantes quanto às gerações, como o lugar da escola para a socialização das gerações.

Dessa maneira é que entendemos a importância de problematizarmos a constituição de uma infância civilizada. Vários foram os acontecimentos possibilitadores da elaboração da infância como uma unidade de referência de tempo geracional. Dentre eles, podemos destacar: o desenvolvimento dos saberes científicos, tais como: o higienismo, a medicina, a psicologia, a eugenia e a pedagogia; o desenvolvimento da família nuclear e seu entorno, tais como a intimidade e o privado; o desenvolvimento de uma nova e cada vez mais abundante materialidade e incremento de novos hábitos de consumo; a elaboração de novas formas de lazer e comemoração de festividades; as reformas urbanas e previsão ao final do século XIX de construção de parques infantis; a proliferação de muitos equipamentos destinados à criança; a reelaboração das leis trabalhistas na segunda metade do XIX e a regulamentação do trabalho infantil.

Dentre os equipamentos evidentemente destacamos a escola primária. É muito importante salientarmos como o movimento de inovações escolares esteve estreitamente vinculado com os novos conhecimentos a respeito dos sujeitos aos quais elas se destinavam. O incremento das distinções geracionais demandou a especialização da escola como espaço homogeneizador da educação moral, física e intelectual das crianças. Em artigo da revista *Escolar*, de

Minas Gerais, tem-se o seguinte registro por época da comemoração de um ano da abolição da escravidão:

> Gratuita e aberta a todos, recebendo em seus bancos meninos de todas as classes e de todos os cultos, faz esquecer distinções sociais, desvanece aversões religiosas, desraiga prejuízos e anthipatias, e inspira a cada um o amor da patria commum e o respeito das instituições livres.[35]

Dessa maneira, não podemos deixar de assinalar a vivência de múltiplos conflitos e tensões advindas da expectativa e objetivo da escola em homogeneizar as diferenças das crianças e do embate com a própria constituição plural de toda sociedade, atentando para as especificidades étnicas e culturais da sociedade brasileira. Como sabemos, tais tensões ainda se encontram significativamente na escola do presente.

Notas

1 Vide bibliografia.

2 Norbert Elias, *Introdução à sociologia*, Rio de Janeiro: Zahar, 1993.

3 A Mãi de Família, *Jornal Scientífico-Litterario*, Rio de Janeiro, Editores Lombaerts & C., março1881, p. 123.

4 Norbert Elias, *O processo civilizador*, 2 ed. Rio de Janeiro: Zahar, 1994, v. 1 e 2.

5 *El niño y la vida familiar en el antiguo régimen.*

6 *São Luis.*

7 Idem, p. 57.

8 *El niño y la vida familiar en el antiguo régimen*, p. 84.

9 Nobert Elias, *Sobre o tempo,* Rio de Janeiro, Zahar, 1998, p. 56.

10 Nobert Elias, *Os alemães:* a luta pelo poder e a evolução do *habitus* nos séculos XIX e XX. Rio de Janeiro: Zahar, 1997, p. 42.

11 Idem, pp. 43-4.

12 Nobert Elias, *O processo civilizador*, cit.,v. 1, p. 105.

13 Idem, v. 2, p. 198.

14 *A Mãi de Família*, jul. 1880, p. 99.

15 Pierre Bourdieu, apud Jacques Le Goff, "Memória", em *Enciclopédia Einaudi,* Porto, Imprensa Nacional Casa da Moeda, 1984, v. 1., pp. 39-40.

16 Sobre estas comemorações, ver Anne Martin-Fugier, "Os ritos da vida privada burguesa", em Philippe Ariès e Georges Duby (orgs.), *História da vida privada, 4*: da Revolução Francesa à Primeira Guerra, São Paulo, Companhia das Letras, 1991.

17 *A escola*, apud jornal *Colombo*, 13 abr. 1878.

18 Mario Manacorda, *História da educação*: da antiguidade aos nossos dias, São Paulo, Cortez/Autores Associados, 1989, p. 234.

19 John Locke, "Alguns pensamentos acerca da Educação", em *Cadernos de educação*, Pelotas, n.. 13, 14, 15, 16, jul./dez. 2000, p. 137.

20 Idem, p. 139.

[21] Idem, pp. 265-166.

[22] Idem, p. 142.

[23] Octave Greard, apud Pierre Lesage, "A pedagogia nas escolas mútuas do século xix", em Maria Helena Câmara Bastos e Luciano Mendes de Faria Filho (orgs.), *A escola elementar no século xix*: o método monitorial / mútuo, Passo Fundo, Ediupf, 1999, p. 22.

[24] *Ofícios*, 1839, verso da p. 21.

[25] Idem, verso da p. 21.

[26] Idem, p. 25.

[27] Cynthia Greive Veiga, Sentimentos de vergonha e embaraço: novos procedimentos disciplinares nos processos de escolarização da infância em Minas Gerais, século xix. Anais do II Congresso de História da Educação de Minas Gerais. Uberlândia, Universidade Federal de Uberlândia, 2003

[28] Antonio Gomes Ferreira, *Três propostas pedagógicas de finais de seiscentos*: Gusmão, Fénelon e Locke, Coimbra, Universidade de Coimbra, 1988. Observa-se que a obra de Alexandre de Gusmão, *Arte de bem criar os filhos na idade da puerícia*, é de 1685 e a de François Fénelon, *A educação das meninas*", é de 1687.

[29] Norbert Elias, *O processo civilizador*, cit., vol. 1, pp.187-8.

[30] *Revista do Ensino*, 5 jul. 1889, p. 7.

[31] Heloisa Villela, "O mestre-escola e a professora", em Eliane Marta Lopes, Luciano Mendes de Faria Filho e Cynthia Greive Veiga (orgs.), *500 anos de educação no Brasil*, Belo Horizonte, Autêntica, 2000.

[32] Relatório que a Assemblea Legislativa Provincial de Minas Geraes apresentou no acto da abertura na sessão ordinária de 1865 o dezembargador Pedro de Alcântara Cerqueira Leite Presidente da mesma provinvia. Ouro Preto, Typ. do Minas Geraes, 1865, p. 23.

[33] Revista do Ensino, p. 2.

[34] Revista *Escolar*, 23 mar. 1889, p. 4.

[35] Revista *Escolar*, 25 mar. 1889, p. 2.

Fontes documentais

Periódicos

A Mãi de Família. Jornal Scientífico-Litterario. Rio de Janeiro: Editores Lombaerts & C., julho 1880.

A Mãi de Família. Jornal Scientífico-Litterario. Rio de Janeiro: Editores Lombaerts & C., março, 1881.

Jornal Colombo. Campanha, 13/04/1878, n. 114, ano III.

Revista do Ensino. Ouro Preto, março de 1889, número especial.

Revista do Ensino. Ouro Preto, 5 de julho de 1889, número 18.

Revista Escolar. Ouro Preto, 23 de março de 1889, número 5.

Vida Escolar. Cidade de Lavras, ano II, 15/04/1908.

Arquivo Público Mineiro

Ofício, 13/07/1839. Códice 236.

Relatório que a Assemblea Legislativa Provincial de Minas Geraes apresentou no acto da abertura na sessão ordinária de 1865 o dezembargador Pedro de Alcântara Cerqueira Leite Presidente da mesma provinvia. Ouro Preto, Typ. do Minas Geraes, 1865.

Bibliografia

ARIÈS, Philippe. *El niño y la vida familiar en el antiguo régimen*. Madrid: Altea, Taurus, Alfaguara, 1987.

ELIAS, Norbert. *O processo civilizador*. Rio de Janeiro: Zahar, 1993, v. 2 – Formação do Estado e Civilização.

______. *O processo civilizador*. 2 ed. Rio de janeiro: Zahar, 1994, v. 1 – Uma história dos costumes.

______. *Os alemães:* a luta pelo poder e a evolução do habitus nos séculos XIX e XX. Rio de Janeiro: Zahar, 1997.

______. *Sobre o tempo*. Rio de Janeiro: Zahar, 1998.

______. *Introdução a sociologia*. Lisboa: Edições 70, 2005.

FERREIRA, Antonio Gomes. *Três propostas pedagógicas de finais de seiscentos:* Gusmão, Fénelon e Locke. Coimbra: Universidade de Coimbra, 1988.

LE GOFF, Jacques. Memória. *Enciclopédia Einaudi*. Porto: Imprensa Nacional Casa da Moeda, 1984, v. 1.

______. *São Luís. Biografia*. Rio de Janeiro/ São Paulo: Record, 1999.

LESAGE, Pierre. A pedagogia nas escolas mútuas do século XIX. In: BASTOS, Maria Helena Câmara; FARIA FILHO, Luciano Mendes de (orgs.). *A escola elementar no século XIX*: o método monitorial / mútuo. Passo Fundo: Ediupf, 1999.

LOCKE, John. Alguns pensamentos acerca da Educação. *Cadernos de educação*. Pelotas, n. 13, 14, 15, 16, 1999-2001.

MANACORDA, Mario. *História da educação*: da antiguidade aos nossos dias. São Paulo: Cortez; Autores Associados, 1989.

MARTIN-FUGIER, Anne. Os ritos da vida privada burguesa. In: ARIÈS, Philippe; DUBY, Georges (orgs.). *História da vida privada 4*: da Revolução Francesa à Primeira Guerra. São Paulo: Companhia das Letras, 1991.

VEIGA, Cynthia Greive. Sentimentos de vergonha e embaraço: novos procedimentos disciplinares no processo de escolarização da infância em Minas Gerais no século XIX. *Anais do II Congresso de História da Educação de Minas Gerais*. Uberlândia: Universidade Federal de Uberlândia, 2003.

______. Infância e modernidade: ações, saberes e sujeitos. In: FARIA FILHO, Luciano Mendes de. (org.). *A infância e sua educação*: materiais, práticas e representações (Portugal e Brasil). Belo Horizonte: Autêntica, 2004.

______. A produção da infância nas operações escriturísticas da administração da instrução elementar no século XIX. *Revista Brasileira de História da Educação*, n. 9. Autores Associados. Janeiro/ junho 2005.

______. Cultura escrita: representação da criança e o imaginário de infância, Brasil, século XIX. In: FERNANDES, Rogério; FARIA FILHO, Luciano Mendes de (orgs.). *Para a compreensão histórica da infância*. Belo Horizonte: Autêntica, 2007.

______. *História da educação*. São Paulo: Ática, 2007.

VILLELA, Heloisa de O. S. O mestre-escola e a professora. In: LOPES, Eliane Marta; FARIA FILHO, Luciano Mendes de; VEIGA, Cynthia Greive (orgs.). *500 anos de educação no Brasil*. Belo Horizonte: Autêntica, 2000.

(Esta é uma versão revisada do primeiro capítulo.)

De criança a escolar

Maria Luiza Marcilio

Implantação e difusão do modelo escolar

A educação popular, ou como querem alguns autores, a escola de massas, tornou-se hoje uma instituição universal. Praticamente todas as sociedades nacionais inscreveram como sua aspiração maior completar a matrícula universal da educação de base. Em 1985, a educação de massa era obrigatória em 80% dos países do mundo, conforme John Meyer.[1] Esse trabalho mostra-nos sua expansão no século XX. Demonstra ainda que a educação de massas expandiu-se nos países pioneiros da Europa e nos Estados Unidos, a partir da década de 1870. Uma vez estabelecida nessas duas áreas, a educação de massa difundiu-se por todo o mundo e com taxas mais aceleradas, depois da Segunda Guerra Mundial.

Até o século XVII, a "escola de massa", ou "escola popular", não existia em parte alguma. Emergiu na Alemanha, notadamente na Prússia e na Áustria. O exemplo prussiano protestante de difusão de escolas primárias e do caráter moral do ensino sem sectarismos, da valorização do professor, do treinamento profissional do professor em escolas normais, da criação de um inspetor para as escolas primárias e a criação das escolas primárias superiores, serviu de modelo universal. A Holanda, também, foi um paradigma; criou o uso, para a leitura, de pranchas com letras móveis e da pedra individual de ardósia, com lápis de cal, para os primeiros passos da aquisição da escrita. Os franceses George Cuvier e Victor Cousin visitaram as escolas desses dois países e trouxeram esses modelos para a França, onde foram normalizados e por obra da reforma do ensino de Guizot, de 1833, difundidos pelo mundo.

Dominique Julia[2] analisou a difusão de práticas pedagógicas, desde o século XVI, com tendência cada vez maior de uniformização, notadamente com os jesuítas e sua *Ratio Studiorum*, resultado de uma intensa reflexão sobre o que é o "bom governo de um colégio". Nessa época, criou-se uma ordem pedagógica fundada mais sobre um controle administrativo e moral, e que trouxe um conceito novo de "disciplina" escolar, até então desconhecido.

A invenção da "classe" e do "currículo" não foi fruto do azar na História, mas consequência da generalização de uma relação pedagógica com a infância. O momento histórico da "sociedade disciplinar" é o tempo do confinamento da infância nos locais escolares que lhes foram destinados. Pouco a pouco, construiu-se a passagem das formas "individualizadas" de ensino para os "agrupamentos" em "classes" de alunos, graças a enquadramentos cada vez mais sofisticados. Está aí a diferença entre as escolas medievais e as modernas: a passagem de uma comunidade de mestres e de alunos, a um sistema de autoridade de mestres sobre os alunos; a introdução de um regime disciplinar baseado em uma "disciplina constante e organizada"; o abandono de uma concepção medieval indiferente à idade, em benefício de uma organização centrada sobre classes de idades bem definidas e homogêneas; a instauração de procedimentos hierárquicos de controle do tempo e da atividade dos alunos, da utilização do espaço; a implantação de programas escolares e de um sistema de progressão dos estudos, onde o exame tende a ter um papel central. A escola tornou-se uma "obrigação", tanto no plano social como no individual.[3]

Esse processo foi se desenvolvendo ao longo dos séculos, a partir do XVI, e acelerou-se no final do século XIX, estando concluído antes da Primeira Guerra Mundial, no Ocidente. O processo de desenvolvimento da escola, buscando atingir as camadas populares, ganhou intensidade no século XIX. Um dos meios utilizados e que gradualmente foi ganhando extensão ao ser adotado pela maioria dos estados europeus foi a aprovação de leis que obrigavam a escolaridade das crianças.

A obrigatoriedade, processo complexo em sua marcha histórica, originou-se no ducado alemão de Gotha, em meados do século XVII, e foi inspirada por Comenius (fundador da didática moderna[4]) e logo implantada no grande reinado da Prússia, de 1717. Por volta dos anos de 1870 já havia sido imposta em quase todos os países do Ocidente europeu. Esse modelo foi sendo difundido nas colônias e ex-colônias da Europa, e estava praticamente universalizado nos anos finais do século XX.[5] No Brasil, as primeiras discussões sobre o sistema escolar e a obrigatoriedade escolar, feriram-se notadamente na segunda metade do século XIX e aceleraram-se nas primeiras décadas do XX.

Na Inglaterra dos finais do século XVIII, foi criado o sistema monitorial, ou ensino mútuo de Lancaster e Bell, sistema de alfabetização rápida, com classes bem numerosas e destinada aos segmentos mais destituídos da sociedade. Esse método permitiu unir, simultaneamente, o ensino da leitura ao da escrita e ocupar todos os alunos ao mesmo tempo. Além do mais, o método de ensino mútuo introduziu o uso maciço de quadros gerais para a classe (de maior duração física), em lugar de livros e de quadros individuais, e inovou, ainda, com a necessidade de um só professor para centenas de alunos. Tudo isso permitiria progressos na alfabetização, com custos baixos. Expandiu-se por muitos países, mas logo provou não ser tão eficaz como se imaginou. Teve a vantagem de demonstrar a necessidade de escolas para as massas mais desvalidas.

O modelo escolar, já adotado na Europa Ocidental no final século XIX, deixou marcas na vida social e cultural e assentou-se sobre quatro pilares: 1) transformou crianças em escolares e generalizou uma relação pedagógica, inicialmente com a infância; 2) criou estruturas curriculares e formas que foram adquirindo, no quadro do projeto histórico da escola de massa, novas formas de organização do tempo, do espaço, da ação didática, que estão no coração do modelo escolar; 3) estabeleceu-se um processo de profissionalização dos professores, elemento central para a compreensão do modelo escolar. A profissionalização implicou uma política de normalização e de controle do Estado, notadamente através da consolidação das escolas normais. Estas assumiram a missão de disciplinar e de incorporar os agentes do projeto social e a política da modernidade; 4) formou-se uma pedagogia moderna com discurso científico da educação; o papel da pedagogia visou à transformação das pessoas. A pedagogia "científica" buscou introduzir regras, atitudes e comportamentos pretensamente "racionais" ou "razoáveis", o que esteve indissociável do desejo de formar um "cidadão responsável".[6]

Colaborou para a expansão desse modelo escolar no mundo a grande vitrine das Exposições Universais, que se sucederam entre 1862 e 1915, como grandes espetáculos do progresso, a par da segunda Revolução Industrial e sua consequente urbanização, da segunda metade do século XIX. "Desenha-se aí, com clareza, uma nova concepção: de infância "escolarizada"; de currículo escolar; de status da profissão do professor; das políticas de construção escolar e da colocação de um saber especializado em educação", resume Novoa.[7]

Há grande ênfase na arquitetura escolar nessas reuniões internacionais e nas instruções sobre a construção de escolas, sua iluminação, o mobiliário escolar, sobre a decoração das paredes das salas de aula, sobre o local das "casas da escola", dentro da construção do modelo escolar.

O progresso da escolarização no Ocidente foi rápido, depois dos anos 1850. A escola primária tornou-se escola de massa. As desigualdades de sexo, idade e regional foram resolvidas nos países dominantes. Na França de 1896, 93,5% das crianças de 5 a 15 anos estavam na escola; antes dela, a Alemanha já havia colocado todas suas crianças na escola e era o país de menor número de analfabetos do mundo.[8]

Com as mudanças na historiografia em relação à família, à criança e à educação, particularmente depois dos anos 1970, destacando aqui o estudo seminal de Philippe Áries,[9] a identificação da escola como espaço de reflexão resulta de uma mudança de visão. Dominique Julia considera essencial voltar os estudos para o funcionamento interno da escola, na busca do resgate da construção de uma cultura escolar. Devem eles se concentrar principalmente em torno de três elementos: "1) na organização de um espaço escolar, com um edifício, um mobiliário e um material específicos; 2) no estabelecimento do curso, em classes separadas, marcando cada uma, progressão de nível; 3) no nascimento dos corpos profissionais que se especializaram na educação."[10]

O processo histórico da construção do modelo escolar a partir do Ocidente e de sua universalização acabou por tornar-se uma referência obrigatória e imitada em todo o mundo.

No Brasil, os primeiros passos do processo de implantação do modelo escolar e da universalização da escola começaram fundamentalmente nas últimas décadas do século XIX.

Até então, houve causas estruturais fortes que criaram obstáculos poderosos para o avanço de uma cultura escolar entre nós e que ajudam a explicar o atraso histórico da educação de base. Foram, fundamentalmente, três fatores históricos que, a meu ver, colocaram freios estruturais para a expansão do ensino de massas no Brasil:

1. O sistema escravista. Escravismo e educação popular são incompatíveis. O escravismo contribuiu para impedir reformas substanciais na educação, a começar pelo sistema eleitoral do Império, inteiramente excludente. A reforma eleitoral de 9 de janeiro de 1881, a Lei Saraiva, por exemplo, que elevou a renda mínima para ser eleitor para 400$ e excluiu os analfabetos (em seu art. 8º, n. 11 obriga o cidadão brasileiro

a ler e escrever). Assim, apenas cerca de 1,5% da população brasileira teria direito ao voto. Alguns membros da elite receberam a lei como uma vantagem para a nação, em termos de pressão para uma extensão da cultura escolar. "Disto resulta que se torna agora mais imperioso o dever que tem o Estado de dar ao povo instrução gratuita e em mais ampla escala, sem o que seria ilusório aquele preceito legal."[11] Na Assembleia houve algumas vozes isoladas, defensoras do voto do analfabeto, como a de José Bonifácio e Rangel Pestana.

2. Poucos os presidentes de província que detectaram a causa maior, mais profunda do descaso pelo ensino, do atraso da educação. Um deles foi o visionário Presidente da Província do Pará, em 1881, que corajosamente escreve: "Uma causa, porém que ainda por muito tempo há de influir não só na instrução, como na educação da mocidade é a *escravidão*, e mesmo depois dela acabar totalmente, seus efeitos ainda se farão sentir por largo período. Não posso, senão a ela, atribuir a falta de educação em grande parte das crianças que frequentam as nossas escolas."[12] O presidente do Rio Grande do Sul afirmava, em 1881: "O que haveis de oferecer a esses entes degradados que vão surgir das senzalas para a liberdade? O batismo da instrução." [13]

3. Somente com a remoção da escravidão a educação popular teve condições de iniciar seu processo de implantação no Brasil.

4. O segundo fator estrutural, que ajudou no atraso da educação, foi o Padroado Régio, a união do Estado e da Igreja, do "Trono e Altar", do controle do Rei sobre a "ideologia" dos homens da Igreja oficial. O Padroado Régio, entre suas atribuições específicas concedidas pelos papas aos reis de Portugal e depois do Brasil, incluía o direito de apresentar à Santa Sé os candidatos para os postos episcopais e os curas para as paróquias. Essa prerrogativa conferia aos Reis um meio de controle sobre as ideias dos futuros bispos e dos curas, todos pagos pelo erário publico.[14] Sem ligação com Roma, o episcopado e o clero eram categorias submissas e subservientes à Coroa. A partir da segunda metade do século XVIII, a vida religiosa entrou numa fase de crise progressiva que se estendeu pelo século XIX. Carmelitas, mercedários, franciscanos e beneditinos com precária formação, salvo raras exceções, não se voltaram para a educação dos fiéis, nem mesmo pela sua instrução catequética, por orientação sutil da Coroa. A religiosidade popular forte desenvolveu-se graças às Confrarias e às Ordens Terceiras

de leigos. Nessas condições, depois da expulsão dos jesuítas, a Igreja do Brasil não agiu concretamente em favor da educação. Não foram fundadas nem escolas de paróquias, nem escolas de convento,[15] como acontecia na maioria dos países católicos do Antigo Regime, seguindo orientações precisas do Concílio de Trento.

5. A terceira causa estrutural do atraso na educação elementar no Brasil, segundo meu ponto de vista, deve-se a um federalismo radical e mal estruturado. Foi o que impediu a o estabelecimento de uma diretriz central, a uniformização do ensino primário e a formação sólida de professores no país. Foi esse federalismo exagerado que impediu, por exemplo, a criação de uma instituição central, especifica de coordenação geral da educação, digamos de um ministério ou diretoria nacional de instrução, tendência generalizada nos países mais evoluídos, desde meados do século XIX. A vizinha Argentina criou o Ministério da Instrução Pública, em 1853. O Brasil só conseguiu estabelecer, nessa década e em cada Província, uma Diretoria ou Inspetoria Geral de Instrução Pública. Alguns contemporâneos viam na federação prevalecente uma das causas básicas do atraso brasileiro em matéria de educação elementar. Para o Inspetor Geral da Instrução Pública da Paraíba, de 1862, por exemplo: "Mal entendidas as ideias de federalidade [sic], deram às Assembleias Provinciais a atribuição de legislar sobre a instrução primária e secundária... Cada Província organiza e distribui o ensino público como quer, e como pode."[16] O destacado ministro do Império, João Alfredo de Oliveira, considerava que o Ato Adicional ao atribuir às Assembleias Provinciais a instrução primária e secundária "não produziu ainda todas as vantagens que se esperava... Se em outras nações a instrução pública está a cargo de um Ministério especial, aqui se acha esse ramo de serviço disseminado por todas as províncias e por vários ministérios, sendo de todo independentes, os respectivos poderes".[17]

Com a década de 1870, notam-se as primeiras e importantes mudanças na mentalidade, nos comportamentos e nas atitudes de dirigentes da nação e de algumas províncias, em relação à cultura escolar primária. Isso se deve à confluência de fatores favoráveis e, em especial, às campanhas sociais, abolicionistas e republicanas de certos setores mais avançados (positivistas, maçons, republicanos); à criação de uma grande imprensa; à circulação maior de homens e de ideias, notadamente, no caso da Educação; à presença brasileira nas exposições internacionais que se amiúdam a partir de 1862; à chegada de imigrantes americanos de confissão protestante, de alemães, de italianos e outros que exigem e estabelecem uma educação melhor para seus filhos; à inauguração das primeiras ferrovias tornando as comunicações e transportes mais rápidos e propiciando um processo de urbanização crescente e, enfim, às primeiras leis em favor da abolição da escravatura. Era o início da modernização do país.

Até então, a escola pública de primeiras letras existente no Brasil e instituída por Pombal em 1759 era na prática quase uma ficção. A criança brasileira filha de proprietários vivia solta pelas fazendas, sítios, cidades e vilas, acompanhada por um preceptor ou por um membro da família para ser alfabetizada; o restante, ou seja, a quase totalidade das crianças livres ou libertas, desde muito cedo já trabalhavam em casa ou com os pais para sustento. Outras poucas frequentavam em alguns anos escolas públicas ou particulares de ler e escrever. A quase totalidade, aí incluídas as filhas de escravos, não tinha escola nenhuma.

Com a independência política começam os debates para a implantação da escola popular. Mas havia províncias inteiras sem escola pública, como denunciava o presidente da Província de Minas Gerais, que, em 1826, na Câmara dos deputados, denunciou a falta de escolas: "Em Minas Gerais não encontrei um menino que andasse nas escolas", ou em Alagoas onde só haviam 5 cadeiras para 23 paróquias. Na comarca do Rio Negro (mais tarde Província do Amazonas) "não há uma só escola."[18]

Daremos a seguir as condições do ensino de primeiras letras no Brasil antes da Revolução do Ensino (fins do século XIX), que transformou a criança brasileira em escolar.

A escolinha de ler e escrever do Império

A materialidade da escola[19]

Como regra quase geral, o professor não morava na mesma povoação onde deveria servir, após ser aprovado no concurso ou nomeado.

> Chegados alugam uma casa, e compram ou pedem emprestados alguns trastes; é nessa casa e com esses trastes que a cadeira vai se instalar. Afora a capital, a província não os fornece; o professor vence ordenados diminutos. Não importa: a ele incumbe dar local, móveis e utensis [material escolar]. A casa necessariamente é pequena e a sala destinada ao ensino imprópria por seu aspecto e dimensões. Uma mesa pequena e um ou dois bancos velhos, eis a mobília, feliz ainda quem os obtém. Um tinteiro, algumas penas, meia dúzia de traslados escritos pelo professor, sabe Deus com que erros, cartas particulares inçadas de toda sorte de defeitos, eis os utensis. Coisas indispensáveis são dispensadas. Quem há hoje que ignore que a prosperidade das escolas essencialmente depende dos materiais e da casa?[20]

Eis a descrição que um professor fez da escola em São Paulo de 1864, que era válida para todo o país do período do Império.

De fato, durante todo o Império, as aulas de primeiras letras funcionaram em ambientes extremamente precários, acanhados, impróprios, sem iluminação e pouco limpos. A "escola" funcionava na mesma casa em que morava o mestre-escola. Os professores de primeiras letras eram todos de classes pobres e só podiam alugar casas baratas, situadas nas áreas mais precárias e afastadas dos centros mais povoados das cidades e vilas. Muitas eram de pau a pique, cobertas de sapé e não raras vezes de chão de terra, acanhadas, sem luz suficiente e sem ventilação.

Desde os primeiros relatórios de presidentes de província (meados de 1830 em diante), desenrola-se o rosário de denúncias sobre o triste estado das escolas. "É o mais lamentável possível o estado material das aulas primárias e apenas uma ou outra escola entre as 66 aulas conta com uma mobília mais ou menos asseada...", declarava o presidente de Sergipe.[21] E na mesma província, um ano depois, o novo presidente afirmava:

> escolas há que tem carteiras e bancos e estes de formas diferentes e de diferentes dimensões, outras tem bancos e uma longa mesa para escrita, outras, dois ou três péssimos bancos e uma pequena mesa, onde os alunos não podem escrever ao mesmo tempo e são obrigados a escreverem uns após outros [...] alunos contam muitos anos de escola e causa dó de ver o atraso em que se acham, mesmo no que há de mais vulgar e comezinho no ensino elementar.[22]

É ainda dessa província que nos chega a descrição das escolas, feita pelo inspetor geral:

> As escolas da Província não têm casas apropriadas para o ensino; porquanto, pela maior parte celebram suas sessões em casas acanhadas, imundas e insalubres, onde moram os professores; porque seus mesquinhos ordenados, ou suas minguadas gratificações não comportam a despesa com o aluguel de edifícios asseados, cômodos e espaçosos, onde os meninos possam desafogadamente entregar-se aos exercícios escolares, sem serem acometidos do sono e da languidez produzidos pelo calor abrasador, que os abafa e amolece nestes acanhados corredores, onde cem ou mais pulmões a respirarem saturam esta atmosfera dificilmente renovada de hálitos quentes e insalubres, resultando além deste inconveniente o de não poder haver nestas impróprias casas nem regularidade, nem ordem, nem aproveitamento do tempo nem, por conseguinte, método algum de ensino; porque tudo é desordem e confusão.[23]

Material e mobiliário escolar

Em São Paulo de 1877, o presidente declarava: "Encontrei muitas escolas sem mestres e todas sem livros, sem casa, sem móveis e sem utensis [material escolar] de trabalho."[24]

Praticamente a totalidade das escolas do Império não era dotada de mobiliário apropriado e menos ainda de material didático básico para a tarefa de aprendizagem de ler, escrever, contar. Nem o professor dispunha de compêndios, livros para as matrículas, canivetes para apontar as penas de ganso dos alunos, relógios. O quadro negro só aparece no final do Império quando começa a se difundir o método simultâneo de ensino.

Veja a descrição da pequena escola de Atibaia (1875), feita pelo seu professor Francisco Compton D'Elboux:

> Esta escola continua a reclamar os objetos que lhe são necessários, como sejam cadeiras, mesa, bancas, bancos, lousas, traslados e cartas e etc. Os três últimos, que os meninos deverão trazê-los, não o fazem a maior parte deles, por serem pobres, e não poderem comprá-los; pelo que vejo-me obrigado a perder grande parte do meu tempo que devia empregar em ensiná-los, a escrever traslados e cartas, que por certo não são tão bons como os impressos. Lousas tenho chegado a comprar e fornecer a eles. Quanto aos moveis, esta escola acha-se desprovida inteiramente.[25]

O professor do bairro de Viana, na Ilhabela, recorrendo ao inspetor geral afirma que tem 39 alunos frequentes e "tenho pejo em dizê-lo, por falta de assentos, servimos de caixões velhos". E explica:

> não havendo bancas em que se escrever, mas unicamente uma mesa (e esta emprestada que não admite maior turma que a de oito meninos), perdendo-se assim grande parte do tempo neste exercício; e o mesmo acontecendo com as operações aritméticas por falta de lousas, tem me sido forçoso alterar o tempo do exercício da escola, principiando às 8hs do dia e mais cedo, e encerrando algumas vezes, conforme o maior ou menor número de alunos que se apresenta, às 3hs da tarde.[26]

No Mato Grosso: "Por falta de mesas e outros utensílios semelhantes, escreviam os alunos sobre o peitoril das janelas e sobre pequenos e toscos bancos de madeira, que lhe serviam de assento, tomando para esse fim bizarras, inconvenientes e incomodas posições."[27] Na Bahia: "algumas escolas sei que, por falta de bancos, enquanto uns meninos estão assentados, outros estão de pé."[28] Naquela que era a mais bela prainha do litoral paulista, Picinguaba, no termo de Ubatuba, o professor João Evangelista da Gama, reclamava em 1894 que a escola de 27 alunos caiçaras "nunca teve auxílio quer de móveis quer de livros e mais utensílios necessários para o estudo como lousas, papel, tinta, penas, mesmo livros de primeira classe, o que tudo tenho suprido a minha custa."[29]

Compêndios, livros didáticos, cartilhas

Reinava por toda parte uma completa falta de uniformidade em relação aos livros, cartilhas e textos manuscritos que deveriam ser utilizados nas escolas de primeiras letras de todo o país, para a alfabetização das crianças. O ensino era essencialmente oral e a aprendizagem fundava-se na repetição e na memorização. Para fazer face ao preço elevado dos livros e também à dificuldade de sua obtenção, com a falta de livrarias, especialmente fora das capitais de províncias, não raro o professor copiava manualmente os livros ou lançava mão de impressos não escolares, de tiras de jornais, de correspondência particular dos pais dos alunos, livro de qualquer espécie por ventura existente na casa do aluno.

Calendário escolar

A escola não tinha duração programada, nem cumprida à risca. Não havia hora certa para entrar e sair, como afirmava o relator de 1857, no Paraná: "é arbitrária a hora da abertura e do encerramento das escolas; uns professores prolongam o ensino e outros encurtam."[30] Não haveria de se esperar situação de pontualidade nos horários das aulas, numa sociedade onde o relógio era objeto encontrado em casa de muito poucos, os mais abonados.

Os horários das aulas, desde os tempos coloniais e em todo o Império, eram de um só turno: aulas pela manhã e pela tarde, em princípio, três horas em cada período. As crianças, que deveriam andar a pé, no frio ou no calor, na chuva ou no bom tempo, com lama ou muita poeira pelos caminhos e por vezes percorrendo distâncias enormes, deveriam ir normalmente duas vezes por dia à escola. Na prática, o que se observa é o constante reclamar sobre as faltas dos alunos, e as baixas frequências totais, que podia elevar-se a 20 ou 30% e até mais das matrículas. Os alunos que iam pela manhã, em muitos casos, dispensavam-se de voltar à tarde, ou vice-versa, como denunciavam muitos professores.

Desde o século XVIII, depois dos jesuítas, os dias de aula iam de segunda a sábado, com exceção das quintas-feiras, considerada feriado. A admissão (e a saída) de alunos podia ocorrer a qualquer época do ano, o que fazia da atividade escolar um fluxo permanente.

A pobreza da maioria dos alunos explicava em grande parte a saída precoce da escola. Em Cajuru, São Paulo (1881), a professora de meninas informava ao inspetor geral que: "mal soletram alguma coisa, assinam o seu nome e leiam algum manuscrito, já os pais as retiram da aula, como se soubessem coisas ao menos remediáveis... Conseguir que uma aluna faça curso das primeiras letras até completá-lo é coisa impossível."[31] Na província do Rio de Janeiro, em 1846, o presidente ponderava que

> é nos lugares menos populosos e habitados pela maioria de pessoas pouco abastadas e mesmo indigentes, o professor, embora tenha obrigação de ensinar tudo quanto a lei ordena, não tem a quem ensinar, na maior parte da província, senão as primeiras noções de escrita, leitura, contabilidade e de fazer decorar aos alunos o catecismo de Montpellier, porque o pai do menino pobre, que o manda à escola, desde que por si o considera capaz de ir ajudá-lo na acanhada lavoura, no trafego da pecuária, ou da taberna, o retira sem se embaraçar com o complemento da educação primaria de seu filho; e o mesmo acontece com

> as escolas do sexo feminino. [...] em muitas localidades é que pais pobres, ou por não poderem dar a seus filhos o preciso vestuário e calçado ou por não quererem por um mau entendido orgulho que eles se apresentem vestidos inferiormente aos filhos de pais mais abastados, preferem vê-los crescer na ignorância, sem curar dos meios de neutralizar os instintos perniciosos que nela nascem e se desenvolvem.[32]

Há que considerar que as condições precárias das escolas e o despreparo do professor não atraíam a criança para a aprendizagem. Temos testemunhos de muitas que iam para a escola, mas se desviavam para outras distrações, dentre as quais o jogo, essa prática tão disseminada no Brasil Império. "Grande parte da juventude, e até da velhice, foge das mesas de estudo, para seu assento nas mesas de jogo, onde malbarateia o tempo precioso, que é dinheiro." [33] Além do mais, as crianças precisavam ajudar seus pais em casa, na roça, na pesca ou noutros trabalhos da família. Nos anos áureos da borracha, por exemplo, esvaziavam-se as escolinhas, como relata o presidente da Província do Pará:

> na estação própria da colheita da borracha, que coincide com o segundo semestre do ano, grande parte das escolas é pouco concorrida e até algumas ficam sem alunos. A população entra para os seringais; os povoados são abandonados e o professor quase tem a escola deserta nessa quadra do ano.[34]

Justificava o diretor-geral de Minas Gerais que

> a notável falta de frequência que se tem dado nas escolas de instrução primaria, é conseqüência da pobreza, porque os pais empregando seus filhos nos serviços a que se consagram para poderem alimentar-se e às suas famílias, não lhe sobrando recursos para sustentá-los e vesti-los nas povoações, deixam de mandá-los às escolas.[35]

Na mesma Minas Gerais confirmava o inspetor de 1871: "pais aborrecidos de terem os filhos por muito tempo nas escolas os retiram depois de dois ou três anos, assinando estes apenas muito mal o nome e soletrando um ou outro manuscrito."[36]

Alem da evasão, a frequência diária era muito baixa em relação aos matriculados. Gonçalves Dias, em seu celebre relatório sobre as escolas das províncias do Norte e Nordeste, afirmou: "nas melhores escolas da capital e em tempos ordinários faltam diariamente um quarto ou 2/9, e quando menos 1/5 dos matriculados."[37]

A dispersão da população e a distância da escola eram outros fatores que dificultavam a vida escolar das crianças. Em Caconde, interior paulista (1880), a professora pública relatava que "algumas alunas moram em sítios e partindo depois do almoço (por volta das 7 ou 8 horas da manhã) chegam aqui às 9 horas, depois que as outras acabam de escrever. Isto perturba a marcha geral da Escola [...]."[38]

O professor

Ponderava bem o presidente do Ceará em 1868:

> (...) nós temos quartéis para formar soldados, estabelecimentos técnicos para formar médicos e advogados, seminários para habilitar clérigos, coisa alguma instituímos para criar bons mestres-escolas. [...] Como poderemos nós ter discípulos instruídos se não podemos empregar senão mestres ignorantes? De que vale gritar alto e em bom som que os ordenados são mesquinhos e que por pouco interesse não há quem queira servir no Magistério, se o dinheiro não dá saber, e se não há Mestres bons?[39]

A qualidade dos mestres de primeiras letras do Império era, de maneira geral, a pior possível. Quase nenhum tinha qualquer preparo para a profissão. Sabiam pouco mais que os discípulos. Nesse sentido, as denúncias foram gerais, em todo o Brasil, e ao longo do Império. Declarava o presidente da Província de Alagoas (1844):

> O estado da instrução pública na Província é o pior que se pode conceber. [...] Nas aulas os alunos (geralmente falando) não sabem nem ler, nem escrever, nem as quatro operações de aritmética, nem a Doutrina Cristã e nem as mais triviais e corriqueiras definições da Gramática da língua pátria; e pela maior das desgraças muitos Professores, na ocasião em que examinei as respectivas escolas, não foram capazes de satisfazer às mais simples perguntas que eu dirigia aos seus educandos.

Aponta as causas: 1) ignorância dos professores que na maioria conquistaram a cadeira por patronato; 2) sua falta de assiduidade e seu desleixo; 3) a pobreza de grande parte dos alunos que não podem "prover-se do necessário: papel, penas, traslados e compêndios".[40]

A profissão de professor de primeiras letras era das mais desprestigiadas em todo Império. Com razão reconhecia o presidente da Paraíba, em 1884:

> A mais nobre das profissões torna-se uma colmeia de afilhados e protegidos; e quem não tem do que viver, que não acha um "empreguinho", um lugar de continuo ou servente de qualquer repartição publica, julga-se habilitado para exercer o magistério. Dessa maneira não há instrução possível, ela, em lugar de progredir, retrograda.[41]

Nesse mesmo sentido, analisava o inspetor de instrução pública de Alagoas, em 1836: "As cadeiras de ensino primário com pequenas exceções, têm sido servidas para patrimônio e arrimo de homens inimigos do trabalho, destituídos de indústria, faltos de ilustração necessária; calcou-se a lei e triunfou o patronato."

Mesmo desprestigiado o magistério era uma das profissões mais procuradas. É o que afirma o presidente do Ceará e explica as razões.

> Não há cargo público tão solicitado como o de professor da instrução primária e a razão é porque todas as mediocridades julgam-se com direito a ele, considerando pelos que pela sua inabilidade e indolência não podem fazer fortuna no comercio e na agricultura e nem em outra qualquer profissão.[42] Mas era a "profissão de mestre escola uma das menos lucrativas em nosso pais e que só a abraçam os moços pobres e privados de recursos.[43]

Ganhando muito pouco, houve professores que acumularam suas funções com outras atividades. No Pará de 1848, segundo o relatório do presidente, os professores tinham seus salários em constante atraso e ganhavam muito pouco. Havia 22 professores interinos, dos quais 14 eram párocos,

> que acumulam o professorado; ao menos estes têm a seu favor a presunção do saber. O magistério nesta província é um simples meio de vida, um emprego que se obtém por proteção e empenho em vez de ser o sacerdócio, para o qual se estude a vocação e que se nobilite pelo saber, instrução e moralidade.[44]

A revolução da educação no Brasil: implantação do modelo escolar

No Brasil, o movimento pelo estabelecimento de um modelo escolar de ensino fundamental, pelo alargamento da alfabetização popular, pela difusão em todo território nacional da escola primária para todos, começou a se concretizar, a nosso ver, pela revolução do ensino estabelecida em São Paulo logo após a proclamação da República, e ao longo da década de 1890. Foi a primeira "renovação pedagógica" integral que o Brasil conheceu. De São Paulo o modelo escolar foi gradualmente propagando-se pelo resto do país. A progressão não foi linear e nem se estendeu sem resistências. No primeiro momento, estabelecida a reforma paulista, com a montagem articulada do sistema escolar, sua propagação foi rápida.

Os paulistas começaram mudando ou criando uma nova concepção de *escola normal* para bem formar os mestres, agentes primeiros das transformações pretendidas. Não sendo possível formar mestres em número que respondessem à demanda, em tão pouco tempo e para tantas novas escolas que se fundavam, recorreram a um expediente temporário, adaptado em São Paulo e espalhado rapidamente pelo Brasil, o da chamada *escola complementar*.

Dessas duas instituições saíram os mestres de primeiras letras e os gestores que atuaram nos novos estabelecimentos, montados de todas as peças na República: os *grupos escolares*, com ensino seriado, método analítico, casa própria, materiais didáticos, mobiliários apropriados e calendário escolar e matrícula pré-fixados. Mobiliário e material escolar eram até aí inexistentes no país e, por isso, foram importados dos Estados Unidos ou da Europa. Aos poucos, foi-se copiando móveis escolares, laboratórios, material didático; emergia a indústria do móvel e do material escolar, implantavam-se editoras de livro didático. A indústria de papel e das editoras brotam do chão para responder aos pedidos de livros, de cartilhas, de cadernos, de material didático. Os novos "palácios" dos grupos escolares pressionam a expansão e o desenvolvimento da indústria do cimento, do aço, do ferro, do vidro. Há demanda incessante por relógios, sinos, campainhas, necessários para o novo ritmo escolar de marcação de entradas e saídas pontuais, de mudanças de aulas, de horas de recreio, o novo tempo do novo sistema escolar.

Surgem bibliotecas públicas por todo lado e logo mais as escolas das cidades grandes começam a ter o privilégio da luz elétrica que permite dispensar a escola, da bruxuleante luz de velas. São ainda exceções. Nessas poucas escolas com luz elétrica ensaia-se a introdução do cinematógrafo, como novo instrumento de ensino. O resultado é patente. Os pais agora enviam com gosto seus filhos para a escola. O que cria um efeito cascata: pressionam o governo a abrir mais escolas modernas. O desejo de modernização da escola torna-se geral no país, ou pelo menos nas grandes cidades.

Nos meios mais evoluídos, já não se admite a situação da educação encontrada no ocaso do Império. As novas autoridades já dispõem, pela primeira vez, de um modelo articulado de ensino elementar, criado nos alvores da própria República. Os resultados são imediatos. Os grupos escolares, as escolas normais, as escolas complementares, os jardins de infância públicos, os primeiros ginásios públicos e seriados enchiam-se de alunos como nunca antes se havia visto. Formou-se o círculo virtuoso: quanto mais moderna e atraente a escola, mais alunos acorriam à ela, que, pressionada, de volta, é forçada a renovar seus equipamentos, sua arquitetura, seus métodos, e formar melhor seus professores. A criança brasileira está se transformando em escolar; está brotando o sistema escolar elementar em nosso país.

Na década de 1890, ocorreu a grande revolução do ensino brasileiro. Começou pouco tempo depois da Abolição da Escravatura, da proclamação da República, do fim do Padroado Régio e partiu do estado de São Paulo.

São Paulo deu o arranque inicial concreto na construção do novo modelo escolar que vinha de ser universalizado na Europa e América do Norte. Os demais estados, ansiosos por encontrar um modelo para a construção de sua modernização, na luta pela "civilização" contra a "barbárie", tão desejada, foram seguindo os passos paulistas.

Os grandes reformadores do ensino paulista, desde o dia seguinte da República, tiveram a clarividência de não começar a mudança radical pelo ensino superior. Renunciaram expressamente à renovação do ensino começando pelo alto. Era pela escola primária que deveria começar, julgavam bem seus formuladores, num país dominado pelo analfabetismo. O deputado e educador Gabriel Prestes, membro da Comissão de Instrução Pública, expõe no Congresso Paulista essa postura, em 1892:

> Acredito, sr. Presidente, que a evolução do nosso progresso mental não se há de manifestar pela criação de escolas superiores, e sim pela difusão das escolas primárias, tão amplamente, que venhamos a reduzir o vergonhissimo [sic] estado da ignorância em que nos achamos, e fazer desaparecer essa tristíssima porcentagem de analfabetos que coloca o Brasil no ínfimo dos lugares entre as nações civilizadas.[45]

Modernização passava a ser, em boa hora, também sinônimo de educação popular.

A Constituição do Estado de São Paulo, de 1891, e os decretos de reforma do ensino primário paulista expedidos entre 1890 e 1893 estabeleciam um ensino público, laico, obrigatório, universal e gratuito, no primário.

Os grupos escolares foram estabelecimentos de ensino que implicaram uma concepção inteiramente remodelada do ensino primário, uma cunha revolucionária no sistema escolar brasileiro. Em prédio construído especialmente para seu funcionamento, estabelecia um curso seriado, com exames a cada ano e com reprovações e prêmios, boletins de frequência e aplicação, com classes separadas para cada ano e equipadas com mobiliário e com material didático especiais e cuja base de ensino seria o método intuitivo, inspirado em Pestalozzi e seus discípulos, e com cartilha e material para alfabetização. A homogeneização do ensino estava garantida pela divisão dos alunos em classes, em séries e por idades. Permaneceram, porém, ao lado dos grupos escolares, e por muito tempo ainda, as velhas formas de aulas isoladas de ensino individual; nem poderia ser de outro modo, uma reforma integral, uma virada total da situação vigente.

As novas leis de reforma do ensino primário resultaram de imediato no aumento quantitativo do número de alunos no Estado, na criação de escolas e na construção de prédios especiais de grupos escolares. Impressiona verificar quão rapidamente os pais responderam de maneira positiva ao novo ensino. Os grupos escolares, desde seu primeiro ano de criação e de um dia para outro, estavam com suas classes lotadas.

Se os pais hesitavam confiar seus filhos às escolas de ler e escrever, do Antigo Regime, não o faziam porque contestavam suas orientações filosóficas, ou porque não tinham competência para entender a importância do estudo, como diziam as autoridades. O que de fato os levava a tirar precocemente seus filhos da escolinha era a percepção de que o que elas ofereciam não era de forma alguma útil para seus filhos. E esse saber inútil tomava muitos anos para se completar. É o mesmo que ocorre com os pais de hoje, quando passam seus filhos e filhas da escola pública para a particular. Eles não o fazem por uma graça súbita que os conduz a querer adaptar a educação de seus filhos a uma ideologia filosófica ou religiosa, mas porque buscam uma escola suscetível de assegurar-lhes um ensino de qualidade, supostamente melhor.

O grupo escolar foi um sucesso. Criado pela reforma paulista de 1893, sendo que em cada grupo deveria existir um diretor (sempre um normalista) e tantos professores quantas classes houvesse. Haveria ainda adjuntos como professores auxiliares ou substitutos. Haveria duas classes para cada ano, uma para cada sexo. O primeiro grupo escolar foi inaugurado em 1894, na capital, em prédio monumental especialmente construído para esse fim. Em 1898, já havia oito grupos escolares na capital paulista e em 1930 subiam para cinquenta. O jardim de infância foi o primeiro público instalado no Brasil e estava anexo à escola normal da capital. Servia de prática de ensino para normalistas. Foram criados ainda três ginásios públicos, os primeiros do gênero para completar a reforma integral que estabeleceu a verticalização do ensino de base.[46]

Daí surgiu uma organização pedagógica para as escolas primárias. O ponto central dessa organização residiu na classificação uniforme dos alunos, em função de seu nível de conhecimentos. Essa classificação desencadeia a criação de um certo numero de divisões no interior da escola. É, pois, um princípio pedagógico muito simples. Ele consiste em agrupar os alunos possuindo um nível de conhecimento idêntico em todas as disciplinas e em instruí-los simultaneamente.[47]

A multiplicação do novo modelo escolar que São Paulo foi montando difundiu-se amplamente pelo Brasil. As mensagens de presidentes de Estado, em seus relatórios anuais, testemunham essa difusão, sendo muitas vezes feitos de forma explícita, direta, ao afirmarem basear-se nas reformas paulistas.

O estado de Santa Catarina decretou, em 1908, uma reforma de ensino em que "ficaram estabelecidos os grupos escolares nas sedes dos distritos em que houver pelo menos seis escolas no perímetro fixado para a obrigatoriedade", a funcionar em um só prédio, a cargo de um diretor com o pessoal necessário. Mas não havia pessoal habilitado para colocá-la em prática. Por essa razão, em 1912, o presidente pediu auxílio: não apenas "contratou professores em São Paulo", como solicitou ao governo paulista que pusesse à disposição o professor Orestes Guimarães, "escolhido por mim" [presidente], para "auxiliar o trabalho de reorganização do ensino primário do estado". O professor Guimarães já era conhecido em Santa Catarina, pois estivera em "Joinville para fundar a Escola Municipal daquela próspera cidade", tendo feito trabalho revolucionário a tal ponto que essa cidade "apresentava os menores índices de analfabetismo do Estado".[48] O presidente da província propôs ainda mais dois decretos complementares (n. 587 e n. 588) para estabelecer um "novo tipo de escola de que ótimos resultados tem dado em São Paulo, Minas e outros estados". Os primeiros grupos escolares – afirma – foram instalados em São Paulo em 1893.

> As vantagens dos grupos escolares são patentes; basta notar a divisão do trabalho, consequência da seriação do ensino que a emulação entre o pessoal – consequência do trabalho em conjunto sob uma direção uniforme; a fiscalização recíproca entre os membros do corpo docente e a extrema facilidade de fiscalização.

O governo estabelece uma integração entre os novos cursos criados: os que terminam os três anos de uma escola isolada podem se matricular no 4º ano do grupo escolar e "os que terminam o curso dos Grupos podem se matricular nas escolas complementares, corolário dos grupos, criadas para elevar o nível do ensino e estabelecer uma corrente de candidatos ao magistério público". Logo nesse primeiro ano da reforma, Santa Catarina colocara em funcionamento três grupos escolares: o da capital, Joinville e o de Laguna.

Até 1911, o ensino primário do Sergipe patinava com "um professorado em quase sua totalidade composto de professores sem o curso normal e nomeados sem concurso regular. Eram na maioria professoras "que se contentam com exíguos vencimentos que não poderiam satisfazer a um professor". As aulas primárias continuavam como no Império: "funcionam na maior parte em prédios impróprios, acanhados, quentes, quase sem mobília". O "ensino feito com métodos atrasados e ministrado por docentes muitas vezes catados entre protegidos e afilhados, sem se atender às aptidões e competências e só com interesse de dar emprego". O magistério era o campo mais fértil para a politicagem. Nesse quadro, em 1911, o presidente de Sergipe recorreu ao governo de São Paulo, por meio do deputado federal Pedro Doria, que "conseguiu do Secretario do Interior de São Paulo que o governo pusesse a minha disposição o Diretor do Grupo Escolar da Avenida Paulista, o Dr. Carlos da Silveira, que aqui se acha desde o 15 à frente da Escola Normal e das Escolas-Modelo anexas". Nesse ano, Sergipe criou o primeiro grupo escolar na capital e um grupo escolar modelo, na escola normal. Imediatamente, as classes se encheram e o governo acabou criando oito classes, quatro para cada sexo e com dois turnos: manhã, das 9h às 12h30; e tarde, das 13h às 17h.[49]

O Paraná, logo nos primeiros anos do novo século, instalou seus grupos escolares. Mas, sem professores bem treinados, em 1915 mandou para São Paulo vários professores normalistas para aprender o novo método analítico e introduzi-los nos grupos escolares. Em 1921, pediu a São Paulo o professor normalista César Prieto Martinez, Diretor da Escola Normal de Pirassununga, para vir assumir a inspeção geral do ensino no Paraná, a exemplo do que fora feito em Santa Catarina, com Orestes Guimarães. Com o professor Martinez pôde criar escolas complementares normais, nos grupos escolares, para aprender o novo método de ensino. São Paulo continuava sendo exemplo multiplicador.

Alagoas mandou para São Paulo, em 1913, um professor e quatro professoras "altamente qualificados" para "observar processos e métodos de ensino".

Em 1925, "comissionei o Sr. Dr. José de Castro Azevedo para ir a São Paulo e, com as observações colhidas em sua viagem, formular um plano capaz de servir de base à reforma" do ensino elementar. O professor acabou não indo e fez a reforma sem São Paulo.[50] O estado do Espírito Santo reformou seu ensino primário em 1908, e foi buscar em São Paulo educadores para auxiliá-lo na missão de renovar o ensino. Trouxe de São Paulo o

> emérito educador Dr. Carlos Alberto Gomes Cardim, cuja competência e preparo são assaz conhecidos, e cujo zelo e dedicação pela causa da instrução constituem o seu melhor e mais precioso padrão de glória [...]. Sob a direção de tão distinto professor reorganizou-se a Escola Normal e fundou-se uma Escola Modelo, três escolas reunidas noturnas, um Grupo Escolar e escolas isoladas que funcionavam com regularidade, obedecendo aos métodos e processos intuitivos e racionais da pedagogia hodierna. Esta reforma introduziu-se num estreitíssimo período de dois meses e tem encontrado a melhor aceitação do público, constituindo as novas escolas o centro de atração e de convergência da população infantil de nossa Capital. A elas têm acorrido hoje até mesmo as crianças afastadas das antigas escolas, pela nenhuma confiança que o ensino ministrado inspirava aos seus progenitores que de preferência as entregavam aos cuidados dos professores particulares existentes.

Na capital, antes da reforma, havia uma media de 710 alunos matriculados e 572 frequentes. Poucos anos depois, havia 932 matriculados com frequência média de 867.[51]

A Paraíba, igualmente, em 1914 e depois em 1917, contratou para seus grupos escolares "eminentes pedagogos diplomados pelas escolas do progressista estado de São Paulo, srs Nestor de Oliveira e Jose Cardoso. Eles trouxeram os métodos adiantados na prática do ensino primário".[52] Em 1917, foi nomeada uma comissão de pedagogos para introdução "de métodos didáticos e pedagógicos tão proficuamente experimentados no estado de São Paulo que é o paradigma nacional nessa relevante matéria de instrução pública".[53] O mesmo ocorreu em Maranhão, que criou seus grupos escolares desde 1905 e justifica a mudança pelo êxito que obtiveram em São Paulo e em Minas.

No Rio Grande do Norte a situação do ensino, ao entrar o século XX, era igualmente desastrosa. O estado criou inúmeros grupos escolares e, até 1920, já se contavam 32, mas no que se refere à sua organização, só um pequeno número deles obedeceu às regras do sistema. Quase todos não passavam de escolas isoladas funcionando num mesmo prédio, sem graduação, sem material. Mas o número de crianças subia a milhares. Os próprios contemporâneos constatavam que a situação não era boa. "Em 1921, relata o presidente, continuam a funcionar com a denominação de grupos escolares 32 casas de ensino, conquanto sejam poucas as que tenham a respectiva organização completa. Quase todos possuem apenas duas escolas funcionando isoladamente, embora disponham de prédio apropriado para maior número."[54] Para melhorar o ensino, o presidente do Rio Grande do Norte, em 1923, mandou o diretor da escola normal, Nestor de Santos Lima, estudar "os progressos do ensino não somente no sul do país, como nas repúblicas do Prata".[55]

O Mato Grosso contratou, em 1910, duas normalistas de São Paulo para criar a Escola Normal seguindo os mesmos métodos de São Paulo. Em 1911, começou a reorganização do ensino oficial e afirmava: "a instrução primária foi moldada pelos métodos seguidos de São Paulo, que, incontestavelmente, no nosso país ocupa a vanguarda".[56] Na formação intelectual e na educação cívica da infância e da mocidade, ali foram postos em prática os processos pedagógicos preferidos nos países mais adiantados da Europa e dos Estados Unidos da América do Norte. Para tanto, vieram de São Paulo dois educadores normalistas, Leowigildo Martins de Mello e Gustavo Kuhlmann. O primeiro tornou-se diretor da Escola Normal que inaugurou em 1912. Em seguida, contratou mais quatro professores normalistas paulistas para dirigir grupos escolares e, em 1915, trouxe outras normalistas de São Paulo para dirigir novos grupos escolares criados. O Ceará, ao criar seus grupos escolares, cita o exemplo de São Paulo. Alagoas criou em 1913 seus primeiros grupos escolares e mandou para São Paulo um professor e quatro professoras para observar o sistema de ensino desse estado. O presidente do Amazonas veio visitar São Paulo, em 1917, para conhecer de perto a organização da escola normal das escolas complementares, do grupo escolar modelo e da prática da ginástica e do orfeão escolar, práticas e estabelecimentos levados aos Amazonas e tirados do modelo paulista. Desde 1917, o novo presidente do Amazonas, Pedro de Alcantara Bacellar, foi logo visitar:

> esse admirável estado de São Paulo, cuja organização administrativa constitui já um modelo edificante a seguir e um exemplo brilhante a imitar, criou-se-me, no íntimo de minhas mais ardentes aspirações de brasileiro e de administrador, um insopitável desejo, uma entusiástica vontade de realizar um programa patriótico, em que a causa da Instrução fosse acariciada com o mais desvelado carinho.[57]

Quando assumiu o governo, "as escolas do interior" – nas suas palavras – apresentavam o mais triste e desolador aspecto; retratavam, na pobreza extrema e deficiência de suas instalações, o descaso e esquecimento em que as abandonou os Poderes Públicos". "E não me refiro somente àquelas escolas escondidas nos lagos, nos furos e nos paranás, mas também às que se encontram nas cidades mais progressistas e adiantadas como Itacotiara e Humanitá." E mais, "na Capital posso afirmar que nem uma só escola se achava convenientemente, higienicamente instalada; nenhuma dispunha, ao mais imprescindível material escolar. O mobiliário é impróprio, quando não deficiente; deficiente, quando não danificado e inútil". Havia encontrado o sistema de grupos escolares já instalado, nenhum, porém em prédio apropriado. Depois dessa visita, criou o jardim de infância e uma escola ao ar livre. Em 1929, convida um paulista normalista para servir de diretor.

Alguns estados, depois de conhecer o modelo paulista, preferiram ir visitar *in loco* o sistema ou buscar em outros países novos sistemas de organização do ensino primário. Foi o caso da Paraíba, cujo presidente visitou não apenas São Paulo, mas igualmente estabelecimentos da Argentina e do Uruguai, em 1924. O Rio Grande do Sul invocou a "escola do trabalho" do cantão suíço de Berna e suas escolas complementares. Em 1913, o governo gaúcho mandou professores para o Uruguai para observar os novos métodos desse país.

Minas Gerais, muito urbanizada, desde o século XVIII, sempre teve um conjunto escolar com características singulares dos demais estados brasileiros. Em 1898, decretou a municipalização do ensino primário e logo depois, em 1904, criou os primeiros grupos escolares, que se multiplicaram de forma extraordinária. Em 1919, eram 169. Buscou inicialmente o modelo paulista, e em 1920 recorre a Suíça, França e Bélgica, de onde contratou professores para o aperfeiçoamento do seu sistema de ensino.

Esses exemplos regionais foram citados com a intenção de mostrar que a renovação do ensino iniciada em São Paulo, nos anos de 1890, foi um modelo que se difundiu como um rastilho de pólvora pelos demais estados. Era o paradigma que todos estavam em busca.

O novo modelo escolar foi responsável pela montagem no país de um sistema escolar já construído em países como a Alemanha, França, Inglaterra, Estados Unidos, na Argentina e no Chile, principalmente nos anos de 1870-1880.

No Brasil, os ritmos de implantação e de adiantamento dessa montagem variaram enormemente de uma região a outra, e começou sempre pelas capitais.

Notas

[1] John Meyer, (ed.), *School Knowledge for the Masses*: World Models and National Primary Curricular Categories in 20th century, London, 1990.

[2] Dominique Julia, "La culture scolaire comme objet historique" , em A. Nóvoa (ed.). *The colonial experience in education,* 2006. N° especial de *Paedagogica Historica Gent.* Supp. Séries, I.

[3] A. Novoa, *La construction du modele scolaire dans le Sud-Ouest (Espagne,France,Portugal) des années 1860 aux années 1920.* Paris: Université de Paris IV-Sorbonne, 2006. Thèse sur travaux-mimeo, p. 114.

[4] Para Comenius, "toda a esperança de um mundo melhor está baseada unicamente na educação da juventude e, portanto, nas escolas retamente instituídas". M. A. Monacorda, *História da educação,* 6. ed., São Paulo, Cortez, 1997, p. 222.

[5] Sobre a história da obrigatoriedade escolar, ver, entre muitos: L. Luzuriaga, *História da educação e da pedagogia.* São Paulo, Nacional, 1990 e J. van H. Milton, *Absolutism and the 18th origins of compulsory schooling in Prússia and Áustria,* Cambridge, Cambridge University Press, 1988.

[6] Esses quatro pilares foram propostos e analisados na tese recente de Antonio Novoa, op.cit.

[7] A. Novoa, op. cit. p. 237 e segs.

[8] L. Luzuriaga, op. cit. p. 182.

[9] Philippe Ariés, *L'enfant et la vie familiale sous l'Ancien Régime*, 2. ed., Paris, Seuil, 1973.

[10] Dominique Julia, "La culture scolaire comme objet historique". em A NÓVOA (ed.). *The colonial experience in education.* 2006. Número especial de *Paedagogica Historica Gent.* Supp. Séries, I, pp. 130 e 356-357.

[11] Relatório de Presidente de Província (doravante RPP, seguido da sigla do Estado/Provincia) -SC-1882, p. 12.

[12] Relatório de Presidente de Província do Império – PA (RPP), 1881, p. 11.

[13] RPP-RS,1881, p. 23.

[14] E.Hoornaert, *História da Igreja no Brasil. Primeira época.* 2. ed. Petrópolis, Vozes, 1979, p. 170.

[15] Os franciscanos em alguns casos pontuais e de curta duração mantiveram escolas em seus conventos. Ver M. do Carmo T. de Miranda, *Os franciscanos e a formação do Brasil.* Recife, UFPE, 1976, p. 199.

[16] RPP-PB, 1862, Anexo GG- p. 2.

[17] RMI (Relatório do Ministério do Império), 1871, p. 20.

[18] Primitivo Moacyr, *A instrução e as províncias*, São Paulo, Nacional, 1939, pp. 10, 14 e 16.

[19] Um dos importantes ramos da nova tendência da Historia da Educação diz respeito à historia material da escola cuja expressão foi consagrada. Ver a respeito Ian Grosvenor et al (eds.), *Silences and Images*: The Social History of the Classroom, New York, Peter Lang, 1999; Marc Depaepe, *Order in Progress*: Everyday education practice in primary schools. Belgium, 1880-1970. Leuven Univ. Press, 2000. Incluem-se nesse setor a arquitetura escolar, os equipamentos de móveis e material didático, os manuais e livros didáticos utilizados etc.

[20] RPP-SP, 1864, p. 5.

[21] RPP-SE, 1859, p. S, 3-4.

[22] RPP-SE, 1860, p. S, 4-17.

[23] Idem.

[24] RPP-SP, 1877, p. 20.

[25] Arquivo Público do Estado de São Paulo (Doravante APESP, seguido da sigla CO (referência do arquivo para a colação documental) com o número e a data do documento). Cx 1, 4919 (1875), manuscrito.

[26] APESP. CO 4933, 1874.

[27] RPP-MT, 1874, p. 26.

[28] RPP-BA, 1881, anexo A1, p-16.

[29] APESP-CO 4933, 1874.

[30] RRP-PR, 1857, anexo S2, p. 28.

[31] APESP-IP (Instrução Pública)-CO 4920, 1881.

[32] RPP-RJ, 1846, p. 75 e idem, 1870, p. 12.

[33] RPP-AL, 1874, p. 4.

[34] RPP-PA, 1877, p. 80.

[35] Idem, p. 54.

[36] RRP-MG, 1868, p.21 e idem 1871, p. 33.

[37] In: José Ricardo Pires Almeida, anexo,op. cit. p. 304.

[38] APESP-IP-CO 4920 (1880).

[39] RPP-CE, 1868, p. 25.

[40] RPP-AL, 1844, p. 11.

[41] RPP-PB, 1884, p. 470.

[42] RPP-CE, 1861, p. 5.

[43] RPP-CE, 1865. S1- VIII.

[44] RPP-SC, 1881, p. 10.

[45] *O Estado de São Paulo*, 3 de maio de 1892.

[46] Ver M. L. Marcilio, *Historia da escola em São Paulo e no Brasil*, São Paulo, Imprensa Oficial do Estado, 2005 e em Casimiro Reis Filho, *A educação e a ilusão liberal*: origens da escola pública paulista, Campinas, Sutores Associados, 1995. Há muitos outros estudos.

[47] Pierre Giolitto, *Histoire de l'Ecole*: Maîtres et écoliers de Charlemagne à Jules Ferry. Paris, Imago, 2003, p. 41.

[48] MP-SC, 1912 (MP é a sigla para Mensagem de Presidente de Província. Para cada província citada vem a sua sigla a seguir), pp. 27 e 34-35; 1910, p. 13; 1911, p. 50 e 53.

[49] MP-ES, 1908, p. 7.

[50] MP-AL, 1913, p. 16 e 1925, p. 37.

[51] MP-ES, 1908, pp. 20-1.

[52] MPA, 1914, p. 7.

[53] MPPB, 1917, p. 9.

[54] MPRN, 1921, p. 23.

[55] MPRN-RN, 1923, p. 13.

[56] MPRN, 1911, p. 13.

[57] MP-AM, 1917, p. 127, 1917, p. 135 e 136; ver mais p. 229.

Bibliografia

ARIÉS, Philippe. *L'enfant et la vie familiale sous l'Ancien Régime*. 2. ed. Paris: Seuil, 1973.

ALMEIDA, José Ricardo Pires de. *História da instrução pública no Brasil (1500-1889)*. Trad. Antonio Chizzotti. Brasília: Inep; São Paulo: PUC-SP, 1989.

GIOLITTO, Pierre. *Histoire de l'Ecole. Maîtres et écoliers de Charlemagne à Jules Ferry.* Paris: Imago, 2003, p. 41.

GROSVENOR, Ian et al. (eds.). *Silences and Images*: The Social History of the Classroom. New York: Peter Lang, 1999.

JULIA, Dominique. La culture scolaire comme objet historique. In: NÓVOA, A. (ed.). *The colonial experience in education.* 2006. Número especial de *Paedagogica Historica Gent*. Supp. Séries, I.

HOORNAERT, Eduardo et al. *História da Igreja no Brasil. Primeira época.* 2. ed. Petrópolis: Vozes, 1979.

LUZURIAGA, L. *História da educação e da pedagogia.* São Paulo: Nacional, 1990.

MARCILIO, M. L. *História da escola em São Paulo e no Brasil.* São Paulo: Imprensa Oficial do Estado, 2005.

MEYER, John, (ed). *School Knowledge for the Masses*: World Models and National Primary Curricular Categories in 20th century. London: Falmer Press, 1990.

MILTON, J. van H. *Absolutism and the 18th origins of compulsory schooling in Prussia and Austria.* Cambridge: Cambridge University Press, 1988.

MIRANDA, M. do Carmo T. de. *Os franciscanos e a formação do Brasil.* Recife: UFPE, 1976.

MOACYR, Primitivo. *A instrução e as províncias.* São Paulo: Nacional, 1939.

MONACORDA, M. A. *História da educação.* 6. ed. São Paulo: Cortez, 1997.

NOVOA, A. *La construction du modele scolaire dans le Sud-Ouest (Espagne,France,Portugal) des années 1860 aux années 1920.* Paris, Université de Paris IV-Sorbonne, 2006.(Thèse sur travaux-mimeo), p. 114.

REIS FILHO, Casimiro. *A educação e a ilusão liberal*: origens da escola pública paulista. Campinas: Sutores Associados, 1995.

Raça e infância no século XIX

Maria Cristina Gouvêa

Este tema convida-nos a pensar o processo histórico de construção de um pensamento social sobre a questão da diferença, que, como nos ensina Lévi-Strauss atravessa as mais distintas culturas e nos lança na reflexão sobre como significamos o humano em sua fascinante e desafiadora multiplicidade.

Afinal, se aquilo que nos define, em termos biológicos, como espécies, é a construção histórica da cultura, ao precisar melhor e dizer culturas, o substantivo plural nos provoca desde sempre.

Não pretendo aqui, nos limites deste capítulo, desenvolver uma reflexão filosófico-antropológica (nem teria competência para tal), mas sim, pensando no nosso campo de conhecimento (história da educação), no sujeito/objeto de nossa reflexão (a criança), circunscrever um período histórico – o século XIX – e situar a produção de saberes ditos científicos sobre tal sujeito em que a questão da diferença foi posta como questão. Mais que isso, pretendo discutir como a escola e seu sujeito criança/aluno constitui-se como objeto de estudos e intervenções por pesquisadores sociais voltados para apreensão da diferença ao longo daquele período histórico.

Cabe-nos, inicialmente, evitar anacronismos nessa abordagem e, ao tematizar a diferença, pôr entre aspas o termo cultura, para lançar mão das categorias históricas a partir das quais a diversidade cultural foi pensada naquele período. Nesse sentido, o termo *raça* emerge como categoria em torno da qual se aglutinaria a produção de saberes sobre a diferença.

A centralidade de tal conceito na apreensão dos mais distintos fenômenos sociais traz para a biologia um lugar central no cenário das relações entre os diferentes campos de conhecimento. Como pontua Lévi-Strauss, se a diferença entre as culturas constituía temática presente na produção científica anterior ao século XIX, especialmente em Pascal, no século XIX assiste-se a uma biologização nos estudos sobre as culturas e sociedades, no entendimento de suas diferenças.

Por outro lado, cabe-nos situar, para além dos conceitos que informam a produção do conhecimento sobre o tema, as matrizes epistêmicas que circunscrevem tal produção. Ou seja, conferir visibilidade aos modelos investigativos que definem os estudos sobre a diversidade no período. Propugna-se uma ciência que se define objetiva, que lança mão de procedimentos e conceitos advindos das ciências físicas e naturais, estendidos aos mais diferentes campos. Mensuração, quantificação e afirmam-se como condição de investigação científica, campo como a estatística tornam-se referência na condução da pesquisa também na área das ciências humanas e nos estudos sobre as diferenças culturais, apreendidas como diferenças raciais.

Chegamos, por fim, ao objeto de investigação científica: a criança. A produção do conhecimento sobre esse sujeito social, sua visibilidade na produção acadêmica dá-se de maneira substantiva a partir da produção de saberes, no campo da psicologia nascente e da biologia. Mas não apenas. Como trabalharemos ao longo deste capítulo, a criança se torna também objeto de conhecimento em campos de investigação como a estatística.

Uma questão atravessa o período e explica a emergência da criança como objeto de investigação científica: a centralidade do termo evolução na apreensão dos mais distintos fenômenos naturais e sociais, termo que iria catalisar a produção científica do período.

Evolução no século XIX

Uma das questões que marcam a produção científica do século XIX é o conceito de evolução, tomado como princípio que definiria os processos de transformação dos diferentes fenômenos naturais e sociais. Tal conceito opunha-se à visão ainda presente no século XVIII de uma estabilização nas distintas formas vivas, num mundo estático. Ao contrário, caracteristicamente no século XIX impõe-se a visão de uma natureza em constante movimento e transformação, visão que se estenderia aos fenômenos humanos e sociais. Para Gould,[1] o conceito teria transformado o pensamento humano ao longo do século XIX, ou no seu dizer: “nenhuma outra ideia teria sido até então objeto de um uso e abuso tão generalizado”.

O conceito de evolução torna-se definidor de tais processos de mudança, o desenrolar de transformações em direção a formas mais complexas que caracterizariam os fenômenos e organismos naturais e sociais. O termo iria, portanto, atravessar os mais distintos campos do conhecimento.

Para Foucault, constrói-se, na modernidade, a concepção de um "tempo evolutivo", um tempo social que se expressa também nas técnicas administrativas e econômicas que manifestavam "um tempo de tipo serial, orientado e cumulativo: descoberta de uma evolução em termos de progresso".[2] Nesse tempo evolutivo, a criança constituiria o momento de gênese e a intervenção no seu processo de desenvolvimento a garantia de progresso individual.

> [...] progresso das sociedades, gênese dos indivíduos, essas duas grandes descobertas do século XVIII são talvez correlatas das novas técnicas de poder e, mais precisamente, de uma nova maneira de gerir o tempo, torná-lo útil, por recorte segmentar, por seriação, por síntese e totalização.[3]

Cabe indicar que o evolucionismo tornou-se historicamente associado à teoria da seleção natural de Darwin. Não constitui, porém, sua única expressão, mas a mais completa tradução (tomando de empréstimo frase de Caetano Veloso), sua forma mais acabada, que articulou e aglutinou todo o amálgama científico referido à representação da época de evolução e progresso. Como afirma Hobsbawn, a teoria darwinista causou sensação, não tanto porque o conceito de evolução fosse novo – era conhecido há décadas, mas antes porque constituía a primeira explicação satisfatória das origens das espécies (1988).

Na verdade, o termo esteve presente numa única frase da *Origem das espécies*. Se, sem dúvida, a teoria da seleção natural funda-se numa concepção de evolução das formas vivas, o termo não apenas é anterior a Darwin, como foi tomado como princípio geral, algo que o biólogo certamente refutaria.

Trazendo a questão para nosso campo de reflexão, as ciências humanas, Tylor, o pai do evolucionismo social, forja o termo, antes da publicação da origem das espécies, ao definir que as diferentes culturas teriam experimentado um processo de desenvolvimento histórico diferenciado, tendo algumas alcançado uma produção cultural e tecnológica que as tornava mais civilizadas, caso das sociedades europeias, tomadas como sinônimo de civilização.

Para Tylor:

> por um lado a uniformidade que tão largamente permeia entre as civilizações pode ser atribuída, e em grande parte, a uma uniformidade de ação de causas

> uniformes, enquanto, por outro lado, seus vários graus podem ser considerados como estágios do desenvolvimento ou evolução [...] a história da humanidade é parte e parcela da história da natureza, nossos pensamentos e ações estão de acordo com leis equivalentes àquelas que governam os ventos e as ondas, a combinação dos ácidos e das bases e o crescimento das plantas e animais.[4]

Construiu-se um modelo linear e universal de evolução das diferentes sociedades humanas, cujo ápice seria o nível alcançado pelas sociedades ocidentais europeias, as quais se tornaram sinônimos de civilização. À medida que o homem, na teoria evolucionista, era compreendido como parte de uma totalidade maior, definida pelas mesmas leis da evolução, configurava-se com maior clareza a ideia de uma lei geral do progresso (ambição maior de Spencer), a governar as espécies, as sociedades, as raças e os indivíduos. Tal concepção iria sustentar, no campo da antropologia, o evolucionismo de Tylor, mas também, na sociologia, o modelo positivista de Comte; e ainda: na filosofia, o de Spencer; na história, o historicismo de Rancke; e na psicologia, a psicogenia.

No campo antropológico nascente, para teoria evolucionista permitiu, no dizer de Stocking:

> que as tensões intelectuais resultantes foram resolvidas depois de 1854 por um evolucionismo amplo que era, ao mesmo tempo monogenista e racista, e que afirmava a unidade humana mesmo quando relegava o selvagem de pele escura a uma posição muito próxima do macaco.[5]

A embriologia e os processos genéticos de desenvolvimento humano

O ideário evolucionista teria, portanto, impacto também nos estudos sobre a infância. Por um lado, o interesse pelo estudo da criança foi redefinido a partir da embriologia, que buscava compreender as origens das diferentes formas vivas, de maneira a analisar sua evolução. Na medida em que a espécie humana era afirmada, como demonstrou Darwin, a análise dos processos de evolução do indivíduo indicava sua origem, tomando como referência as formas embrionárias. É a partir de tal perspectiva que a embriologia traz para seu campo o estudo da origem da vida humana, o estudo dos princípios genéticos de desenvolvimento da espécie.

Destaca-se nesse momento o trabalho de dois embriologistas que iriam marcar os estudos posteriores, definindo os princípios da ciência psicogenética nascente.

Inicialmente, cabe mencionar o trabalho de Von Baer, considerado um dos principais biólogos do século XIX, com seus estudos no campo da embriologia comparativa, tendo descoberto o óvulo humano. A partir das investigações empíricas, enunciou princípios gerais da mudança genética, que chamou de "Fundamental nature of ontogenetic change": "Von Baer propôs a ideia de que o desenvolvimento ocorria através de estágios sucessivos, dos mais gerais aos mais específicos, dos mais homogêneos em direção à diferenciação, dando origem a estruturas organizadas."[6]

A tese de Von Baer é explicitamente retomada nos trabalhos de Spencer, no livro *Principles of Psychologye* (1855), em que afirma que os princípios do desenvolvimento humano, como os das demais espécies, constituíam um processo contínuo de diferenciação, organização e integração.

Para Spencer, era necessário estudar os fenômenos psíquicos a partir de suas origens, analisando seu processo de desenvolvimento, contemplando os elementos constitutivos do pensar. No dizer do autor, toda a vida psíquica ou física resultaria de uma combinação de transformações que corresponderiam a sua existência e sequência externa, resultando em leis gerais.

Em termos de vida psíquica, Spencer descrevia três maneiras de produção do progresso: por crescimento do número de fenômenos, por ajuste da relação entre seus elementos, por complexificação das formas mais simples para as mais elaboradas (especialização, complexificação e generalização), configurando uma lei geral definida por uma relação de persistência. Haveria uma tendência a uma harmonia que permeasse os fenômenos humanos, sendo a ordem do progresso concebida como invariável.

Spencer não chegou a desenvolver sua perspectiva de análise no estudo do desenvolvimento humano, centrando-se na investigação de fenômenos psíquicos como atenção, memória etc. Para o autor, a partir da vivência rudimentar da criança até a consciência do adulto, a transição se faria por uma marcha lenta de um progresso mental, que, alongando a marcha lenta corporal, estabeleceria a mesma relação entre espírito e matéria, descrita na evolução do sistema nervoso. Assim, a evolução da inteligência dar-se-ia a partir das formas de vida mais rudimentares até suas formas mais elevadas, expressas na vida adulta (1903).

A obra de Spencer teve importante papel na configuração da psicologia e dos estudos dos processos humanos, abordados a partir de uma perspectiva genética. Nela, como afirma Le Goff, o autor expõe os princípios da sua teoria geral da evolução. Spencer aplicou sua perspectiva evolucionista a diferentes domínios do conhecimento, nas obras: *Principles of biology* (1867), *Principles of sociology* (1877). Para Valede (apud Le Goff), em Spencer fica clara a confusão da ideia ocidental de civilização, articulada à noção de progresso, com *toda* ideia de civilização, o que marcaria seus estudos nos distintos campos.

Outro nome fundamental no campo da embriologia, cujos trabalhos seriam a referência para a produção dos primeiros estudos psicogenéticos, foi o biólogo alemão Ernest Haeckel, que, a partir de 1860, realizou estudos morfológicos voltados para o desenvolvimento embrionário, formulando a chamada hipótese da recapitulação, segundo a qual: "a ontogênse repete a filogênse". Um trava-línguas no dizer de Gould,[7] a frase é síntese de seus estudos e foi apropriada de maneira literal por Stanley Hall, além de ter influenciado Freud, Piaget, Vygotsky e Levi Bruhl, já na primeira metade do século XX.

Haeckel forjou os termos ontogênese e filogênese, formulando a chamada lei biogenética, segundo a qual:

> o desenvolvimento do indivíduo orgânico, a série de mudanças de forma que cada indivíduo passa durante todo o período de sua existência individual, é imediatamente condicionada pela filogênese, ou desenvolvimento da linhagem orgânica (*phylon*) à qual ele pertence [...]. Ontogenia é a rápida e curta recapitulação da filogenia, causada pela funções fisiológicas de herança (reprodução) e adaptação (nutrição).[8]

O autor partiu de duas questões: as espécies mantêm-se essencialmente as mesmas no decorrer do tempo ou elas mudam? Como um organismo cresce de embrião a adulto? Essas perguntas distintas encontrariam uma solução mútua na teoria biopsicogenética. Para Cairns (1997, p. 24): "Tal pressuposto combinava as duas principais forças da evolução orgânica: a ontogênese e a filogênese num único padrão."

Nas palavras de Haeckel:

> A história do embrião (ontogenia) deve ser completada com uma segunda, da mesma validade, a história da raça (filogenia). Ambas são dimensões da ciência evolutiva estando mutuamente conectadas, sendo fruto da ação recíproca das leis da hereditariedade e adaptação. A ontogênese constitui uma breve e

rápida recapitulação da filogênese, determinada pelas funções fisiológicas da hereditariedade e adaptação.[9]

Os princípios da evolução ontogenética seriam, para o autor:

> O ovo fertilizado começa como uma única célula (igual à primeira célula viva que surgiu no planeta).
>
> Com as repetidas divisões da célula-ovo, surge um embrião com um arranjo segmentado (a fase "lombriga").
>
> Os segmentos desenvolvem-se em vértebras, músculos e algo que se apa-renta com brânquias (a fase do "peixe").
>
> Surgimento de rudimentos de membros (mãos e pés) que parecem servir para nadar, também aparece um "rabo" (a fase do anfíbio).
>
> Por volta da oitava semana de desenvolvimento, a maioria dos órgãos está quase completa, os membros desenvolvem os dedos e o "rabo" desaparece (a fase humana).[10]

Cabe observar que a teoria foi refutada já em 1870, questionando-se não apenas sua validade científica, mas os métodos investigativos utilizados pelo autor. Mesmo sendo apontada como fraudulenta, foi enorme sua repercussão, tendo ultrapassado os meios acadêmicos.

A homologia entre os processos evolutivos naturais, psíquicos e sociais foi marcada por essa visão de um princípio geral, definido pela lei biogenética. Uma questão estava posta: como compreender os processos de desenvolvimento individual e social com a mesma chave explicativa? Se as diferentes sociedades e culturas estavam em níveis diferenciados de evolução, quais seriam as condições de desenvolvimento dos indivíduos, no interior de cada cultura?

A resposta construída pela psicogenia nascente é que as possibilidades do desenvolvimento individual estariam definidas por seu pertencimento sociorracial. Como aponta Gould: "não era a primeira vez que os grupos depreciados eram comparados a crianças, mas a teoria da recapitulação revestiu esse conto com o manto da respeitabilidade social próprio de uma teoria científica".[11] Haveria limites, principalmente mentais, dados pelos diferentes níveis raciais, que constrangeriam as possibilidades do desenvolvimento do indivíduo. No dizer de Spencer: "os traços intelectuais dos selvagens são traços que podem ser observados comumente nas crianças dos povos civilizados".[12]

Tal postulado teve consequências diretas para dois campos de conhecimento nascentes: a antropologia e a psicogenia. A relação entre os povos selvagens e as crianças serviu de justificativa às práticas colonialistas do final do século, dada a menoridade cognitiva dos colonizados, que deveriam ser postos sob tutela, tal como as crianças dos povos ditos civilizados.

No campo dos estudos sobre a infância, aos poucos as investigações sobre os processos de desenvolvimento humano, desde a sua origem, derivaram da biologia para a psicologia nascente, conformando a chamada psicogenia, posteriormente denominada psicologia genética. Foi com os estudos de Baldwin e Stanley Hall, no final do século XIX, que se definiu tal campo científico. Para Hall, "Em vários aspectos, a maioria dos selvagens são crianças, ou melhor dizendo, dada a sua maturidade sexual, adolescentes do tamanho adulto" (1969, p. 649).

De acordo com tal perspectiva, os processos de desenvolvimento do indivíduo seriam determinados pelo seu pertencimento racial, que definiria as possibilidades e condições a serem alcançadas.

O autor estabelecia uma filiação direta com a hipótese da recapitulação de Haeckel, em sua obra *Adolescence*, o primeiro trabalho sobre a psicologia genética, contemplando tal extrato geracional. Afirma:

> No processo de desenvolvimento ontogenético, o indivíduo repete a história da espécie, passando lentamente do estágio protozoário para o metazoário. Assim nossos corpos atravessam todos os estágios: do ameboide, helmitoide, pisciana, anfíbia, antropóide, até chegar ao etnoide.[13]

Baldwin trabalhou a partir dos mesmos fundamentos. No entanto, sua leitura da hipótese da recapitulação tomava-a não num sentido literal, como Hall. O autor compreendia haver uma analogia entre os processos filogenéticos e ontogenéticos e não uma repetição. Baldwin voltou-se para o projeto de construção de uma psicologia genética fundada no estudo das relações entre as formas mais simples e as mais complexas, definindo os princípios de uma ciência que tivesse o caráter comparativo, garantia de sua cientificidade. Tal princípio voltava-se para a análise da relação homem x animal, normal x patológico, primitivo x civilizado, criança x adulto, buscando a construção de um padrão de normalidade, definido e sustentado no estudo do homem ocidental contemporâneo. Segundo o autor:

> certos estágios intelectuais são observáveis nos animais num nível menos desenvolvido e complexo que no homem. O que é necessário num estudo genético é estabelecer os diferentes graus evolutivos. O estudo da psicologia da criança pode tornar possível compreender a mente em seus primórdios, a origem das

> formas mais complexas. O estudo da criança pode estabelecer uma conexão com a vida adulta permitindo-nos compreender o desenvolvimento da mente.[14]

O evolucionismo expresso em Baldwin traduz as marcas da antropologia da época, trazendo para o centro do estudo do desenvolvimento individual a análise das diferenças raciais. Sua obra clássica *Mental development in the child and the race*[15] expressa no título sua perspectiva.

Nela busca desenvolver estudos sobre os processos de desenvolvimento humano, a partir de uma perspectiva genética, analisando a evolução das diferentes funções psíquicas. Baldwin funda seus estudos numa perspectiva que alia três pontos de vista complementares: a biogenética – em que o autor estabelece um paralelismo entre os processos ontogenéticos e filogenéticos, os recursos às pesquisas antropológicas, que indicam a evolução da mente, seus estágios de desenvolvimento a partir do estudo dos processos evolutivos das diferentes raças, desde as mais primitivas até as culturalmente mais complexas. A terceira, psicogenética, busca analisar os processos e estágios de desenvolvimento mental do indivíduo normal, através da observação rigorosa em contextos individuais e coletivos.

Uma questão subsiste, no entanto, no processo de construção de uma psicologia evolutiva que analisasse os processos de desenvolvimento individual, entendidos com racialmente determinados. Como padronizar os estudos dos fenômenos mentais? Como quantificar tais processos? Como medir a linha evolutiva única, os sujeitos de diferentes raças, situados em estágios diferenciados de desenvolvimento? Como estabelecer padrões de medida, cientificamente fundados?

Homem padrão

A resposta deu-se a partir dos estudos desenvolvidos no campo da estatística e, mais exatamente, da estatística social que forneceu o conceito chave (*average man*) e os instrumentos de medição (lei da probabilidade).

Como analisa Gould,[16] nas ciências humanas a segunda metade do século XIX foi marcada pela aliança entre o evolucionismo e a quantificação. No caso dos estudos sobre desenvolvimento humano, a estatística forneceu as bases para o estudo da evolução individual, produzindo indicadores quantificáveis.

Com a fundação da estatística social, por Quetelet, a partir da publicação de sua obra "Sobre o homem", em 1835, tornou-se possível a análise das características da população, estendendo seus domínios de intervenção até o indivíduo. Quetelet demonstrou que "a distribuição estatística das características humanas obedecia a leis matemáticas conhecidas, do que deduziu a possibilidade de assimilar as ciências sociais, às ciências físicas".[17]

Quetelet desenvolveu estudos em diferentes campos, mas foi o primeiro a construir padrões de medida objetivos e quantificáveis aplicados ao desenvolvimento humano, estabelecendo uma relação entre crescimento físico e raça/origem social. O estatístico mediu o crescimento de um grupo de escolares, comparando os processos de desenvolvimento físico, formulando a hipótese estatisticamente sustentada de que haveria uma diferença na evolução do crescimento de crianças, de acordo com a classe social, a qual repercutiria nas condições de aprendizagem escolar.

Seu estudo foi pioneiro, sendo a primeira investigação desenvolvida numa população escolar, tendo contribuído para a estruturação da antropometria, forjando o conceito de homem normal (*average man*). Se os fenômenos analisados eram parte constitutiva da natureza humana, estatisticamente verificáveis, seria possível determinar os padrões de normalidade física e intelectual de uma dada população. O comportamento individual poderia, para o autor, ser comparado ao coeficiente comportamental do homem padrão, que poderia ser graficamente visualizado através do mapeamento na população do desenvolvimento normal das características físicas e morais.

No dizer de Quetelet:

> há uma linha de investigação que volta-se para análise das capacidades normais, sensórias, motoras e intelectuais, na forma como aparecem no homem padrão ou em grupos especialmente selecionados, Tal estudo, naturalmente inclui a investigação sobre a distribuição de tais capacidades, seu desenvolvimento na infância, sua relação com a vida prática e a correlação entre tais distintas capacidades. Tais investigações envolvem na maioria dos casos o que pode ser melhor descrito como testes sobre o desempenho de habilidades específicas, os quais podem ser indicativos de capacidades mentais.[18]

Na visão de Quetelet, as classes humanas seriam agrupadas de acordo com qualidades físicas e mentais, propriedades reais de um povo ou raça, não os entendendo como conceitos abstratos. Seu trabalho contribuiu para a afirmação, característica do século XIX, de um substrato cognitivo nas diferenças raciais.

O conceito de homem padrão conferiu substrato científico ao conceito de normalidade e desvio, operando com o agrupamento de indivíduos em classes humanas. No dizer de Hacking, a possibilidade de classificação científica dos grupos humanos emerge no século XIX:

> Os tipos de classes humanas descrevem, em parte, como a classe difere do usual e avaliam, em parte, no que difere do que é certo e normal. Certas classes de pessoas são determinadas como diferentes ou em desvio das normas [...] as categorias de normalidade e desvio de classes humanas são uma classe administrativa para distinguir, enumerar, controlar e melhorar os que desviam em relação a imperativos burocráticos.[19]

As pesquisas de Quetelet permitiram à antropometria[20] afirmar-se como ciência objetiva, de acordo com a perspectiva cientificista da época. No dizer de Martin: "Através do uso da estatística superou-se o julgamento visual que dominava até então e que seria desacreditado como impressionista. Todos os caracteres físicos passaram a ser submetidos à mensuração e à classificação."[21]

Na tradição iniciada por Quetelet, foi Galton quem trabalhou de maneira mais substantiva a aplicação da estatística aos fenômenos humanos. Ele acreditava que qualquer fenômeno seria passível de medição, sendo a quantificação o critério básico de cientificidade. Ao mesmo tempo, os fenômenos humanos se definiriam por serem hereditários. Para Galton: "Nossa constituição parece ser diretamente relacionada com as de nossos antepassados. Nossos corpos, mentes e capacidades de desenvolvimento são derivados de nossos pais. Tudo que possuímos ao nascer constitui herança de nossos ancestrais".[22]

Galton deu sequência aos estudos de Quetelet, combinando o conceito de *average man* com os pressupostos da lei biogenética de Haeckel. Em suas palavras:

> é fato que os selvagens são incapazes de progredir após os 5 anos de idade. As crianças padrão de todas as raças estão no mesmo nível de desenvolvimento. Ocasionalmente os indivíduos das raças inferiores são os mais precoces dos indivíduos anglo-saxões, como uma besta de poucas semanas é certamente mais apta a sobreviver que uma criança da mesma idade. Mas, com a idade, os indivíduos das raças mais elevadas continuam a progredir, enquanto os das raças inferiores gradualmente encerram seu processo evolutivo. Continuam crianças em suas mentes, com as paixões de um homem crescido.[23]

Os estudos de Galton deram ensejo a uma série de investigações no campo da antropometria de medição dos caracteres anátomo-fisiológicos, especialmente o tamanho do cérebro, indicativos do nível de desenvolvimento mental. Os estudos de Broca são clássicos exemplos do desenvolvimento da craniometria.

Repercussões no campo da educação

É com a fundação da estatística social que, na educação, torna-se possível o conhecimento não apenas dos dados numéricos objetivos, da composição da população escolar, mas a identificação/medição dos caracteres anátomo-fisiológicos, indicativos das diferentes condições de aprendizagem.

A combinação dos dois campos do conhecimento (biologia e estatística), numa perspectiva evolutiva, tornou possível a análise do desenvolvimento das funções mentais, entendendo-as como racialmente determinadas e passíveis de quantificação. Porém, o conceito de mental ainda estava pouco definido e preciso, recorrendo-se a critérios fisiológicos na aferição dos fenômenos mentais.

De forma a avaliar e comparar as diferenças do desenvolvimento mental, considerando-as social e racialmente definidas, a escola conformou-se como laboratório ideal de práticas antropométricas. Constituída por uma população etariamente uniforme, ao mesmo tempo racial e socialmente heterogênea, possibilitava a realização de estudos comparativos, com grandes populações.

Exemplar da perspectiva posta à época foi o estudo de Mac Dougall, desenvolvido em escolas públicas norte-americanas, com 751 alunos tido como diferentes raças. O pesquisador mediu os diversos caracteres anátomo-fisiológicos, como tamanho do crânio, diâmetro nasal, tipo de cabelo, todos considerados indicativos da competência mental. Especialmente, dados anatômicos diferenciados entre as raças negra e branca foram tomados como referência na aferição das capacidades mentais, caso do diâmetro nasal e tipo de cabelo.

Tais estudos iriam se multiplicar e se sofisticar ao longo do século XX, em que progressivamente os indicativos da capacidade mental do indivíduo, racial e socialmente determinada, se deslocam do campo da fisiologia para a psicometria. A medição da capacidade mental deixa de ser aferida através da comparação dos dados anatômicos para ter como base a competência cognitiva aferível em testes padronizados que dariam visibilidade aos fenômenos mentais. Mas isso já em 1906, com os estudos de Binet e Simon, que iriam desembocar na construção dos testes de QI e que iriam redefinir tal campo investigativo. Porém, permanece ao longo do século XX, como uma persistente sombra a acompanhar os estudos sobre desenvolvimento e cognição humana a racionalização das análises, tanto insistentemente negada por alguns autores, quanto tenazmente repetida por outros.

Notas

1 Stephen Jay Gould, *A falsa medida do homem*, São Paulo, Martins Fontes, 2003.

2 Michel Foucault, *Vigiar e punir*, Petropolis, Vozes, 1986, p. 45

3 Idem.

4 Tylor, 1871, pp. 1-2, apud Roque de Barros Laraia, *Cultura*: um conceito antropológico, Rio de Janeiro, Jorge Zahar, 1986, p. 30.

5 Stocking, 1973, apud Stephen Jay Gould, op. cit., p. 65.

6 Apud Robert Cairns, "The making of developmental psychology", em W. Damon e R Lerner (orgs.), *Theories models of human development*: Handbook of child psychology, New York, J. Wriden, 1997, v. 1. p. 285.

7 Stephen Jay Gould, op. cit.

8 E. Haeckel, *Riddle of the Universe at the Close of the Nineteenth Century.* 1900. Disponível em: <http: // psychclassics.yorku.ca>. Acesso em: 5/10/2006.

9 Idem.

10 Idem.

11 Stephen Jay Gould, op. cit., p. 114.

12 Herbert Spencer, *Principles of psychologie*. 5. ed. Paris: Felix Acour Editeur, 1903. (1 ed. 1855). 1855, pp. 89-90.

13 Stanley Hall, *Adolescence*. New York, New York Times Press, 1969, p. 13.

14 William Baldwin, *Elements of psychologie*, New York, Appleton, 1893, p. 18.

15 William Baldwin, *Mental development in child and race*, 1895. Disponível em: <http: //psychclassics.yorku.ca/ Baldwin.htm>. Acessado em: maio 2005.

16 Stephen Jay Gould, op. cit.

17 Apud Erik Hobsbawn, *A era dos Impérios*, São Paulo, Paz e Terra, 1998, p. 392.

18 Adolph Quetelet, *A treatise on man and the development of his faculties*, Edinburg, William and Robert Charns, 1842, p. 17.

19 Ian Hacking, *The taming of chance*, Cambridge, Cambridge University Press, 1990, p. 371.

20 Quetelet é chamado o pai da ciência da antropometria. Vide http.psychclassics.yorku.ca/quetelet/htm.

21 Olivier Martin, "Da estatística política à sociologia estatística. Desenvolvimento e transformações da análise estatística da sociedade (séculos XVII-XIX)", em *Rev. bras. Hist.*, n. 41, 2001, v.21, pp.13-34.

22 Francis Galton, "Hereditary talent and charater. Originally published", em *Macmillan's Magazin*, n. 12, pp. 157-66, 1865. Disponível em: <http: //psychclassics.yorku.ca/ galton.htm>, acessado em: maio de 2005.

23 Idem.

Bibliografia

Baldwin, William. *Elements of psychologie*. New York: Appleton, 1893.

______. *Mental development in child and race*, 1895. Disponível em: <http: //psychclassics.yorku.ca/ Baldwin.htm>. Acessado em: maio de 2005.

______. Cattell, J. M. Physical and mental tests. *Psychological Review*, n. 5, 1898, pp. 172-9, Disponível em: <http: //psychclassics.yorku.ca/ Baldwin.htm>. Acessado em: 22/09/2006.

Cairns, Robert. The making of developmental psychology. In: Damon, W.; Lerner, R. (orgs.). *Theories models of human development*: Handbook of child psychology. New York: J. Wriden, 1997, v. 1, pp. 25-105.

Comte, August. A filosofia positivista e o estudo da sociedade. In: Gardiner, P. *Teorias da história*. Lisboa: Gulbekian, 1995, pp. 90-103.

Darwin, Charles. *Autobiografia*. Lisboa: Olhos d'água, 2004.

Foucault, Michel. *Vigiar e punir*. Petropolis: Vozes, 1986.

Galton, Francis. Hereditary talent and charater. Originally published. *Macmillan's Magazine*, n. 12, pp. 157-66, 1865. Disponível em: <http: //psychclassics.yorku.ca/ galton.htm>. Acessado em: maio de 2005.

Gould, Stephen Jay. *A falsa medida do homem*. São Paulo: Martins Fontes, 2003.

Hacking, Ian. *The taming of chance*. Cambridge: Cambridge University Press, 1990.

Haeckel, E. *Riddle of the Universe at the Close of the Nineteenth Century* 1900. Disponível em: <http: // psychclassics.yorku.ca>. Acesso em: 5/10/2006.

Hall, Stanley. *Adolescence*. New York: New York Times Press, 1969.

Hobsbawm, Erik. *A era dos Impérios*. São Paulo: Paz e Terra, 1998.

Ingold, Tim. A evolução da sociedade. In: Fabian, A. (org.). *A evolução*: a sociedade, a ciência e o universo. Lisboa: Terramar, 2000, pp. 94-121.

Laraia, Roque de Barros. *Cultura*: um conceito antropológico. Rio de Janeiro: Jorge Zahar, 1986.

Le Goff, Jacques. *História e memória*. Lisboa: Edições 70, 2000.

Lévi-Strauss. *Raça e cultura*. São Paulo: Abril, 1987 (Col. Os pensadores.)

Martin, Olivier. Da estatística política à sociologia estatística. Desenvolvimento e transformações da análise estatística da sociedade (séculos xvii-xix). *Rev. bras. Hist.*, v. 21, n. 41, 2001, pp. 13-34.

Quetelet, Adolph. *A treatise on man and the development of his faculties*. Edinburg: William and Robert Charns, 1842.

Spencer, Herbert. *Principles of psychologie*. 5. ed. Paris: Felix Acour Editeur, 1903. (1 ed. 1855).

______. *Principes de sociologie*. Trad. M. Cazelles, Paris: Libraire Germer Bailliere, 1878, v. 1 (ed. original 1876).

______. *Principes de biologie*. Trad. M. Cazelles. Paris: Libraire Germer Bailliere, 1880 (ed. original 1864).

Relações sociais, intelectuais e educação da infância na história

Moysés Kuhlmann Jr.

Nas pesquisas da área educacional, a necessidade de compreensão dos aspectos específicos, internos, favorece a tendência a tudo explicar pelo viés da educação, quase a tomar a dimensão educacional como o fator determinante de toda a vida social. Essa observação crítica sugere a formulação de um neologismo, ao estilo do chamado "eurocentrismo", no sentido de indicar que os estudos da área educacional têm corrido riscos constantes de se subordinarem a um "educentrismo", que desconsidera o conjunto das relações sociais em que se produzem os fenômenos educacionais. O "educentrismo" significaria compreender as questões da educação como se fossem produzidas internamente à educação, mesmo que, posteriormente, venham a ser relacionadas de uma forma subordinada, aos demais aspectos sociais.

Não se quer dizer, com isso, que seja irrelevante tomar aspectos do interior das relações educacionais e das instituições educativas como tema de estudo, como o mobiliário e os materiais didáticos, a formação de docentes em uma dada escola, a história de uma disciplina, de uma instituição etc. Trata-se de compreender que, em todos esses casos, os fenômenos educacionais são elementos constitutivos das relações sociais e se produzem no interior dessas relações e não à parte, ou sobrepostos a elas. São processos históricos, em que as relações sociais definem grupos e setores sociais considerados passíveis de serem educados. Se as concepções, as formas, as propostas educacionais são históricas, então a compreensão da sua história não pode restringir-se aos estreitos limites da educação, esquecendo-se das suas relações com o econômico, o geográfico, o social etc.

Da reflexão sobre a circulação de ideias e modelos pedagógicos para a educação das crianças, emerge uma temática que merece maior aprofundamento na área educacional, a questão dos intelectuais, entendidos como figuras centrais na formulação e disseminação dessas propostas. Neste capítulo, buscar-se-á tratar do conceito de intelectuais e de seus significados para, a seguir, ocupar-se de algumas formas de circulação das ideias em relação à educação da infância. Mesmo sem pretender esgotar essa abrangente área de investigação, buscou-se indicar como a questão dos intelectuais aparece em diferentes autores e lugares, o que não significa a adoção de uma perspectiva eclética e irrefletida, mas sim a tentativa de identificar questões relevantes e de fundamentar com maior solidez a discussão sobre os procedimentos metodológicos da pesquisa histórica.

Os intelectuais como categoria social e histórica

O uso da palavra "intelectuais", como substantivo que indica produtores culturais que se investem de responsabilidades na vida social, é bastante recente. Seu uso ganha força com a publicação do "Manifesto dos Intelectuais", em favor de Dreyfus, no jornal *Aurore*, em 1898. O editor do jornal, Georges Clemenceau, que teria sugerido a expressão, considerava que o manifesto anunciava uma nova força política.[1]

Esse acontecimento, que inaugura o uso da expressão, torna-se um ponto de partida para se refletir sobre os processos que levam à construção de sujeitos e categorias históricas, colocados em evidência sob três aspectos: o manifesto, os seus autores e ainda, os "intelectuais", palavra que passará a ser utilizada na intenção de se definir um grupo social específico.

Os documentos intitulados "manifestos", formas de expressão pública destinadas a estabelecer princípios relacionados a um movimento político ou artístico, podem ser encontrados em outros momentos, anteriores e posteriores ao referido acima – como, por exemplo, o Manifesto Comunista, o Republicano, o Futurista, o Surrealista. Ao se apresentarem como documentos monumentais, os manifestos tornam-se uma referência simbólica, considerados uma categoria histórica, como o marco inaugural de transformações nas relações sociais.

Os autores do Manifesto dos Intelectuais, de 1898, em consonância com os interesses editoriais que lhe deram publicidade, de pronto situaram-se como sujeitos históricos, investidos do direito e do dever de controlar e intervir em relação às ações das autoridades estatais, no que se referia ao problema em questão.

O uso dos manifestos, como forma de dar publicidade à reunião de intelectuais, também marca presença na historiografia educacional brasileira. Ao comentar sobre o Manifesto dos Pioneiros da Educação Nova, de 1932, Freitas afirma:

> Se um manifesto conseguiu instalar-se na memória intelectual da educação brasileira como um marco, peça síntese ou como divisor de águas, isso foi resultado dos movimentos públicos e de bastidores, através dos quais a formatação republicana do Estado que se construía estava sendo constantemente colocada em disputa.[2]

Tanto este como o Manifesto dos Educadores de 1956, de acordo com Freitas,[3] abrigavam "uma retórica constitutiva de um grupo que não era grupo". Essa característica, de um grupo que reúne interesses e concepções conflitantes, pode ser observada em outros manifestos, bem como em várias associações e congressos, o que sinaliza que a acepção de crítica, de engajamento dos intelectuais, merece ser problematizada, pois não implica, necessariamente, coerência.

O Manifesto dos Intelectuais e seus autores tiveram seu significado histórico imediato, mas a palavra, "intelectuais", como uma conceituação sociológica genérica para designar grupos sociais, aponta outro tipo de categoria histórica. A palavra sucede antecedentes que têm alguma equivalência, como "clérigos", "filósofos", "pessoas (ou gentes) de letras", e concorre diretamente com a expressão de origem russa, "inteligencija", difundida na mesma época, utilizada para se referir à classe culta, com instrução superior.

Para Bobbio, de acordo com Botelho,[4] o "poder ideológico", exercido sobre as mentes pela produção e transmissão de ideias, caracteriza os intelectuais, ao lado do poder econômico e do poder político. Segundo Rosa, o trabalho intelectual se coloca num ponto de intersecção entre estas três esferas que são o *trabalho*, a *sociedade* e o *poder* (ou a *política*).[5]

Com o capitalismo, a função intelectual deixa, decisivamente, de ser exercida por um monopólio da hierarquia eclesiástica. O conceito, como substantivo, ganha reconhecimento como uma palavra a ser utilizada no plural, "intelectuais", pois imediatamente passa a se referir a um coletivo, no sentido de designar uma reunião, um círculo, um grupo.[6]

O uso do termo como categoria analítica se amplia para além da situação específica em que ocorreu a sua aparição original e passa a ser utilizado para diferentes períodos e situações da história. Isso não significa, necessariamente, um anacronismo, pois o que motiva essa generalização ancora-se na reflexão sobre a divisão entre trabalho manual e trabalho intelectual, na história e na sociedade.

Um exemplo desse tipo de estudo é aquele realizado por Le Goff, em 1957, sobre os clérigos na Idade Média, denominados por ele como intelectuais, por se caracterizarem como um tipo sociológico novo, que surge da divisão do trabalho e do espaço urbano, que manifesta a vontade do trabalhador intelectual em se distinguir, desconsiderando suas origens de trabalhador manual nas oficinas urbanas. Para ele, com o uso da palavra "intelectual" seria possível mudar a atenção, na análise historiográfica, "das instituições para os homens, das ideias para as estruturas sociais, as práticas e as mentalidades, e em situar o fenômeno universitário medieval na longa duração".[7] O novo trabalho intelectual definia-se como a união entre a pesquisa e o ensino no espaço urbano, e não mais no espaço monástico. O emprego do termo intelectual, para o período medieval, ligaria a visão sociológica – que mostra a coerência do tipo e das estruturas – com o estudo histórico – que "realça as conjunturas, as mudanças, as variações, as rupturas e as diferenças":

> Citadinos, os novos intelectuais são profissionais. Eles têm – tal como os comerciantes, pois são 'vendedores de palavras', da mesma forma que estes são 'vendedores do tempo' – de vencer o clichê tradicional de que ciência não é para ser vendida, por ser uma dádiva de Deus.[8]

No seu estudo sobre a sociedade medieval, embora tenha estudado figuras de proa entre os que chegaram ao ápice da criação científica e intelectual, Le Goff[9] considerou que talvez tenha errado em descartar os vulgarizadores, os compiladores e os enciclopedistas, que difundiram tudo que provinha da pesquisa e do ensino escolásticos. Na base do mundo intelectual, os homens da Igreja, professores de gramática e retórica, advogados, juízes e notários estariam entre os "artífices do poder das cidades", seriam "intelectuais do crescimento urbano".

Esse tipo de consideração vai ao encontro das posições de Gramsci, que afirmou:

> Todos os homens são intelectuais [...], mas nem todos os homens desempenham na sociedade a função de intelectuais. [...]. De fato, a atividade intelectual deve ser diferenciada em graus [...]: no mais alto grau, devem ser colocados os criadores das várias ciências, da filosofia, da arte, etc.; no mais baixo, os "administradores" e divulgadores mais modestos da riqueza intelectual já existente, tradicional, acumulada.[10]

Tutores da verdade e da objetividade, expoentes das respectivas especializações, os intelectuais representam a si e são representados como depositários dos valores culturais universais. Mas, nem sempre os intelectuais podem ser identificados como alinhados com o compromisso de luta por princípios democráticos e igualitários. É o que indica Freitas,[11] ao citar Alberto Torres, representante do pensamento autoritário, que defendia que os intelectuais cumprissem sua "função educativa" e se tornassem responsáveis pela elaboração de um "pensamento nacional":

> Nenhum povo tem a educação necessária para dirigir seus interesses gerais. Intelectuais, porém, e, em geral, homens de letras, estão longe de ocupar a posição que lhes compete na sociedade brasileira. Não formam até hoje uma força social.[12]

A mesma postura também foi adotada por Azevedo Amaral, que afirmou:

> A missão dos intelectuais é sutil. Emergidos da coletividade como expressões mais lúcidas do que ainda não se tornou perfeitamente consciente no espírito do povo, os intelectuais são investidos da função de retransmitir às massas, sob forma clara e compreensível, o que nelas é apenas uma ideia indecisa e uma aspiração mal definida.[13]

Torna-se necessário deixar de atribuir ao trabalho intelectual o papel privilegiado com que ele se representa, no plano das relações ideológicas. Adam Smith considerava a diferenciação entre os talentos humanos muito mais um efeito do que uma causa da divisão social do trabalho. Em 1776, escreveu a seguinte frase, posteriormente retomada por Marx, na *Miséria da filosofia*:

> Por natureza, um filósofo não é diferente, no caráter e na aptidão, dum carregador de rua, nem sequer na metade de quanto é diferente um mastim dum galgo, ou um galgo dum *spaniel*, ou um *spaniel* dum cão pastor.[14]

A atividade intelectual e o pensamento não podem, portanto, ser considerados portadores de uma dinâmica independente da divisão social do trabalho. Nesse sentido, para se pensar a construção dos sujeitos como categoria histórica, cabe assinalar as considerações de Corrêa,[15] para quem, mais do que demonstrar a preponderância de determinados autores na formação teórica dos membros dos grupos intelectuais, caberia analisar a sua composição enquanto tal, o contexto, a relação de seus alinhamentos políticos e teóricos com sua prática e sua atuação.

Em perspectiva semelhante, Myers,[16] ao analisar as interações entre grupos de intelectuais na América Latina, afirma que a constituição de redes culturais e o seu entrecruzamento, a circulação de saberes, faz emergir uma perspectiva histórico-cultural compartilhada ou pelo menos convergente. Quanto a isso, entende-se que é necessário tomar uma certa cautela com o conceito de "redes", que pode sugerir uma estrutura simétrica e equilibrada, esmaecendo a compreensão de que essas interações envolvem relações de forças e de interesses que precisam ser consideradas nas análises.

Ao se levar em consideração a necessidade, na análise dos processos históricos, de situar os sujeitos como categorias sociais, cabe destacar as ponderações de Raymond Williams. Esse autor entende que não é possível isolar as funções estritamente "intelectuais". Isso não apenas porque, em todas as atividades sociais e produtivas, está envolvida a inteligência, mas também porque as ideias e os conceitos – preocupações especializadas dos "intelectuais" – se produzem e reproduzem no interior da estrutura social e cultural global, no sistema de significações como um todo e no sistema que ele exprime, seja diretamente, como ideias e conceitos, seja de modo mais amplo, na forma de instituições modeladoras, relações sociais, religiosas e culturais, de trabalho e desempenho. Embora essas atividades gerais de produção e de reprodução possam, em certo nível, ser estudadas como se exprimissem ideias, elas sistematizam o que já se pratica amplamente, ou constituem interações reais, ainda que irregulares, com a prática. O "sistema social" e o "sistema de significações" são mutuamente constitutivos e só se pode separá-los de maneira abstrata.[17]

A pesquisa histórica, por vezes, pode se deixar envolver por abordagens limitadas, pelo fascínio por um ou outro tipo de fontes ou de categoria social, abordagens que correm o risco de obscurecer uma compreensão mais sensível dos fenômenos sociais, se não tomarem o necessário cuidado para evitar a subordinação das análises a conceitos etéreos. Mas as representações, os discursos e os artefatos simbólicos que configuram a realidade são produzidos e imaginados por pessoas reais, e têm efeito sobre a vida de pessoas reais, que nascem, crescem, amam, sofrem e morrem.

As ideias se produzem como matéria e é como matéria que se expressam e se reproduzem nas relações sociais. As ideias são matéria porque se formulam por meio da linguagem, que resulta da produção social, o que limita a elaboração e a comunicação aos seus condicionantes históricos. As ideias são matéria porque se acumulam, se reproduzem e se difundem em relações sociais concretas – nos congressos, nas reuniões, nas viagens etc. – e em suportes materiais concretos, por meio da linguagem escrita. Como afirmam Marx e Engels:

> O "espírito" sofre, desde o início, a maldição de estar "contaminado" pela matéria, que, aqui, se manifesta sob a forma de camadas de ar em movimento, de sons, em suma, sob a forma de linguagem. A linguagem é tão antiga quanto a consciência – a linguagem *é* a consciência real, prática, que existe para os outros homens e que, portanto, também existe para mim mesmo; e a linguagem nasce, tal como a consciência, do carecimento, da necessidade de intercâmbio com os outros homens. Desde o início, portanto, a consciência já é um produto social e continuará sendo enquanto existirem homens.[18]

Daí a importância, no campo da história social e educacional, do estudo da circulação de ideias, circulação que se faz não por meios etéreos, mas que se concretiza, materialmente, pela efetiva circulação de pessoas e de produtos, sob as mais diversas formas.

Os intelectuais e a circulação de ideias sobre a educação da infância

> As ideias que circularam no Brasil, através das conferências pedagógicas, das conferências populares, do Congresso de Instrução, da exposição pedagógica e escolar, do museu escolar e pedagógico, dos impressos, faziam parte de um movimento internacional, no qual a elite intelectual brasileira procurava integrar-se e vivenciá-lo na sua realidade social. Ao mesmo tempo que participavam do Estado, favorecendo a sua manutenção, esses intelectuais preconizavam transformações nas estruturas sociais, na perspectiva de que a educação equivalia a "progresso".[19]

No que se refere à educação da infância, é possível identificar diferentes momentos e formas de circulação de ideias, que ocorrem nos planos internacional e nacional, em congressos, associações de cunho científico, político ou religioso, na imprensa geral e especializada, envolvendo uma ampla gama de setores sociais.

A construção do conceito de infância, como uma representação dos adultos sobre esse período inicial da vida, deve muito à modernidade dos séculos XVI ao XVIII, processo que transparece mais como resultado do intelectual, individualizado, que se detém a considerar a criança como "objeto de ciência", embora se relacione com a vida real das diferentes crianças, como um produto das tensões existentes em torno das relações sociais e da distribuição etária, que constituem os processos históricos. Esse trabalho intelectual ganha dimensão social pela difusão da imprensa. De acordo com Boto,[20] os intelectuais da Renascença irão delinear tratados que se tornam um sucesso editorial e que estabelecem um programa pedagógico como "roteiros de civilidade para dirigir as ações dos familiares e dos educadores na condução dos modos de as crianças estarem no mundo e interagirem nesse mundo".

Mas é a partir do século XIX que irá ocorrer um grande impulso à consolidação das tendências anteriores de valorização da infância, com a criação e difusão de várias iniciativas. Com o incremento das relações internacionais, difundem-se modelos institucionais e educacionais para a educação da infância, que individualizam determinados sujeitos históricos, seus fundadores e promotores, em nome dos quais se constituem grupos que promovem diferentes processos de difusão, em diferentes contextos nacionais e sociais.

Para a compreensão desse processo histórico, as análises sobre a primeira metade do século XIX precisam ocupar-se de aspectos distintos do que irá ocorrer mais ao final daquele século, principalmente a partir de 1870. O mesmo deve ser considerado nos períodos pós-guerra, no século XX, que irão trazer novos elementos a se considerar.

Inicialmente, essas relações são marcadas, de forma preponderante, por contatos pessoais, como, por exemplo, correspondências e viagens e pela edição e tradução de publicações.

No início do século XIX, o modelo da *Infant School*, de Samuel Wilderspin, propagou-se pela Europa, a partir da Inglaterra, e tinha como base a antecipação dos métodos do ensino mútuo da escola primária. O manual de Wilderspin foi traduzido ou adaptado ou serviu de modelos para propostas nos países alemães, Itália, França, Espanha, Bélgica e Suíça.[21]

A circulação de ideias envolve relações sociais específicas entre pessoas que exercem funções intelectuais e de caráter administrativo e político, em diferentes lugares institucionais. De um lado, ocorrem relações singularizadas, caracterizadas por correspondências e visitas, realizadas por atores sociais que se comunicam e viajam de diferentes lugares, para conhecer experiências institucionais que, posteriormente, são relatadas em seus lugares de origem, com vistas a implementar ações semelhantes. De outro lado, há as relações de caráter social, que difundem as ideias e propostas, por meio das publicações. Além dos livros, que já eram uma tradição nesse tempo, os periódicos, jornais e revistas, começam a aparecer, para, mais tarde, multiplicar-se.

Isso se observa na correspondência de Émilie Mallet, membro do Comitê de Damas, responsável pelas Salas de Asilo em Paris. Na década de 1830, madame Mallet torna-se uma promotora das escolas infantis na Europa e recebe cartas e visitas de representantes de diversos países. O tom das relações internacionais transparecia na revista *L'Ami de l'enfance*, em que Mallet publicava documentos e matérias sobre países como a Inglaterra, a Bélgica, a Itália.[22]

Os contatos individuais e as viagens continuam a se fazer importantes na circulação de ideias, ao longo do século XIX. No Brasil, no ano de 1883, o Inspetor Geral da Instrução Pública, Souza Bandeira Filho, publicou relatório sobre a viagem que havia realizado para obter informações sobre o jardim de infância e outras instituições de educação infantil na França, Suíça, Áustria e Alemanha. Em maio do mesmo ano, Luiz Martino Caminhoá, em carta ao conde d'Eu, esboçava as primeiras ideias sobre a Associação Protetora da Infância Desvalida, pensada como associação agrícola "que se ocupe da regeneração e educação de meninos criminosos e vagabundos no Brasil". Caminhoá atendia a uma solicitação do príncipe:

> [...] na visita que com Vossa Alteza fiz à Colonia de Orgeville, em França, bem como a outros asilos para crianças (creches) e jardins de infância, e antes disso, na prisão dos jovens detidos, em Paris, em cujas visitas Vossa Alteza lembrou-me imediatamente de aplicar ao Brasil tais instituições.[23]

No último terço do século XIX, essas relações se ampliam por meio das associações e dos congressos, de âmbito nacional e internacional, que reforçam a difusão de propostas institucionais e pedagógicas.

A inspiração oriunda da *infant school* inglesa gera instituições assemelhadas, mas com denominação própria em diferentes países europeus, como a sala de asilo francesa. Em contraposição, a difusão do *kindergarten*, de Froebel, torna-se uma referência institucional para a educação infantil, que difunde, além das propostas educacionais, a mesma denominação, seja no original alemão, como nos países de língua inglesa, seja traduzida, como no Brasil, com o jardim de infância.

A difusão da proposta froebeliana percorre caminhos que vão da longa tradição da modernidade e seus indivíduos intelectuais até as formas das associações e congressos em que coletivos de intelectuais consagram esses indivíduos como sujeitos históricos, heróis e autores das propostas institucionais que se propagam por diferentes contextos nacionais e sociais.

Entre os grupos intelectuais promotores da educação infantil, estão membros da maçonaria ou simpáticos a ela, seguidores das ideias de Krause e de Fourier. Froebel inspirou-se nos escritos de Comenius, que teriam sido apresentados a ele pelo filósofo Karl Krause, em 1828. As relações de Froebel com Krause tiveram implicações no processo de difusão do jardim de infância.

A sociedade prefigurada por Krause buscava unir os homens acima de suas diferenças sexuais, profissionais, nacionais, religiosas – o que permitiria o desenvolvimento pleno do diferencial de cada indivíduo – organicamente harmonizadas na totalidade superior da humanidade inteira. A irmandade maçônica seria o germe dessa aliança, pois tinha como finalidade a realização da pura e completa humanidade. O caminho para esse projeto social passaria, em grande parte, pela educação, harmônica e universalista, o que configuraria, segundo Álvarez Lázaro,[24] uma "terceira via educativa".

A maçonaria contava com membros krausistas e apoiou a criação de associações, como a *Institución Libre de Enseñanza*, na Espanha, ou a *Ligue de l'Enseignement*, na Bélgica, esta última promotora do Congresso da Instrução de 1880, ocorrido em Bruxelas. Também na Argentina, krausistas estiveram associados a propostas para a educação das crianças e para a criação de jardins de infância.[25]

O Congresso Itinerante de Filósofos, organizado por adeptos das ideias de Krause, ocorrido em 1868, em Praga, e em 1869, em Frankfurt, impulsionou a criação da Associação Geral para a Educação (*Allgemeiner Erziehungsverein*) em 1871, na qual, um dos membros do Conselho Diretivo era Bertha von Marenholtz-Bülow, difusora de Froebel em vários países.

O movimento internacional em favor das instituições froebelianas começou a ganhar força na década de 1850. No prefácio ao manual sobre o jardim de infância, publicado em Bruxelas, por F. Jacobs (1864),[26] o autor reconhece que, "graças às luzes trazidas da Alemanha para a Bélgica pela baronesa de Marenholtz", foi possível conhecer o sistema pedagógico de Froebel.

Após a morte de Froebel, em 1852, a baronesa ficou à frente do movimento froebeliano, no qual atuou ativamente até a década de 1870, com a criação de associações e jardins de infância em vários países. Visitou a França, a Inglaterra, a Bélgica, a Holanda, a Suíça e a Áustria. Posteriormente, voltou a viver na Alemanha, onde fundou sociedades de educação e jornais.

A *Ligue de l'Enseignement* belga criou uma escola modelo que inspirou propostas semelhantes na Espanha e em Portugal, onde a proposta para a criação de uma escola modelo, de Francisco Adolfo Coelho, foi comentada em artigo de Feio Terenas, na revista *Froebel*, texto que Rogério Fernandes situa na perspectiva da maçonaria, ao sublinhar a importância da educação popular em um país livre.[27]

No Brasil, Rui Barbosa, membro da maçonaria, nos seus pareceres sobre a reforma do ensino, no capítulo sobre o jardim de infância, fez referência a pareceres dos relatórios preliminares do congresso belga de 1880. Em um país em que a escola primária estava longe de chegar à maioria da população, os liberais brasileiros se deparavam com a propagação do jardim de infância e suas repercussões para o programa das escolas primárias nos países europeus.[28]

As associações criadas em torno do jardim de infância foram um elemento propulsor da instituição nos seus países sede e naqueles sob sua influência, com a criação de escolas para a formação de profissionais e a edição de publicações.[29] É o caso da *Froebel Society of Great Britain and Ireland*, fundada em 1874, que atuou no Reino Unido e nas suas colônias. A revista *Child Life*, publicada em Londres, a partir de 1891, pretendia ser um meio de comunicação oficioso da *Froebel Society*.[30]

Em 1891, publicou-se, na Inglaterra, o livro *Froebel's letters on the kindergarten*, tradução anotada da edição alemã de 1887, a partir das cartas reunidas pela viúva de Froebel, Luise, que as coletara entre seus amigos. O editor alemão, Hermann Poesche, selecionou apenas as cartas posteriores ao ano de 1834 que tratassem dos temas da criança e da fundação e construção do jardim de infância. Além do prefácio, escreveu uma parte do livro dedicada à propagação e extensão da instituição, complementada com notas dos editores ingleses. Nas publicações dessas sociedades, é marcante a preocupação com o levantamento e a apresentação de informações sobre o fenômeno da expansão internacional dos jardins de infância e de outras instituições de educação infantil.

A difusão internacional de concepções e instituições educacionais ganha impulso com os congressos profissionais, que ocorrem em grande número a partir de 1870, organizados não apenas em torno da educação, mas dos mais variados temas. Esses congressos, realizados muitas vezes no âmbito das Exposições Internacionais do final do século XIX e início do século XX, reúnem representantes dos diversos países, para legitimar modelos e critérios de integração ao "concerto das nações civilizadas".

É nos congressos da criança que encontramos uma presença mais marcante e sistemática da discussão dos temas educacionais entre os intelectuais latino-americanos. Seguindo o exemplo dos congressos dedicados à infância, realizados na Europa, o 1º Congresso Americano da Criança ocorreu em 1916, como parte das comemorações do centenário da independência argentina, em Buenos Aires. O segundo foi em 1919, em Montevidéu. O terceiro, no Rio de Janeiro, durante a Exposição do Centenário da Independência de 1922, realizado conjuntamente com o Primeiro Congresso Brasileiro de Proteção à Infância. A partir de 1924, em Santiago, adotou-se a denominação de Congresso Pan-Americano da Criança.

De 1870 até a década de 1920, no caso brasileiro, o período é de formulação de propostas e de iniciativas embrionárias, mas a partir daí, as realizações em relação à infância e à sua educação ganham mais expressão e chegam à legislação e à organização do Estado, o que formaliza instituições e associações e amplia a demanda do trabalho intelectual em diferentes instâncias administrativas, políticas, científicas, educacionais, culturais, entre outras.

Como foi possível analisar neste capítulo, tanto nas relações institucionais, como por meio de formações sociais, sob diferentes formas e meios, existiram intelectuais que se organizaram na intenção de difundir concepções e promover propostas políticas e institucionais para a educação das crianças. Esses trabalhadores intelectuais ocuparam, ou queriam ocupar, postos nos organismos do Estado, no Executivo, Legislativo ou Judiciário, nas instituições e nas entidades da sociedade civil. Além dos manifestos e da universidade, também as ligas e associações, as revistas e jornais, os congressos se constituíram em espaços para essa atuação social.

Os produtos e eventos se revestiam de significações simbólicas, a legitimar políticas e instituições, a consagrar heróis[31] como referências mitificadas das propostas. Como em um teatro, nesses "espaços de dramatização do real"[32] representam-se projetos que constroem a ilusão do progresso, como realidade tangível. A metáfora mostra-se fecunda, pois permite pensar na produção das representações, do imaginário social, das subjetividades, como um processo encarnado e não como um movimento de ideias abstratas, em geração espontânea. Nos congressos, nas exposições, identificam-se os sujeitos concretos em sua preparação para entrar em cena. São os atores e os seus personagens, as suas concepções de organização ideal para a sociedade capitalista, as suas interações nas relações sociais, a produzir os espetáculos da representação do progresso.[33]

* Parte substantiva deste texto foi apresentada em mesa-redonda, no IV Congresso Brasileiro de História da Educação. Uma versão preliminar foi publicada anteriomente. Aqui, apresenta-se o texto revisto e reformulado.

Notas

1 Zygmunt Bauman, "Intelletuali". em *Enciclopedia delle Scienze Sociali*, Roma, Istituto della Enciclopedia Italiana, 1994, v. IV, pp. 771-83.1994; Bruno Bongiovanni, "Intellettuali: Interpretazioni e teorie", em *Enciclopedia delle*, Roma, Istituto della Enciclopédia Italiana, 1994, v. IV, pp.783-92; Carlo Marletti, "Intelectuais", em N. Bobbio; N. Matteucci e G. Pasquino, *Dicionário de política*, Brasília, Ed. UNB, São Paulo, Imprensa Oficial do Estado, 2002, pp. 637-40. "O capitão Dreyfus, do estado-maior francês, foi erroneamente condenado por espionagem a favor da Alemanha, em 1894. Após campanha destinada a provar sua inocência, que polarizou e convulsionou toda a França, ele foi perdoado em 1899 e finalmente reabilitado em 1906. O 'caso' teve um impacto traumático na Europa toda." (Eric J. Hobsbawm, *A era dos impérios*, Rio de Janeiro, Paz e Terra,1988, p.132).

2 Marcos Cezar de Freitas, "Educação brasileira: dilemas republicanos nas entrelinhas de seus manifestos", em M. Stephanou e M. H. C. Bastos (orgs.), *Histórias e memórias da educação no Brasil*, Petrópolis, Vozes, 2005, v. III, p.168.

3 Idem, p.178.

4 André Botelho, "O poder ideológico: Bobbio e os intelectuais", em *Lua Nova*, n. 62, 2004, p. 95.

5 A. A. Rosa, "Intelectuais", em *Enciclopédia Einaudi*, 1996, p.154.

6 Bruno Bongiovanni, op. cit.

7 Jacques Le Goff, *Os intelectuais na Idade Média*, São Paulo, Brasiliense, 1988, p. 8.

8 Idem.

9 Idem, pp. 11-2.

10 Antonio Gramsci, *Os intelectuais e a organização da cultura*, Rio de Janeiro, Civilização Brasileira, 1978, pp. 7-12.

11 Marcos Cezar de Freitas, *Da micro-história à história das ideias*, São Paulo, Cortez, 1999, p. 96.

12 A. Torres, *O problema nacional brasileiro*, São Paulo, Nacional, 1938, p.113.

13 Azevedo Amaral, *O Estado autoritário e a realidade nacional*, Rio de Janeiro, José Olympio, 1938, p. 272, apud M. C. Freitas, 1999, cit., p. 104.

14 Adam Smith, apud Rosa, op. cit., p. 152.

15 Marisa Corrêa, *As ilusões da liberdade*: a Escola Nina Rodrigues e a antropologia no Brasil, Bragança Paulista , Edusf, 1998, p. 28.

16 Jorge Myers, "Gênese 'ateneísta' da história cultural latino-americana", *Tempo Social* – Revista de Sociologia da USP, v. 17, n.1, p.20, jun. 2005.

17 Raymond Williams, *Cultura*, Rio de Janeiro, Paz e Terra, 1992, pp. 215-6.

18 K. Marx e F. Engels, *A ideologia alemã*, São Paulo, Boitempo, 2007, p. 34-5.

19 Maria Helena Câmara Bastos, A educação como espetáculo, em M. Stephanou e M. H. C. Bastos (orgs.), *Histórias e memórias da educação no Brasil*, Petrópolis, Vozes, 2005, p.130.

20 Carlota Boto, "O desencantamento da criança: entre a Renascença e o Século das Luzes", em M. C. Freitas e M. Kuhlmann Jr. (orgs.), op. cit., 2002, p.17.

21 David Crook, "L'éducation collective des jeunes enfants en Grande-Bretagne: une perspective historique", *Histoire de L'Éducation*, n. 82, p. 23-42, maio 1999; Jean-Noël Luc, "La diffusion des modèles de préscolarisation en Europe dans la première moitié du XIXe siècle», *Histoire de L'Éducation*, n. 82, p.189-206, maio 1999.

22 Jean-Noël Luc, op. cit.

23 Arquivo do Museu Imperial. Maço 188, documento 8554 (conde d'Eu).

24 Álvarez Lázaro, "Las raíces masónicas en la tradición educativa del krausismo europeo", em E. M. Ureña e P. Álvarez Lázaro (eds.), *La actualidad del krausismo en su contexto europeo*, Madrid, Porteluz, Fundación Duques de Soria, Universidad Pontificia de Comillas, 1999, pp.75-99.

25 Álvarez Lázaro, op. cit.; Vicente Cacho Viu, *La Institución Libre de Enseñanza. I. Origines y etapa universitaria (1860-1881)*, Madrid, Ediciones RIALP, 1962; Vicente Cacho Viu, "La Institución Libre de Enseñanza: de la Restauración a la generación de Ortega", em E. Ureña e P. Álvarez Lázaro (eds.), op. cit.; Sandra Carli, *Niñez, pedagogía y política: transformaciones de los discursos acerca de la infancia en la historia de la educación argentina entre 1880 y 1955*, 2. ed., Buenos Aires, Universidad de Buenos Aires, 2003; J. A. Comênio, *Didáctica magna*, 4. ed., Lisboa, Fundação Calouste Goubenkian, 1996; Colette Cosnier, "Marie Pape-Carpantier, les fées et l'architecte", em *Histoire de L'Éducation*, n. 82, pp.143-57, maio 1999 ; Moysés Kuhlmann Jr, "Notas sobre o Congresso Internacional do Ensino, Bruxelas, 1880", em *História da Educação* (ASPHE), Pelotas, v.9, n.18, pp. 59-69, 2005; Rafael V. Orden Jímenez, "La relación de intimidad del hombre com Dios: el panenteísmo de Krause", em E. Ureña e P. Álvarez Lázaro (eds.), op. cit.; Otero Urtaza, 1999; Ureña, op. cit.

26 J. F. Jacobs, *Manuel pratique des jardins d'enfants*: A l'usage des institutrices et des mères de famille composé sur les documents allemands par J. F. Jacobs, ancièn élève de l'école normale de l'Etat à Lierre, directeur des écoles communales de Saint Josse-Tem-Noode. Avec une introduction de Madame la Baronne de Marenholtz. Deuxième édition, revue et augmentée, Paris, Hachette, 1864.

27 Rogério Fernandes, "A Educação infantil na obra de Francisco Adolfo Coelho", em Margarida Louro Felgueiras e Maria Cristina Menezes (orgs.), *Rogério Fernandes*: Questionar a sociedade, interrogar a história, (re)pensar a educação, Porto, Afrontamento, 2004, p. 503.

28 Rui Barbosa, *Reforma do ensino primário e várias instituições complementares da instrução pública*, Fundação Casa de Rui Barbosa, Fundação Cultural do Estado da Bahia, Conselho Estadual de Educação, 1982; Antonio Gouvêa Mendonça, "La cuestión religiosa y la incursión del protestantismo em Brasil durante el siglo XIX: reflexiones e hipótesis", em Jean-Pierre Bastian (comp.), *Protestantes, liberales y francmasones*: sociedades de ideas y nodernidad em América Latina, siglo XIX, México, CEHILA / Fondo de Cultura Econômica, 1990; David Gueiros Vieira, "Liberalismo, masonería y protestantismo em Brasil, siglo XIX", em Jean-Pierre Bastian (comp.), op. cit.

29 Tais como: o *Kindergarten Primary Magazine*; o *The Kindergarten for Teachers and Parents* e o *The Elementary School Teacher*, de Chicago; o *The Child*, o *Child Life* e o *Child-Study*, de Londres; o *The Australian Kindergarten Magazine*; ou, no Brasil, semelhante a algumas das anteriores, a *Revista do Jardim da Infância*, publicada pelo governo paulista, em 1896 e 1897.

30 *Child Life*, v., n.1, jan. 1891, n.2, fev. 1891. Moysés Kuhlmann Jr., "O jardim de infância e a educação das crianças pobres: final do século XIX, início do século XX", em C. Monarcha (org.), *Educação da infância brasileira*: 1875-1983, Campinas, Autores Associados, 2001b.

[31] José Murilo de Carvalho, *A formação das almas*, São Paulo, Companhia das Letras, 1990.

[32] M. S. Neves, *As vitrines do progresso*: o conceito de trabalho na sociedade brasileira na passagem do século XIX ao século XX – a formação do mercado de trabalho na cidade do Rio de Janeiro, 1986. p. 18. (Relatório de Pesquisa, Depto. de História, PUC-RJ).

[33] Moysés Kuhlmann Jr., 2001a, op. cit., p. 90.

Bibliografia

ÁLVAREZ LÁZARO, P. Las raíces masónicas en la tradición educativa del krausismo europeo. In: UREÑA, E. M.; ÁLVAREZ LÁZARO, P. (eds.). *La actualidad del krausismo en su contexto europeo*. Madrid: Porteluz, Fundación Duques de Soria, Universidad Pontificia de Comillas, 1999, pp. 75-99.

BARBOSA, Rui. Jardins de crianças. *Reforma do ensino primário e várias instituições complementares da instrução pública*. Fundação Casa de Rui Barbosa, Fundação Cultural do Estado da Bahia, Conselho Estadual de Educação, 1982, v. X, t. III.

BASTOS, Maria Helena Câmara. A educação como espetáculo. In: STEPHANOU, M.; BASTOS, M. H. C. (orgs.). *Histórias e memórias da educação no Brasil*. Petrópolis: Vozes, 2005, v. II, pp. 116-31.

BAUMAN, Zygmunt. Intelletuali. *Enciclopedia delle Scienze Sociali*. Roma: Istituto della Enciclopedia Italiana, 1994, v. IV, pp. 771-83.

BONGIOVANNI, Bruno. Intellettuali. Interpretazioni e teorie. *Enciclopedia delle Scieze Sociali*. Roma: Istituto della Enciclopédia Italiana, 1994, v. IV, pp.783-92.

BOTELHO, André. O poder ideológico: Bobbio e os intelectuais. *Lua Nova*, n. 62, pp. 93-11, 2004.

BOTO, Carlota. O desencantamento da criança: entre a Renascença e o Século das Luzes. In: FREITAS, M. C.; KUHLMANN Jr.., M. (orgs.). *Os intelectuais na história da infância*. São Paulo: Cortez, 2002, pp. 11-60.

CACHO VIU, Vicente. *La Institución Libre de Enseñanza*. I. Origines y etapa universitaria (1860-1881). Madrid: Ediciones RIALP, 1962.

_______. La Institución Libre de Enseñanza: de la Restauración a la generación de Ortega. In: UREÑA, E. M.; ÁLVAREZ LÁZARO, P. (eds.). *La actualidad del krausismo en su contexto europeo*. Madrid: Editorial Porteluz, Fundación Duques de Soria, Universidad Pontificia de Comillas, 1999, pp. 171-85.

CARLI, Sandra. *Niñez, pedagogía y política*: transformaciones de los discursos acerca de la infancia en la historia de la educación argentina entre 1880 y 1955. 2. ed. Buenos Aires: Universidad de Buenos Aires, 2003.

CARVALHO, José Murilo de. *A formação das almas*. São Paulo: Companhia das Letras, 1990.

COMÉNIO, J. A. *Didáctica magna*: tratado da arte universal de ensinar tudo a todos. Introdução, tradução e notas de Joaquim Ferreira Gomes. 4. ed., Lisboa: Fundação Calouste Goubenkian, 1996.

CORRÊA, Marisa. *As ilusões da liberdade*: a Escola Nina Rodrigues e a antropologia no Brasil. Bragança Paulista: Edusf, 1998.

COSNIER, Colette. Marie Pape-Carpantier, les fées et l´architecte. *Histoire de L´Éducation*, n. 82, maio 1999, pp.143-57

CROOK, David. L´éducation collective des jeunes enfants en Grande-Bretagne: une perspective historique. *Histoire de L´Éducation*, n. 82, mai 1999, pp.23-42.

FREITAS, Marcos Cezar de. *Da micro-história à história das ideias*. São Paulo: Cortez, 1999.

_______. Educação brasileira: dilemas republicanos nas entrelinhas de seus manifestos. In: STEPHANOU, M.; BASTOS, M. H. C. (orgs.). *Histórias e memórias da educação no Brasil*. Petrópolis: Vozes, 2005, v. III, pp. 165-81.

FREITAS, M. C.; KUHLMANN JR., M. (orgs.). *Os intelectuais na história da infância*. São Paulo: Cortez, 2002.

FERNANDES, Rogério. A Educação infantil na obra de Francisco Adolfo Coelho. In: FELGUEIRAS, Margarida Louro;

Menezes, Maria Cristina (orgs.). *Rogério Fernandes*: questionar a sociedade, interrogar a história, (re)pensar a educação. Porto: Afrontamento, 2004, pp. 495-510.

Froebel's letters on the kindergarten (edited and annotated by Emilie Michaelis and H. Keatley Moore). London: Swan Sonnenschein, 1891.

Gramsci, Antonio. *Os intelectuais e a organização da cultura*. Rio de Janeiro: Civilização Brasileira, 1978.

Hobsbawm, Eric J. *A era dos impérios*. Rio de Janeiro: Paz e Terra, 1988.

Jacobs, J. F. *Manuel pratique des jardins d'enfants* : A l'usage des institutrices et des mères de famille composé sur les documents allemands par J. F. Jacobs, anciên élève de l'école normale de l'Etat à Lierre, directeur des écoles communales de Saint Josse-Tem-Noode. Avec une introduction de Madame la Baronne de Marenholtz. Deuxième édition, revue et augmentée. Paris: Hachette, 1864.

Kuhlmann Jr., Moysés. *As grandes festas didáticas*: a educação brasileira e as exposições internacionais (1862-1922). Bragança Paulista: Edusf, 2001a.

______. Educação na infância: história e pedagogia. In: Barbosa, R. L. L. (org.) *Formação de educadores*: artes e técnicas – ciências e políticas. São Paulo: Ed. Unesp, 2006, pp. 399-408.

______. Notas sobre o Congresso Internacional do Ensino, Bruxelas, 1880. *História da Educação* (ASPHE). Pelotas, v. 9, n.18, pp. 59-69, 2005.

______. O jardim de infância e a educação das crianças pobres: final do século XIX, início do século XX. In: Monarcha, C. (org.). *Educação da infância brasileira*: 1875-1983. Campinas: Autores Associados, 2001b, pp. 3-30.

______. Os intelectuais na educação da infância. In: Nepomuceno, M. A.; Tiballi, E. F. A. (orgs.). *A educação e seus sujeitos na história*. Belo Horizonte: Argvmentvum, 2007, pp. 109-19.

Le Goff, Jacques. *Os intelectuais na Idade Média*. São Paulo: Brasiliense, 1988.

Luc, Jean-Noël. La diffusion des modèles de préscolarisation en Europe dans la première moitié du XIXe siècle. *Histoire de L'Éducation*, n. 82, maio 1999, pp. 189-206.

Marletti, Carlo. Intelectuais. In: Bobbio, N.; Matteucci, N.; Pasquino, G. *Dicionário de política*. Brasília: Ed. UNB/ Imprensa Oficial do Estado de São Paulo, 2002, pp. 637-40.

Marx, K.; Engels, F. *A ideologia alemã*. São Paulo: Boitempo, 2007.

Mendonça, Antonio Gouvêa. La cuestión religiosa y la incursión del protestantismo em Brasil durante el siglo XIX: reflexiones e hipótesis. In: Bastian, Jean-Pierre (comp.). *Protestantes, liberales y francmasones*: sociedades de ideas y nodernidad em América Latina, siglo XIX. México: CEHILA / Fondo de Cultura Económica, 1990, pp. 67-83.

Myers, Jorge. Gênese "ateneísta" da história cultural latino-americana. *Tempo Social*, Revista de Sociologia da USP, v. 17, n.1, jun. 2005, pp. 9-54.

Neves, M. S. *As vitrines do progresso*: o conceito de trabalho na sociedade brasileira na passagem do século XIX ao século XX – a formação do mercado de trabalho na cidade do Rio de Janeiro, 1986. (Relatório de Pesquisa, Depto. de História, PUC-RJ).

Orden Jiménez, Rafael V. La relación de intimidad del hombre com Dios: el panenteísmo de Krause. In: Ureña, E. M.; Álvarez Lázaro, P. (eds.). *La actualidad del krausismo en su contexto europeo*. Madrid: Porteluz/ Fundación Duques de Soria, Universidad Pontificia de Comillas, 1999, pp. 243-75.

Otero Urtaza, Eugenio, La Institución Libre de Enseñanza y el laicismo escolar belga. In: Ureña, E. M.; Álvarez Lázaro, P. (eds.). *La actualidad del krausismo en su contexto europeo*. Madrid: Porteluz/Fundación Duques de Soria, Universidad Pontificia de Comillas, 1999, pp.141-69.

Rosa, A. A. Intelectuais. *Enciclopédia Einaudi*, 1996, pp. 151-78.

Ureña, Enrique M. El krausismo como fenômeno europeu. In: Ureña, E. M.; Álvarez Lázaro, P. (eds.). *La actualidad del krausismo en su contexto europeo*. Madrid: Porteluz/ Fundación Duques de Soria, Universidad Pontificia de Comillas, 1999, pp .15-35.

VIEIRA, David Gueiros. Liberalismo, masonería y protestantismo em Brasil, siglo XIX. In: BASTIAN, Jean-Pierre (comp.). *Protestantes, liberales y francmasones*: sociedades de ideas y nodernidad em América Latina, siglo XIX. México: CEHILA / Fondo de Cultura Económica, 1990, pp. 39-66.

WILLIAMS, Raymond. *Cultura*. Rio de Janeiro: Paz e Terra, 1992.

Assistência pública à infância

Gizlene Neder

Neste capítulo, enfocamos a história da ideia de autoridade presente nas instituições políticas periféricas do Estado (escolas e asilos) na passagem à modernidade no Brasil, entre os séculos XIX e XX. O período histórico enfocado engloba o ministério do gabinete conservador (da conciliação) do Visconde do Paraná, quando, através de decreto de 1854, promoveram-se várias reformas institucionais. Analisamos as instituições políticas brasileiras até 1934, quando da segunda Constituição republicana, de modo a observar rupturas e continuidades, levando em conta as ideologias monarquistas ou republicanas face à ideia de autoridade presente nestas instituições.

Analisamos o processo de estruturação político-institucional do Estado, levando em conta as concepções e algumas ações políticas para o desempenho da autoridade pública, em relação aos meninos desvalidos e cegos. Interpretamos as ideologias que, sob os emblemas dos ideais monárquicos ou republicanos, informam e dão suporte doutrinário às múltiplas tecnologias de controle social, empreendidas para assistir a parte vulnerável da sociedade.

Consideramos as permanências culturais, tendo em vista a herança do modelo institucional do Estado absolutista português, já tantas vezes referida pela historiografia brasileira,[1] e sua inserção na cristandade ocidental latina.[2] Ao mesmo tempo, levamos em conta o processo de ruptura ensejado pela emancipação política (1822) e consequente processo de constituição do Estado na passagem à modernidade.

Tanto em um quanto em outro prisma (o da continuidade e o da ruptura), a produção historiográfica tem apresentado interpretações muito gerais relacionadas à grande obra política dos codificadores (a Constituição, o Código Criminal, o Comercial etc.) ou à dinâmica político-partidária e as formas de governos (monarquia e república).

Localizamos, na segunda metade do século XIX, o recorte cronológico para o início de nossa observação sistemática, tomando como premissa dois aspectos históricos: o fim do tráfico negreiro e as sequelas sociais da Guerra do Paraguai. Estamos considerando o fim do tráfico (1850) como fator de estabilização demográfica da massa escrava que, segundo pesquisas históricas mais recentes sobre a escravidão no Brasil, implicou uma longevidade maior desta população escrava.[3] Os efeitos políticos dessa longevidade apareceram em meados da década seguinte, com o aumento do protesto e da revolta escrava e com o aumento de velhos entre a população escrava que culminou na Lei dos Sexagenários (1884). As alforrias (de escravos velhos) estavam ocorrendo com frequência; e também o aumento do abandono e do descaso por essa população, que, alforriada e posta para fora da casa dos senhores – os sobrados dos centros urbanos[4] –, começou a engrossar as fileiras de mendigos e indigentes nas grandes cidades brasileiras de então. A Guerra do Paraguai, por sua vez, implicou sequelas sociais que acentuaram as demandas ao Estado de suas responsabilidades parentais em termos de pensões às viúvas, aos inválidos etc.

Como pode ser observado, estamos tentando fugir da datação mais usada pela bibliografia sobre esse tema, que se baseia, *grosso modo*, na própria interpretação (autorreferente quanto aos seus pendores modernizadores) dos positivistas republicanos que tendem a ignorar os esforços instituintes do período monárquico. Ao mesmo tempo, não se deve fazer coro à tendência historiográfica monarquista (geralmente laudatória do império e da família real, como moderna, progressista e piedosa quanto aos desvalidos). Por outro lado, o enfoque da história política sob uma ótica institucional rígida (legislação, partidos etc.) tende a não privilegiar aspectos importantes da história social e da cultura política (no caso os efeitos da crise do escravismo e da Guerra do Paraguai) que estavam na base das demandas às responsabilidades parentais do Estado e que escapam da datação da história institucional mais usual (a que afirma 1889, ano da proclamação da República, como instituinte exclusivo).

A modernização institucional republicana foi concebida a partir de pressupostos doutrinários da ideologia positivista abraçada pelo militares que dirigiram o regime recém-implantado, com a liderança intelectual de Benjamin Constant. Houve proposições para a secularização do ensino, mas o debate sobre a obrigatoriedade da educação básica foi encoberto pela vigorosa proposta de serviço militar obrigatório, liderada por Olavo Bilac, sob a égide da Liga de Defesa Nacional; o serviço militar obrigatório foi aprovado em 1923 e antecedeu em muito a obrigatoriedade da educação básica.[5]

Para o presente texto, limitamos a apresentar alguns estudos de caso, enfocando algumas, dentre tantas outras, instituições que compulsamos – o Asilo dos Meninos Desvalidos e do Instituto de Meninos Cegos, através dos ofícios dos diretores e das falas das autoridades as concepções de autoridade e responsabilidade parental contingentes.[6]

Não é exagero afirmarmos uma certa continuidade, mesmo com a mudança para o regime republicano, no que tange à administração das poucas políticas públicas modernizantes que, sob a égide de um empreendimento neoabsolutista (absolutismo ilustrado), vinham sendo instituídas desde o Segundo Reinado, com os olhos postos no modelo institucional (e jurídico-político) napoleônico.

Os esforços instituintes realizados ainda sob o regime monárquico, portando, podem ser observados a partir do próprio Decreto n. 1.331 A, de 17 de fevereiro de 1854, que aprovou o regulamento para a reforma do ensino primário e secundário da Corte, e que em conformidade do artigo 1 do Decreto n. 630, de 17 de setembro 1851, no ar. 62, determinou o "recolhimento de menores de 12 anos" que estivessem em estado de pobreza, sem roupa adequada para frequentarem as escolas, ou que vivessem mendigando. Essas crianças deveriam ser recolhidas numa das casas de asilo a serem criadas para este fim com um regulamento especial.[7]

No mesmo decreto, podemos observar as preocupações com os limites e possibilidades do processo de institucionalização no Brasil. Assim, enquanto não foram estabelecidas essas casas, os meninos podiam ser entregues aos párocos ou coadjutores, ou mesmo aos professores dos distritos, com os quais o inspetor geral contratava, precedendo aprovação do governo, o pagamento mensal da soma necessária ao suprimento dos mesmos meninos. Nesse particular, a intenção manifesta na criação de uma estrutura institucional moderna abriga práticas de salvaguardas que reeditam formas e estruturas vigentes desde o período colonial.[8]

A consciência dos limites do processo de institucionalização enunciada no Decreto de 1854 pode ser interpretada através do artigo 63, que previa que os meninos que estivessem "vagando" ou em "estado de pobreza", depois de receberem a instrução do 1º grau, seriam enviados para as Companhias de Aprendizes dos Arsenais, ou de Imperiais Marinheiros, ou para as oficinas públicas ou particulares. Isso mediante um contrato, nesse caso, com os respectivos proprietários e sempre debaixo da fiscalização do juiz de órfãos. As condições para que tal deliberação fosse cumprida só foram aparecer no ano de 1874, quando o Decreto n. 5.532, de 24 de janeiro, criou dez escolas públicas de instrução primária, do primeiro grau, no município da Corte. Dessas dez escolas, uma destinava-se à execução das disposições dos artigos 62 e 63 do regulamento aprovado pelo Decreto de 17 de fevereiro 1854, sendo designada a servir de casa de asilo para os meninos que se achavam nas circunstâncias declaradas no artigo 62, e regida pelo regulamento especial que o governo imperial viria a expedir no ministério de João Alfredo Correa de Oliveira, ministro e secretário de Estado dos Negócios do Império.

Pelo Decreto n. 5.849, de 9 de janeiro de 1875, foi exarado o "Regulamento do Asilo dos Meninos Desvalidos". O Asilo era um internato destinado a recolher e educar meninos de 6 a 12 anos. E, nos artigos 2 e 3 do seu regulamento, previa ainda que os que, depois de asilados, fossem acometidos de moléstias contagiosas ou epidêmicas seriam tratados fora do estabelecimento e não seriam admitidos os que sofressem moléstias contagiosas ou incuráveis, nem os que tivessem defeitos físicos. Quando os pais ou parentes de algum asilado o reclamassem, provando que se achavam em circunstâncias de cuidar de sua educação, o ministro do Império o entregaria, se julgasse conveniente. Já pelo artigo 4, seriam despedidos os asilados que não dessem esperanças de correção e que pudessem prejudicar a disciplina ou a moralidade do asilo, além daqueles que, por inaptidão, nada tivessem aprendido durante três anos.

Fazendo um breve levantamento do funcionamento e da procedência da receita e despesas do Asilo dos Meninos Desvalidos, constatamos que a manutenção básica ficava a cargo do tesouro nacional; entretanto, donativos eram recebidos e muito bem-vindos.

A sociabilidade protocolar estabelecida entre o diretor, o ministro e as pessoas, homens e mulheres, que davam donativos ao asilo era marcada por reverências e alusões à caridade, ao favor e à graça. Portanto, o modelo institucional no qual foi inspirado o Asilo era o da Santa Casa de Misericórdia. Mesmo considerando a iniciativa do decreto que criou "escolas públicas" na Corte (sendo uma delas destinada aos meninos "desvalidos"), a imbricação entre Estado (cujos cofres do tesouro sustentavam o asilo) e a sociedade, através de ampla e conhecida rede de sociabilidade urbana que passava pelas irmandades religiosas leigas, que arrecadavam e distribuíam donativos e, dentre outras iniciativas, caritativas. Havia da parte das autoridades públicas uma expectativa em relação à doação caritativa, propiciando, assim, uma rede de interferências e ruídos na formação de uma cultura política estatal autônoma e profissional.

Outro ponto de semelhança ao modelo institucional da Santa Casa pode ser observado através da permanência da concepção de que uma vez entregue o menino, sendo comprovada sua condição social, a solicitação de sua liberação por qualquer membro da família deveria implicar o pagamento dos gastos feitos pela instituição com o asilado. E, evidentemente, documentar provas e testemunhos que estaria, a partir daí, em condições de arcar com as atribuições do pátrio poder.

Os meninos asilados tinham aula de música e a banda de música, segundo o diretor, concorria "com os melhores desta Côrte". O diretor exaltava também a criação de oficinas de marceneiros, ferreiros, alfaiates, sapateiros, carpinteiros e a horticultura que "muito concorrerão para a diminuição de despesas". Havia implícita a ideia de que o trabalho dos meninos (sobretudo dos mais velhos e mais qualificados) produziria um efeito de redução dos gastos, prevendo-se para o futuro que o asilo seria autossuficiente em termos de receita. Nesse ponto, não podemos deixar de destacar a consolidação da ideia de trabalho na passagem à modernidade que esteve presente nos discursos dos diretores de presídios e chefes de polícia em relação aos criminosos e delinquentes e sua recuperação pelo e para o trabalho.[9]

Olhando bem de perto o projeto institucional do Asilo dos Meninos Desvalidos, podemos verificar muitos pontos em comum com as casas de correção, que empregavam o trabalho obrigatório dos jovens pobres, na passagem à modernidade na Europa. Seja na Inglaterra elisabetana, com a *Poor Law* e o *Vacrancy Act*, ou no continente (Países Baixos ou França), uma distinção entre pobreza apta e pobreza não apta para o trabalho começou a se firmar na cristandade europeia atingida pelas reformas religiosas puritanas (protestante e católica).[10] A pobreza considerada apta para o trabalho deveria ser punida, confinada em casas de correção ou – como é o caso do Asilo dos Meninos Desvalidos – numa instituição escolar que em quase tudo invocava já a ideia de ensino profissionalizante; educação pelo e para o trabalho.

Observando, comparativamente, a história político-institucional brasileira com duas outras matrizes, a portuguesa e a francesa, também presentes na cristandade ocidental latina, na passagem à modernidade, vemos algumas diferenças em relação ao modelo anglo-saxão mencionado. Esse modelo encontrou sua expressão mais acabada no projeto do Estado absolutista inglês, após a separação com o papado romano, no século XVI. Essa separação colocou a monarquia inglesa, até os dias de hoje, numa posição deliberativa privilegiada quanto à assistência pública e ao ensino. Como o chefe da Igreja Anglicana é o chefe do Estado, as políticas estatais de controle social para a assistência (assistência social e educação) adquiriram um processo profissionalizante, em que o caráter religioso é subsumido pelo Estado. Na Inglaterra não ocorreu, portanto, conflito jurisdicional entre Estado e Igreja, quanto ao encaminhamento de políticas públicas para as áreas da assistência social e da educação.

Em Portugal, encontramos as heranças do absolutismo de corte tomista (de influência jesuítica), onde o modelo institucional da Santa Casa de Misericórdia e da Casa Pia de Luanda,[11] híbrido quanto à filiação institucional (Igreja e Estado), foi transplantado para as colônias portuguesas. As possibilidades interpretativas, nesse ponto, são muitas, inclusive quanto à comparação do leque institucional – assistência, abandono e repressão. A documentação que localizamos no Arquivo Nacional da Torre do Tombo é farta em relação à atuação da polícia de Lisboa quanto a mendigos, vadios e indigentes, remetidos à Casa Pia de Luanda.

Em relação à França, vemos que o modelo institucional – dos *Hôpitaux Généraux* – apresenta várias das características das Santas Casas de Misericórdia em Portugal e no Brasil. Foram criados, como a Santa Casa de Misericórdia de Lisboa na virada do século XV para o XVI, e funcionavam mais ou menos da mesma forma (acolhendo, indistintamente, doentes, viúvas, velhos e crianças abandonados, prisioneiros e vadios) e tinham forte influência jesuítica. Na França, os *hôpitaux géneraux* foram entregues ao padre Dunod (S. J.) que deu organicidade à concepção ideológica e doutrinária da instituição. Dunod, na introdução às suas recomendações aos estabelecimentos dos *hôpitaux*, afirmou: "Elas são a um só tempo uma instituição religiosa, um seminário e uma manufatura".[12] A análise comparativa com o modelo francês justifica-se, tendo em vista: a) as similitudes com o modelo luso-brasileiro e b) apesar da semelhança na matriz de origem (piedade e caridade inscritas na cristandade ocidental latina), o caso francês implicou rupturas mais acentuadas a partir da Revolução Francesa, que, desde fins do século XVIII, marcou um processo de secularização mais radical.

A direção do Asilo dos Meninos Desvalidos esteve a cargo de Rufino Augusto d'Almeida durante dois ministérios no período de estruturação institucional, do ministro João Alfredo Correa de Oliveira e do ministro José Bento da Cunha Figueiredo.

Em 14 de Abril de 1875, Rufino Augusto d'Almeida escreveu, a respeito de Ladislau José de Farias,[13] que através de ofício do juiz de órfãos da 1ª Vara da Corte foi encaminhado ao asilo pelo chefe de polícia no dia 22 de março como desvalido. Segundo ele o menino "[...] trajava calça e camisa imundas, descalço, cabelos crescidos, verdadeiro ninho de vermes: o corpo indicava longa ausência de banhos".

Interrogado pelo diretor sobre seus antecedentes, o menino declarou-se natural de Minas, morador na Formiga, filho natural de Ladislau José de Farias, residente naquele lugar, onde exercia a profissão de carpinteiro. Havia um ano, pouco mais ou menos, viera para o Rio de Janeiro em companhia de seu padrinho, oficial de alfaiate, a quem seu pai o entregara para mandar ensinar-lhe algum ofício. Aqui chegando, seu padrinho o pusera na rua a vender balas de açúcar, nas estações do bonde, no que se empregava todo o dia e parte da noite. Finalmente, declarou ainda que fora preso pela polícia porque gostava de jogar.

Ocorreu que, oito dias depois, o chefe de polícia ordenou que o menino fosse entregue ao portador de um ofício assinado por ele. A reação do diretor do Asilo dos Meninos Desvalidos foi de indignação e disparou ofícios contestando a decisão do chefe de polícia.

Segundo ele, em ofício dirigido diretamente ao ministro da Justiça e dos Negócios Interiores (a quem estavam subordinados tanto ele, diretor do asilo, quanto o chefe de polícia), tomara a decisão de responder que não podia cumprir essa ordem, porque somente ao ministro competia ordenar a retirada dos menores asilados. E mais, o diretor do asilo fora informado de que, na ocasião em que foi entregue o ofício do chefe de polícia (o que sucedeu em sua ausência, e aqui o tom do diretor foi queixoso), o menino declarava ao portador que não voltaria mais para a companhia de seu padrinho, pois não queria "continuar a ser seu escravo: que não fora assim que prometera a seu pai tratá-lo".

Diante de dados, segundo ele tão rarefeitos, o diretor do asilo procurou informar-se melhor sobre a história de vida do menino. Segundo ele, o portador do ofício, cujo nome ele ignorava, declarava ser verdade tudo quanto o menino havia declarado e que se empenharia com o padrinho para deixá-lo no asilo, pois reconhecera não ter ele meios para educá-lo. Simultaneamente, o diretor interrogou o menino sobre a existência de seu pai, que ainda era, segundo o depoimento do menino, vivo e que gozava de todas as suas faculdades mentais e trabalhando, portanto, em condições de exercer o pátrio poder, e que, por conseguinte, seu padrinho não era seu tutor legal.

Até esse ponto, o diretor do Asilo de Meninos Desvalidos, Rufino Augusto d'Almeida, aparentemente assumia as responsabilidades parentais de que sua autoridade o investira. Porém, no seguimento de seus argumentos notamos um deslizamento em suas convicções e atitudes no sentido de assunção dessas responsabilidades. Como se, na decisão final, ele delegasse à autoridade maior, portanto ao ministro, a decisão. De modo que, afirmando que não podia garantir a veracidade dos fatos e que, sendo assim, "[...] V. Exª. resolverá se será conveniente a entrega do dito menor ao suposto tutor e se no caso afirmativo, devem ser indenizados as despesas já feitas com o vestuário e sustento do mesmo". Nesse ponto, destacamos o início do jogo de empurra, pois o diretor recebeu um despacho do gabinete do ministro, assinado por Franklin Távora, informando que seria "o Juiz o competente para averiguar se o menor é ou não órfão, e proceder na forma da lei contra o tutor, dado que não cumpre este os seus deveres".

Interessante observar também a lógica da argumentação desse diretor, tão dedicado e assíduo, do Asilo dos Meninos Desvalidos. Ao responder, através de ofícios, às demandas para a internação de alguns meninos, o diretor procedia, invariavelmente, informando do estágio de sua averiguação sobre a condição social de "desvalido" dos pretendentes. No caso de sua apuração confirmar essa condição, ele despachava favoravelmente. Quando ocorria de uma apuração não indicar claramente essa condição, seu despacho ao ministro deslizava para uma posição ambígua, que o exercício da autoridade parecia não lhe competir. Assim que, quase sempre, termina seu ofício com um "V. Exª. [...] porém resolverá o que entender mais conveniente" ou "porém resolverá o que julgar de justiça". Era um "tirar o corpo fora", quase sempre racionalizado e justificado. Quando a demanda não vinha de cima e a apuração da condição social do pretendente evidenciava uma situação de extrema necessidade de que o Estado assumisse responsabilidade parental, seu despacho ganhava um colorido especial. Sua vontade (política) de influir numa decisão favorável aparecia de forma sutil, quase pálida. Acabava, quase sempre, delegando a decisão final ao ministro. Nesses casos, adotava a mesma forma de quando parecia tirar o corpo-fora para não dizer um não às demandas do ministro, ou seja... "V. Exª., porém, resolverá o que entender mais justo"[14] é o refrão que se repete em seus ofícios.

Os meninos e suas famílias, que vinham com uma recomendação de algum membro da Igreja, não tinham suas informações colocadas sob suspeição; aparentemente, a apuração era dispensada. Foi o caso de Maximiano, filho de dona Belmira Maria da Conceição, recomendada pelo vigário de Petrópolis, para quem o diretor "nada tinha a opor", muito embora reafirmasse que "V. Exª. porém, decidirá o que julgar mais justo". Numa outra situação, em que o número de vagas estava completo (o Asilo tinha, em 1875, instalações para abrigar apenas 40 meninos), o diretor deu uma resposta negativa à demanda do ministério. Ainda que cheio de dedos e entregando a decisão ao ministro, como destacamos acima, recebia ordens superiores para internar um menino bem indicado, como num ofício de 17 de abril de 1875:

> Nada tenho a opor ao que alega o Reverendo Padre Urbano da Silva Monte no ofício que devolvo. Cumpre-me, porém, declarar que não comportando, por ora, este estabelecimento, nº de asilados superior a quarenta, já se acha completado este número: entretanto, V.Exª. ordenará o que entender conveniente.

Ao que recebeu a seguinte resposta: "Parece-me que deve ser aceito no Asilo, o menino que o Padre Urbano Silva indica [...] – assinado: Franklin Martins."

Em agosto de 1875, o Asilo, que podia abrigar 40 internos, já estava com 52; uma ampliação do prédio estava sendo construída. Mesmo assim, o diretor seguiu afirmando, "[...] entretanto, V.Exª. resolverá o que entender mais acertado", a um outro pedido de admissão feito pelo presidente da província do Rio de Janeiro.

Em 1876, Maria do Rosário Tinoco Teixeira pediu de novo a admissão de Eduardo e Alexandrino no Asilo de Meninos Desvalidos. Na primeira tentativa, o diretor despachou: "Não há vagas", alegando estar o asilo em obras. Uma vez concluídas as obras, poderia o asilo receber os meninos, se estivessem nas condições prescritas do regulamento, ou seja, se se encontrassem na condição de "desvalidos", constatada e atestada, através de investigação e depoimentos. Mais tarde, numa outra tentativa de internação desses dois meninos, apareceu uma outra razão, subjacente e de difícil decisão, diante de uma situação de ambiguidade social colocada pela Lei do Ventre Livre. O diretor se opôs, então, à admissão dos dois meninos, alegando que o estabelecimento não fora criado para recolher os filhos de escravos, considerados livres pela lei de 28 de setembro de 1871 ou libertados por seus senhores. Para os primeiros não fora, segundo o diretor, certamente instituído o Asilo, pelo que não via, dessa forma, motivo que justificasse o abandono dos últimos. Se tais meninos estivessem nas condições do artigo 62 do regulamento aprovado pelo Decreto n. 1.331, de 17 de fevereiro 1854, isto é, se se encontrassem em estado de mendicidade, o diretor manifestava opinião de que eles poderiam gozar "do favor" da admissão. Para ele, Eduardo e Alexandrino não eram ingênuos, mas libertos, donde não era o caso de mendicidade. Os documentos provavam que eles viviam em companhia da *suplicante* (o termo jurídico da época colonial era ainda amplamente utilizado), que era muito pobre; e mesmo assim o diretor do Asilo concluiu que, apesar de atestar a pobreza da demandante, isso não bastava, "[...] no meu humilde entender". Entretanto, "V. Exª. resolverá como julgar de justiça à vista dos precedentes". Esse indeferimento do diretor do asilo foi acatado pelo seu superior, que despachou um solene "De acordo".

No ano de 1878, encontramos outro ofício para interpretação em que destacamos uma disputa envolvendo o exercício do pátrio poder. O diretor argumentou contra a petição de Francisco José de Lima Coutinho, que pedia para retirar do Asilo seu filho José de Lima Coutinho. Os argumentos do diretor contrários à petição do pai repousavam no fato de que não havia aviso mandando retirar os meninos reclamados por suas famílias. Usando recursos legalistas em sua firme decisão de não permitir a retirada do menino do asilo, o diretor destacou o artigo terceiro do regulamento que dispunha acerca das condições em que os pais poderiam solicitar a volta de um filho ao lar: era preciso provar que teriam condições de cuidar de sua educação. O ministro, porém, só o entrega "se julgar conveniente, sob as condições que parecem necessárias".[15] Deu, então, detalhes da situação da família: o "suplicante", casado, pai de numerosa prole (nove filhos) era paupérrimo; vivia de renda que lhe dava o emprego de guarda da matriz da freguesia do Sacramento na Corte; a irmandade da matriz concedia-lhe uma pequena casa anexa à Igreja.

Os dados apresentados evidenciam uma família remediada amplamente beneficiada pelas relações de favor mediadas pela Igreja. Não possuía mais nada. Sobre seus nove filhos, informou o diretor do Asilo, um estudou pintura na Academia das Belas Artes às expensas da magnanimidade imperial; outro estudou no Seminário Episcopal "por esmola do Exmo. Bispo Diocesano", mas foi retirado ao começar o terceiro ano para procurar emprego. Outro havia obtido uma cadeira de professor de primeiras letras, mas não a pudera exercer por ser doente e viver com os demais sob o teto paterno e sujeito às maiores privações. Sustentou, ainda, que essas informações particulares lhe foram dadas por algumas pessoas importantes, entre elas João Ferreira de Lima, cunhado do pai. Em seguida, o diretor fez uma digressão sobre o histórico do menino que o pai queria retirar do Asilo, no qual podemos identificar alguns contornos do projeto que tinha para o Asilo.

Em março de 1875, o pai obteve, por intercessão do chefe de polícia de então, que fossem recolhidos, como desvalidos, dois de seus filhos (José e

João), visto que a situação familiar não dava condições para que frequentassem uma escola pública. O diretor descreveu, então, as condições em que os meninos foram entregues. Maltrapilhos e descalços, pois o pai não tinha dinheiro "para lhes dar um par de chinelos". Não levaram para o Asilo nenhuma peça de roupa comprada por seus pais ou parentes e, por esse detalhe (inclusão dos parentes), imaginamos uma visão de família holística. O diretor afirmou que tal situação de indigência só havia acontecido com esses dois irmãos recolhidos, uma vez que no caso dos outros 12 meninos recolhidos na mesma ocasião os parentes ou protetores lhes haviam dado algumas roupas e calçado.

Em seguida, o diretor avaliou comparativamente os dois irmãos. O mais velho (José de Lima) – justo o que o pai queria retirar do asilo – era mais inteligente e tinha 12 anos em 1875; foi, entretanto, considerado quase analfabeto. O outro, de 9 anos, era completamente analfabeto. O mais velho ("mais inteligente") havia feito progressos, sobretudo, em música; lia, escrevia e tinha noções de desenho e de francês. Segundo Rufino d'Almeida, o menino tinha vocação para música. Já o mais moço tinha "curta inteligência", estava sempre doente, e pouco ou nada aproveitou. Foi entregue ao pai em 7 de abril do ano anterior, "em termos do Regulamento por sofrer de moléstia incurável". Os argumentos dos pais deste menino para requererem a liberação eram de que sua condição havia mudado e que estavam naquela altura em condições de cuidar do menino. O diretor, então, informou que havia outra razão. "O supplicante está persuadido de que o filho já tem educação bastante, e que pela música poderá ganhar algum dinheiro, e quer por isso retirá-lo do asylo." Para o diretor, o menino, que contava então com 15 anos, não tinha completado a sua educação literária e artística. Tocava "sofrivelmente" o clarinete – e nesta parte de seu ofício ele desqualificou as aptidões do rapaz –, mas ainda precisava estudar muito para tornar-se um bom artista. E arrematou explicitando os interesses do Asilo. A finalidade do Asilo (que não fora instituído para preparar candidatos a empregos públicos, ou para servir de casa correcional para "menores incorrigíveis e viciosos") era, segundo o plano, a seguinte: "que adoptei para este asylo, os menores mais adiantados e mais moralisados [sic] vão sendo preparados para mais tarde substituírem os inspetores e outros empregados internos: são chefes de classes, são encarregados de certos serviços". O menino reclamado pelo pai era chefe de classe e primeira figura na banda de música. E nesse ponto o diretor deixou de lado os argumentos desqualificadores, pois tudo indicava que era um rapaz valioso, tanto que era disputado pela família e pelo Asilo: "a sua substituição não poderá ter lugar tão cedo, e assim ficaria o Asylo privado por muito tempo deste elemento civilizador [a banda] e fonte de renda". Talvez fosse possível fazer uma digressão interessante e opor os termos desvalidos e inválidos, ambos de origem francesa, e nos perguntarmos em que condições, circunstâncias e situações os tais desvalidos passariam a "valer"; sim, porque os inválidos estavam descartados.

No caso a que estamos nos referindo, a conclusão é a de que se tratava de um bom menino, e sendo bem dirigida a sua educação, viria a ser um bom cidadão, útil a sua família e pátria. Entregue à direção paterna tornar-se-ia "um fardo pesado à sociedade". Informou o diretor, ainda, que a notícia da retirada do menino-músico correu entre os colegas, havendo um certo movimento entre os internos mais velhos que não aceitavam permanecer no asilo e solicitavam aos parentes por carta que os retirassem de lá. E, por fim, questionou-se o fato de o pai querer tirar o filho ao fim de três anos sem ao menos indenizar as despesas com ele. Aqui, parece-nos que a responsabilidade parental do Estado está disfarçada de cálculo e pragmatismo.

Ao que tudo indica, entretanto, a família desse menino talentoso não está isenta de participação nesse jogo de empurra. Sobretudo porque se beneficiou da internação no Asilo dos Meninos Desvalidos, onde o menino recebeu instrução que lhe propiciou uma capacitação cobiçada pela família. Ocorreu, entretanto, que, no projeto institucional do Asilo, seu trabalho como músico e como chefe de classe implicava a contrapartida autossustentada da instituição, assim como todo o trabalho executado pelos internos na horta e nas oficinas.

A internação dos meninos no asilo implicava a perda do pátrio poder. Portanto, a liberação só poderia ocorrer através de solicitação formal, na qual toda a família, o menino e seu histórico no asilo eram reavaliados. Outra estratégia adotada pelos meninos mais velhos (entre 15-17 anos, justamente aqueles cujo trabalho era esperado como um retorno devido ao asilo) era a fuga; o diretor do asilo informava ao ministro todas as evasões ocorridas e em alguns casos havia ação policial de captura.

As políticas para assistir os segmentos vulneráveis da população contavam sempre com a repressão. Nesse sentido, não apenas a vadiagem era questão de polícia, mas a pobreza, a indigência e a mendicância. Essa a razão de encontrarmos a invocação pendular e oscilante ora da assistência, ora da repressão. O pêndulo oscilava igualmente entre a invocação de políticas e práticas profissionais, científicas, modernas, republicanas, e a caridade, a piedade, sempre a lembrar as permanências da antiga ordem.

Em 1892, três anos após a proclamação da República, as formas de tratamento protocolar nos ofícios já haviam sido modificadas. Iniciava-se um ofício com "Sr. Ministro" e terminava-se desejando "Saúde e Fraternidade".

Começam a ocorrer constantes atrasos no pagamento, pelo Tesouro Nacional, aos funcionários do asilo e aos estabelecimentos comerciais que forneciam produtos de primeira necessidade ao asilo. Tornaram-se rotineiros e constantes os reclames em função das carências de matérias-primas e utensílios indispensáveis para o bom funcionamento das oficinas. Como também se tornaram constantes as reclamações sobre atraso no vencimento dos empregados. Ao mesmo tempo, o pretendido retorno que propiciaria a autossuficiência da instituição não ocorreu. Tudo indica que, uma vez adquirida a idade apta ao trabalho (o no caso dos meninos do asilo, com alguma qualificação), as disputas entre as famílias e o Estado acirravam-se, combinadamente com a evasão, através da fuga, desses internos.

Observamos que, com a proclamação da República, ocorreram mudanças nos moldes dos ofícios do diretor ao ministro. Tais ofícios passaram a serem remetidos com menor frequência e foram escritos de maneira menos formal, além de conterem observações mais superficiais em relação às características, dados familiares, comportamento e ideologias dos meninos e, consequentemente, da própria instituição e de seus dirigentes.

A outra instituição destinada à infância foi o Imperial Instituto de Meninos Cegos. Esse Instituto permitiu-nos uma observação mais sistemática no que tange à cobertura mais extensa do recorte cronológico da pesquisa. O escopo geral do modelo do Instituto segue algumas referências do Asilo de Meninos Desvalidos, dedicando-se a um trabalho de educação especial para deficientes visuais, tendo em vista sua preparação para a vida produtiva em sociedade. Entre os funcionários do Instituto encontramos professores de música, mestre da oficina tipográfica, mestra de trabalhos manuais para as alunas, inspetora e repetidora das ditas e guarda da rouparia, repetidor dos alunos, inspetor dos alunos e porteiro; amanuense, contínuo, enfermeira, despenseira, feitor e comprador, cozinheiro e serventes (registrados no ofício de 1858 como "africanos serventes"); diretor, tesoureiro, médico, capelão e professor de religião; professor de ler, escrever, gramática e aritmética e professor de história e geografia; professora de ler, escrever, música vocal e instrumental das alunas e professora de língua francesa.

O Instituto foi instalado no dia 17 de setembro de 1854, seguindo o modelo da *Institution Nationale de Jeunes Aveugles* de Paris. Portanto, duas décadas antes do Asilo de Meninos Desvalidos. Os alunos prestavam exames nas diferentes matérias que lhes eram ensinadas e alguns alunos foram "aprovados com louvor, aos quais Sua Majestade O Imperador dignou-se premiar, distribuindo por eles diversas medalhas, com suas próprias e benfazejas mãos".[16]

A concepção acerca da responsabilidade parental do Estado com os cegos está claramente enunciada nos ofícios, que afirmam dever o Instituto dotar seus alunos de predicados necessários para uma vida honesta e útil na sociedade. Encontramos nos ofícios a expressão "desvalidos" para designar os cegos, tal como usada nas designações do Asilo dos Meninos Desvalidos. De fato, uma tal construção institucional e ideológica remontava mimeticamente à era napoleônica francesa, sendo "desvalidos" empregado como quase equivalente a "les invalides", conforme já salientamos. E o diretor afirmava ser "indispensável aos desvalidos, que depois da sua saída do estabelecimento, continuem a obter socorros enquanto não se estabeleçam e se encaminhem".[17] Nos relatórios enviados ao Ministério da Justiça e dos Negócios Interiores e nos ofícios, a direção do Instituto dos Meninos Cegos revelava uma sintonia e atualização com as ideologias e os procedimentos em instituições congêneres em outros países.

Em ofício datado de 18 de setembro de 1858, o diretor narra o recebimento e matrícula na classe dos alunos gratuitos de uma menina cega e pobre, Maria Luiza de Jesus, filha de Catarina Pereira de Jesus; o diretor havia se manifestado favoravelmente à admissão por escrito ao ministro. Feita uma avaliação mais cuidadosa da menina, o diretor expõe suas preocupações com o seu "acanhamento intelectual", que ele atribuía a uma educação abandonada, "como acontece a quase todos os meninos cegos que para aqui entram, os quais não sabem nem falar, nem comer com decência, nem vestir-se; [...] mas a respeito dessa menina verifiquei depois serem estas faltas provenientes de seu idiotismo [...]". De modo que o diretor aproveitou-se do fato de que a mãe veio vê-la e pediu licença por dois meses, para solicitar autorização para não recebê-la mais, visto que não era suscetível de qualquer instrução, por causa da sua "imbecilidade congênita", e que não devia estar ocupando um lugar que "pode aproveitar outro infeliz".

Não apenas nesse caso, mas em diversos outros, o diretor manifestou claramente uma opinião em favor da dispensa de alguns meninos e meninas cegas, que não eram encaminhados para qualquer outra providência. Portanto, o Estado simplesmente abandonava as pessoas necessitadas de sua assistência, omitindo-se de suas responsabilidades parentais. Sobretudo negava-se assistência àqueles que não se enquadravam em alguma possibilidade de desenvolvimento de aptidão útil à sociedade e ao próprio Estado.

Encontramos alguns ofícios de 1857 cujo destinatário não era uma autoridade superior oficial. O diretor, Dr. Cláudio Luiz da Costa, escreveu ao seu genro, o Dr. Antônio Gonçalves Dias, que se encontrava em Paris, encomendando-lhe alguns objetos para uso dos "ceguinhos" (como os tratava na correspondência). Seu genro procurou, então, relacionar-se com o diretor da instituição que assistia aos cegos parisienses. M. Dufaut, no Boulevard des Invalides, 56, a quem achou um "homem sinceramente amável".

O genro do diretor informou que achou engraçado o fato de não haver instrumentos e brinquedos naquele Instituto. Quando perguntado o porquê da ausência de tais objetos, o colega francês de seu sogro simplesmente respondeu: "O cego [...] é naturalmente sério: brinquedos não lhes agradam, como às crianças, nem mesmo quando são brinquedos que produzam sons...". Segundo o diretor do instituto francês, os cegos se entretinham com jogos de cartas, de damas e xadrez. As cartas eram feitas pelos meninos, mas as damas e o xadrez eram preparados para os cegos. Apesar de auscultar o diretor francês, ele não concordou com suas teorias e continuou aplicando os mesmos métodos de entretenimento (brinquedos, instrumentos musicais etc.).

Interessante observar uma certa preocupação com o cálculo do número de cegos a serem atendidos face à população cega infantil. Acreditamos tratar-se de um mimetismo em relação às políticas assistenciais realizadas por instituições congêneres europeias. Encontramos inúmeras referências que confirmam que os olhos dos diretores do Instituto estavam voltados para o espelho europeu. Em ofício datado de 13 de agosto de 1852,[18] o diretor afirmou que seus grandes exemplos eram os estabelecimentos de Paris, Bruxelas, Alemanha, Inglaterra, Suíça e EUA. Anunciou, ainda, a intenção de aplicar o cálculo estatístico dos cegos feito na Bélgica para o caso brasileiro, visando planejar o atendimento dos cegos.

Por outro lado, e contrariando tantas preocupações com o cálculo e a eficiência, sem dúvida, uma marca positivista e iluminista de atuação profissional, num outro ofício de 28 de dezembro de 1858, encontramos a mesma situação, de ambiguidade e indefinição, em relação ao atendimento de meninos cegos filhos de escravos e libertos, tal como ocorria no Asilo dos Meninos Desvalidos. O Imperial Instituto de Meninos Cegos destinava-se aos meninos livres. Dessa forma, o diretor afirmou com aparente segurança: "É provável, que atenta a população livre do Brasil, não hajam [SIC] menos de trezentas crianças livres e cegas, vegetando na ignorância, e a maior parte delas depravando-se na mendicidade". A julgar pelos cálculos de outros diretores em outros ofícios que examinamos, a estimativa era muito maior.

Em seguida passou a emitir suas opiniões sobre as causas que levavam os pais de meninos e meninas cegas a não procurarem o Instituto. Segundo o diretor, no decurso daquele ano de 1858, só duas crianças pobres concorreram à vaga no Instituto. As causas determinantes para a pouca procura eram duas. A primeira era a pobreza das famílias que as impedia de remeter seus filhos para a Corte. De outro lado, o diretor lembrou também que as famílias serviam-se das crianças cegas para esmolar. A segunda causa era a crença errônea de que os cegos não podiam aprender coisa alguma. Tentando atenuar tais causas o diretor solicitou aos presidentes de províncias a consignação de quinhentos mil reis anuais para cada um dos meninos cegos, livres e pobres que mandassem a educar-se no instituto.

Ainda segundo o diretor, para salvar as crianças cegas do procedimento criminoso dos pais que as obrigavam a mendigar, bastaria a ação da polícia. Propôs, por fim, algumas medidas. Que o ministro encaminhasse recomendação aos presidentes das províncias, para que esses propusessem a decretação da despesa que fosse necessária ao transporte para o instituto dos meninos cegos de ambos os sexos, livres, pobres de 6 a 14 anos de idade, bem como a sua manutenção na instituição. Propôs, também, que se divulgassem as publicações sobre o instituto. Sugeriu que o ministro ordenasse ao chefe de polícia da Corte para que intimasse aos pais ou tutores das crianças cegas, que andavam mendigando; estas deveriam ser recolhidas no instituto. Por fim, sugeriu que a mesma medida deveria ser tomada nas demais províncias.

Desse modo, a julgar pela clareza na exposição de suas opiniões sobre o projeto institucional do Instituto, poderíamos concluir que o diretor incorporara ideologicamente as responsabilidades parentais do Estado. Não fossem os deslizes e as indefinições em relação aos meninos e meninas cegos, filhos de escravos ou de libertos, e a firme decisão em relação ao não acolhimento de aqueles outros com dificuldades de aprendizagem ou doentes, não teríamos dúvidas em constatar que esse diretor, Cláudio Luiz da Costa, internalizara ideologicamente os atributos de responsabilidade parental necessários ao desempenho de uma autoridade pública na modernidade. A seu favor, mencionaríamos, ainda, o fato de que as indefinições e ambiguidades não podem ser atribuídas a ele, enquanto pessoa, ou ao cargo por ele exercido. De fato, estamos diante de uma situação histórica em que os estatutos sociais e jurídicos de alguns setores da estrutura social (os ingênuos e libertos, por exemplo) complexificam as relações sociais e as decisões no campo político.

Das instituições que observamos, o Instituto de Meninos Cegos apresentou uma maior organicidade e continuidade, enquanto política pública para assistir uma parte "desvalida" da população. Sua excelência esteve, entretanto, relacionada ao tamanho e ao alcance de sua política; vale dizer, havia uma centralização da assistência na corte e, segundo mesmo mencionamos anteriormente, a estimativa do diretor, aparentemente um conhecedor da situação geral do país neste campo, o número total geral de meninos e meninas cegas livres, em condições regulamentares qualificadas para serem atendidas não deveria passar de trezentos. De todo modo, não podemos deixar de observar que a longevidade do Asilo dos Meninos Cegos, depois Instituto Benjamin Constant, inscreve-se num quadro de especificidade deste segmento de "desvalidos". Trata-se da cegueira, uma situação de risco e vulnerabilidade que corta de forma vertical toda a estrutura da sociedade. Portanto, as classes dominantes também são demandantes de tal assistência. Essa é a razão, outrossim, para extensão do atendimento às meninas cegas, diluindo a assistência ao universo masculino exclusivo.

Em 1862, entretanto, o Instituto contava com trinta alunos, sendo dez provenientes da corte; as demais províncias contavam com não mais do que três alunos cada e não eram todas as províncias que enviavam meninos e meninas cegas para a Corte. Na relação dos lugares de origem dos alunos constante do relatório do diretor desse ano encontramos: Minas Gerais, Bahia, Santa Catarina, Ceará, São Paulo, Espírito Santo, além da cidade de Montevidéu e da região da Prússia.

Em 1863, a conclusão do relatório do diretor aludiu ao comportamento civil e moral dos alunos, segundo ele, "doutrinados pelos sentimentos religiosos". Concluiu que se podia deduzir que a "piedosa" instituição para instrução e educação de meninos cegos foi vitoriosa e frutífera, trazendo vantagens palpáveis à sociedade e que era, pois, necessária à continuação do amparo e proteção. As referências ao zelo e à proteção, entretanto, estão entremeadas de alusões à caridade e à piedade religiosa. Finalmente, encontramos uma declaração pública do diretor acerca dos seus sentimentos em relação a instituições e aos meninos e meninas. Ele afirma que seguia à risca os preceitos da religião do dever e que procurava "guiar-me pelos impulsos do afeto e compaixão que cordialmente dedico aos deploráveis educandos que me foram entregues e que como filhos trato, tais são os incentivos que me dominam". Fez, portanto, uma declaração pública de filiação.

A proclamação da República não retirou o elã dos diretores do Instituto; nem tampouco implicou rupturas significativas do ponto de vista ideológico. A adoção do nome de Benjamin Constant Botelho de Magalhães homenageou um dos ideólogos republicanos mais importantes naquela conjuntura e que havia sido diretor do Imperial Instituto de Meninos Cegos no ano de 1888. De modo que, com a República, o nome do Instituto converteu-se em Instituto Benjamin Constant.

Em 1905, era diretor do Instituto Jesuíno da Silva Mello. Seu relatório apresentou, como os demais diretores do período republicano analisado, uma continuidade em relação à concepção de responsabilidade parental do Estado. Fez, entretanto, algumas reflexões que nos revelam uma maior amplitude das concepções de autoridade e responsabilidade parental. Nesse ponto, destacamos as preocupações de Jesuíno da Silva Mello com o que aconteceria com os alunos quando deixassem o instituto, com evidente receio de que, sem o apoio governamental, os egressos do Instituto viessem a esmolar pelas ruas.

Os debates e as propostas de estratégias para as políticas governamentais produzidas pelos operadores sociais na virada do século XIX para o XX foram muitos.[19] Apesar a polifonia decorrente das diferenças de formação intelectual e de redes de atuação nas malhas da estrutura administrativa do Estado, havia uma convergência quanto às soluções apontadas: a assistência à infância abandonada deveria ser prioridade de políticas governamentais. No entanto, havia uma ambiguidade, que estamos interpretando como decorrente da cultura política vigente numa sociedade ex-escravista, com forte presença de uma afetividade política vincada pela presença de forças do conservadorismo. O efeito prático dessa ambiguidade tem redundado em indefinições quanto à condução das políticas assistenciais; ou seja, as relações entre as instituições públicas (e as políticas governamentais) e as privadas (basicamente caritativas e religiosas) ficaram mal demarcadas, produzindo como resultado um vazio quanto ao exercício da autoridade pública republicana. Vale dizer que, na disputa ideológica e política entre a Igreja e o Estado, as políticas governamentais e as autoridades que a conduziam vêm sendo deslegitimadas por mais de um século desde a implantação do regime republicano.

Portanto, insistimos no fato de que as políticas para assistir os segmentos vulneráveis da população contavam sempre com a repressão. Desse modo, identificamos a formulação de discursos político-institucionais ambíguos e oscilantes entre a assistência e a repressão. Tal constatação, no entanto, não significa que não tenhamos encontrado (o que ocorreu com certa frequência) casos em que a autoridade pública foi omissa, podendo sua prática política configurar uma situação onde o que observamos não foi nem a assistência, nem a repressão, mas o abandono. O abandono e a omissão podem ser vistos através das ambiguidades decorrentes das indefinições entre o dever e a caridade.

Podemos afirmar, por fim, que os impasses das políticas públicas nesses mais de cem anos de ordem republicana (seja no campo assistencial, judicial, policial, ou educacional) se devem, em boa parte, à forma tímida como o Estado (paradoxalmente, porque no mais das vezes, forte e autoritário) não se incumbe de sua função parental.[20]

Por *responsabilidade parental* estamos entendendo, junto com Pierre Legendre, o conjunto de práticas políticas e ideológicas encetadas a partir de um lugar de poder dentro de uma dada lógica institucional. A expressão aparece no conjunto da obra de Legendre[21] sob a forma de "*fonction parentale*", ou seja, *função parental*. Para o autor, a conceituação não é problematizada do ponto de vista da teoria sociológica funcionalista (pelo menos conscientemente), uma vez que ele trabalha muito mais sob influência do estruturalismo e da psicanálise de corte lacaniana. Fazemos um pequeno deslocamento conceitual, afirmando a ideia de *responsabilidade parental*, exatamente porque apreendemos o significado do conceito usado por Legendre, que, na nossa leitura, está muito mais próximo da ideia de *responsabilidade* do que de *função*. Sobretudo porque Legendre, trabalhando de forma multidisciplinar (com a História, o Direito e a Psicanálise) descortina em seus livros as marcas da cristandade latina na cultura política europeia. Nesse ponto, o autor busca na história da Idade Média aspectos constitutivos da identidade cultural europeia (e, portanto, ocidental), para os quais a Igreja Romana e seus ritos, alegorias e ideologias são indiscutivelmente fundamentais.

Desse modo, a origem da própria expressão latina *spondere*, que significa "responder por", evoca o coro nas missas celebradas nos monastérios beneditinos, o qual tinha por obrigação responder aos cânticos nas celebrações. O radical *espos*, que significa "firmar um tratado", "assumir um compromisso ou uma obrigação solene", "responder por alguém", evoca, ainda, os esponsais, união de almas (entre esposos), numa clara alusão às implicações subjetivas e afetivas contingentes.[22]

A *responsabilidade parental* do Estado (do ponto de vista social, político, ideológico e jurídico) não significa *paternalismo*, no sentido pejorativo, muito embora, em algumas situações históricas, a prática política e ideológica dos Estados venha revestida de paternalismo no sentido estrito do termo. Geralmente, sob o paternalismo, verifica-se uma referência em excesso dessas mesmas responsabilidades parentais e tende-se a produzir efeitos políticos, ideológicos e, sobretudo, sociais de fragilização dos segmentos mais vulneráveis da sociedade semelhantes àqueles em que ocorre a ausência da responsabilidade parental do Estado.

A responsabilidade parental implica, ainda, a ideia de filiação, o que é da máxima importância.

Na interpretação de Pierre Legendre, o conceito de *filiação* é fundacional. E o processo de formalização institucional dos Estados no ocidente cristão inscreveu-se dentro da problemática da Referência. O que implica afirmar o conceito de Estado para além de aspectos socioeconômicos, portanto, da ideia de mercado. A partir de uma perspectiva do juridicismo ocidental, o Estado organiza e é organizado, prioritariamente, como uma forma histórica destinada a fazer produzir efeitos normativos. Esses efeitos representam os fundamentos da vida dos sujeitos individuais e coletivos; e a normatividade é lugar de realização de um jogo de imagens tributário da razão mesmo da vida. O que é o mesmo que situar a grande obra das religiões no núcleo duro da reprodução humana, circunscrito pela antropologia e pela psicanálise como sendo a origem, subjetiva e social, do interdito. Em outras palavras, o interdito possibilita o imperativo da diferenciação, que consiste, dentro da espécie falante, em controlar, civilizar e, por fim, simbolizar duas questões interligadas: a morte (o homicídio) e o incesto.

Portanto, representar os fundamentos da vida, em todas as culturas, não tem outra implicação que não seja a de instituir as imagens, onde repousam sucessivas remissões ao princípio do Pai para os dois sexos. A Referência é, pois, o discurso que põe em cena estas imagens. O Estado – ou melhor, o que chamamos no ocidente de Estado – constitui uma versão, entre as possíveis, de configuração do campo político que atribui à Referência um corpo[23] e propicia a produção de efeitos jurídicos, sobretudo no caso da Europa (e seus prolongamentos ultramarinos) desde o segundo milênio. Desse modo, segundo Legendre, com toda essa lógica institucional e o núcleo duro constitutivo da Referência na cultura ocidental, os Estados (*status*) – assim designados por um termo imposto pelos teóricos medievais –, nas sociedades modernas secularizadas têm implicações normativas e jurídicas fundamentais mesmo na pós-modernidade. Ainda que a lógica do mercado sob o liberalismo tenha levado, nas últimas décadas, às alusões radicais acerca do fim do Estado, ou do Estado-mínimo, para Legendre, sua dimensão cultural, do ponto de vista do campo político enquanto *locus* de produção e reprodução normativa instituinte do interdito, não deve dissolver-se, sob pena de vermos a própria cultura ocidental desmanchar-se... no ar.

Dentre esses aspectos histórico-culturais que mais se fazem notar quando compulsamos a fonte documental, destacamos a forma ambígua e indecisa de como o poder foi exercido pelas autoridades do terceiro ou quarto escalão do serviço público na formação política brasileira. Não se trata propriamente de uma completa ausência ou omissão no exercício das responsabilidades parentais do Estado – seja no período monárquico, seja no republicano –, em que poderíamos pontuar o abandono em detrimento da assistência. Constatamos, contudo, uma falta de clareza ideológica e política quanto à assunção dessas responsabilidades, na maioria dos segmentos institucionais observados.

É como se o processo de passagem à modernidade e de estruturação da arquitetura político-institucional periférica do Estado estivesse a meio caminho, onde algumas permanências histórico-culturais que moldaram o processo de ideologização colonial e escravista convivessem com a introdução de algumas estratégias e procedimentos da modernidade republicana.

Queremos com isso dizer que, em alguma medida, a cultura político-institucional no Brasil dá um suporte ideológico limitado à atuação política do Estado. Duas outras forças político-institucionais disputam, com vigor, a primazia ideológica e política sobre essas políticas. De um lado, a Igreja e as forças do conservadorismo clerical. Mesmo considerando a separação entre Igreja e Estado empreendida após a proclamação republicana, a Igreja no Brasil vem disputando uma fatia significativa de interferência – no plano político e no plano ideológico – pelo menos em dois campos importantes: a assistência social e a educação. De outro, a instituição familiar, em que o *paterfamilis* é considerado, por natureza, responsável e respeitável, corresponda ele ou não à realidade. Nesse ponto, a naturalização tomista atua no processo de simbolização e, também, inibe a ação do Estado e das políticas governamentais. Todo poderoso no texto da lei jurídica[24] açambarca sob as abas de seu chapéu uma parentela extensa (mulher, filhos, parentes, afilhados, criados e agregados) que, para além dos efeitos macropolíticos (já bastante enfocados pelos estudos no campo da ciência política[25]), produz efeitos ideológicos e políticos que obstam a institucionalização e a profissionalização de políticas públicas eficazes.

Em outras palavras, os asilos (de alienados, de velhos), os orfanatos, as prisões (inclusive para jovens infratores) e o sistema de educação pública não atuam em sua plenitude, de forma a garantir o suporte ideológico necessário para o exercício da responsabilidade parental do Estado; ou seja, ideológica e afetivamente, essas funções são atribuídas ao *paterfamilis*, que deve proteção (em troca de obediência) e/ou caridade, que é articulada e mobilizada pelas instituições religiosas, mormente da Igreja católica.

Notas

1 Referimo-nos aos livros clássicos de Sérgio Buarque de Hollanda, *Raízes do Brasil*, 9. ed., Rio de Janeiro, José Olympio, 1976; e Raymundo Faoro, *Os donos do poder*, 2. ed., Porto Alegre/São Paulo, Globo/Edusp, 1975.

2 Referimo-nos aqui à cristandade que tem lido a Bíblia em latim e se definido a partir da obediência ao papado romano desde o grande cisma do ano de 1054, quando cristãos greco-ortodoxos e ocidentais fizeram opções teológicas distintas. Foi quando, também, a identidade cultural europeia ocidental ganhou contornos mais delineados.

3 João José Reis (org.), *Escravidão e invenção da liberdade*, São Paulo, Brasiliense, 1988; Eduardo Silva e João José Reis, *Negociação e conflito*: resistência negra no Brasil escravista, São Paulo, Companhia das Letras, 1989.

4 Gilberto Freyre, "Sobrados e Mocambos – Decadência do Patriarcado Rural e Desenvolvimento Urbano", em *Introdução à História da Sociedade Patriarcal no Brasil 2*,5. ed., Rio de Janeiro, José Olympio/MEC, 1977, t. 1.

5 Gizlene Neder, *Famílias, crianças e exclusão social no Brasil*, Relatório de Pesquisa, UFF/Unesco, Niterói, 1994.

6 A dimensão empírica do projeto integrado de pesquisa abrange um leque muito maior de instituições que estão sendo observadas: o Instituto de Meninos Cegos (depois chamado Benjamin Costant), o Instituto de Surdos e Mudos, o Asilo de Mendicidade, as instituições penitenciárias e policiais e instituições de ensino. Mesmo para os casos particulares enfocados (seja para o Asilo de Meninos Desvalidos ou para o Hospício de Alienados), estamos compulsando uma fonte documental muito mais extensa do que aquela apresentada neste capítulo. Privilegiando a forma, destacamos apenas alguns exemplos.

7 *Coleção de Leis do Império do Brasil*.Decreto n. 1331 A, 17 fevereiro de 1854.

8 Sobre a assistência no período colonial e imperial, ver Renato Pinto Venâncio, *Famílias abandonadas, assistência à criança de camadas populares no Rio de Janeiro e em Salvador: séculos XVIII e XIX*, Campinas, Papirus, 1999. Ver também: A. J. R. Russel-Wood, *Fidalgos e filantropos: a santa casa da misericórdia da Bahia, 1550-1755*, Brasília, Editora da UnB, 1981.

9 Gizlene Neder, *Discurso Jurídico e Ordem Burguesa no Brasil*, Porto Alegre, S. A. Fabris, 1995, pp. 57-98.

10 Georg Rusche e Otto Kirchheimer, *Punição e Estrutura Social*, trad. Gizlene Neder, Rio de Janeiro, Freitas Bastos/ICC, 1999, pp. 39-100.

11 José Veríssimo Serrão, *A misericórdia de Lisboa, quinhentos anos de História*, Lisboa, Livros Horizonte, 1998; Marta Tavares Escocard de Oliveira, *Justiça e caridade*: a produção social dos infratores pobres em Portugal: século XIV e XVIII, Rio de Janeiro, Programa de Pós-Graduação em História da UFF, 2000; Maria de Fátima Pinto, *Os indigentes, a outra Lisboa no primeiro terço do século*, Lisboa, Livros Horizonte, 1999.

12 A rica interpretação, vinda a lume em 1939, de Georg Rusche e Otto Kirchheimer, que trabalha a Criminologia e o Direito, na perspectiva da Escola de Frankfurt e que subsidia o *Vigiar e Punir*: o nascimento das prisões,

de Michel Foucault, baseia-se em fonte documental significativa oriunda da demografia histórica francesa e alemã e oferece informação histórica sobre os *hôpitaux généraux* em França; ver G. Rusche & O. Kirchheimer, *Punição e estrutura social*, trad. Gizlene Neder, Rio de Janeiro, Freitas Bastos, 1999.

13 Arquivo Nacional, Fundo: 93 Notação IE 5-22, Data-Limite: 1875, Ministério do Império/Asilo dos Meninos Desvalidos.

14 Veja o despacho exarado em 3 de dezembro de 1875: "Submetendo a consideração de V.Exª. a inclusa petição da preta Maria, em que pede para ser recolhido a este Asilo seu neto (P. Saulo), de seis anos de idade, tenho a informar que a suplicante merece a Graça pedida, pois é verdade tudo quanto alega, sendo seu neto verdadeiro desvalido. V.Exª. porém, resolverá o que entender mais justo". Arquivo Nacional – SDE, Série Educação: Ensino Primário, Cód. Fundo: 93 – Notação IE 5-22, 1875.

15 Arquivo Nacional, SDE, Série Educação: Ensino Primário, Código do Fundo: 93, Notação: IE 5- 24, 1878.

16 Arquivo Nacional, Série Educação: Ensino Primário; Notação: IE 5-3, 1858-59.

17 Arquivo Nacional, Série Educação: Ensino Primário; Notação: IE 5-3, 1858-59.

18 Arquivo Nacional, SDE, Série Educação: Ensino Primário, Instituto Imperial dos Meninos Cegos, depois Instituto dos Meninos Cegos, depois Instituto Benjamin Constant – Cód. Fundo: 93 – Notação IE5, 1852.

19 Sobre as políticas de assistência à infância e a legislação pertinente, no Brasil e na América Latina, ver de Irene Rizzini e Francisco Pilotti, *A arte de governar crianças*: história das políticas sociais, da legislação e da assistência à infância no Brasil, Rio de Janeiro, Amais, USU/Instituto Interamericano del Niño, 1995, pp. 384. A propósito, o título do artigo assinado por Irene Rizzini é sugestivo: *Crianças e menores, do Pátrio Poder ao Pátrio Dever*. Ver também de Emílio Garcia Mendez, *Para uma historia del control de la infância em América Latina*: la informalidad de los mecanismos formales de control social, Maracaibo/Venezuela: Grupo Latinoamericano de Criminologia Compada, 1987, p.51.

20 Pierre Legendre, *Les Enfants du Texte*: Étude sur la fonction parentale des États, Paris, Fayard, 1992.

21 Idem.

22 Sobre os desdobramentos desse processo histórico para a sociedade brasileira, ver Gisálio Cerqueira Filho, *Édipo e excesso*: reflexões sobre Lei e Política, Porto Alegre, S. A. Fabris, 2002.

23 Usamos a designação "corpo" no sentido atribuído por Ernst H. Kantorowicz, *Os dois corpos do rei*: um estudo sobre teologia política medieval, trad. Cid Knipel Moreira, São Paulo, Companhia das Letras, 1998.

24 Gisálio Cerqueira Filho, *Ideologia do favor e ignorância simbólica da Lei*, Rio de Janeiro, Imprensa Oficial do Estado do Rio de Janeiro, 1993.

25 Francisco de Oliveira Vianna, *Instituições políticas brasileiras*, 3. ed., Rio de Janeiro, Record, 1974, 2 v.

Bibliografia

FAORO, Raymundo. *Os donos do poder.* 2. ed. Porto Alegre/São Paulo: Globo/Edusp, 1975.

HOLLANDA, Sérgio Buarque de. *Raízes do Brasil.* 9. ed. Rio de Janeiro: José Olympio, 1976.

REIS, João José (org.). *Escravidão e invenção da liberdade.* São Paulo: Brasiliense, 1988.

Os jardins de infância públicos no início do século XX

Gizele de Souza

Em 1900, a feminista sueca Ellen Key publicou uma obra que em seu título proclamava o século XX como o "século da criança", uma época na qual a idade infantil aparece no centro da teorização, pesquisa, cuidado, interesses educativos, sanitários e sociais. Mas, segundo a historiadora da infância Egle Becchi[1], quando fala sobre as crianças com idade que antecede a escola,

> já no Oitocentos, educadores, filósofos, psicólogos, pediatras tinham prestado atenção, cercando de colocar este tempo do crescimento individual em uma posição do desenvolvimento coletivo, delineando-o a tipicidade, instituindo lugares e dando conselhos para a sua educação.[2]

O repertório de saberes sobre infância, provenientes e divulgados por muitos dos profissionais já mencionados nos capítulos anteriores, revela a ideia de crianças que já

> caminham rapidamente, que se fazem entender e compreendem as palavras dos adultos, que podem jogar em pequenos grupos, que demonstram de estar prontos a aprender as boas maneiras, que não parece nem implausível e nem impossível educar fora da casa delas, crianças, em instituições pré-escolares onde mestres laicos e religiosos as introduzam aos saberes do mundo.[3]

Associado a essa compreensão sobre a infância, outros aspectos foram relevantes na constituição de instituições de educação infantil na Europa, como a crescente industrialização e urbanização, o avanço da ciência, ou como bem expõe Angela Costa & Lilia Schwarcz,[4], a passagem do século XIX para o XX foi marcada por um "momento para sonhar e imaginar, a chegada da virada do século enchia os olhos daqueles 'cidadãos novidadeiros'". As autoras ainda nos lembram que as exposições universais passavam a apresentar didaticamente o progresso e a projetar o futuro, "os mapeamentos e inventos olhavam para os impasses do presente, mas de esguelha miravam o século seguinte; a 'sciencia' impunha-se como forma de redimir incertezas".[5]

Nessa direção, Moysés Kuhlmann Jr.[6] afirma que "o quadro das instituições educacionais se reconfigura durante a segunda metade do século XIX, compondo-se da creche e do jardim de infância, ao lado da escola primária, do ensino profissional, da educação especial e de outras modalidades" e sustenta que "a absorção desses modelos de civilização e progresso combinava as referências vindas dos centros de propagação europeu e norte-americano, com as peculiaridades de cada país, segundo as suas condições culturais, econômicas, sociais, políticas".[7] Nesse sentido, o contexto anunciado é efervescente também para, em fins do século XIX e principalmente no início do XX, a organização das inúmeras instituições educativas para educar a infância, em espaços escolares e não escolares.

O propósito deste capítulo é examinar a constituição histórica dos jardins de infância públicos no Paraná em meio ao cenário da assistência à infância no estado, referente ao período das primeiras décadas do novecentos. Uma das questões nodais que apresento reside na relação – distinta, porém não ambivalente – entre o processo de escolarização das crianças na idade de 4 a 6 anos em espaços de jardins de infância e relação com a assistência à infância no estado paranaense, em instituições de atendimento como asilos, abrigos, educandários, escola maternal etc. A questão de fundo relaciona-se com a multiplicidade de infâncias vivenciadas em locais de educação diferenciados segundo as condições socioeconômicas, culturais da vida das crianças e de suas famílias, em determinado contexto histórico. Sobre isso, vale a seguinte observação: a ideia de infância com a qual opero segue na perspectiva de uma construção social, "como conjunto mutável de ideias",[8] uma vez que durante séculos existiram modos, significados e valores distintos na experiência da infância.

As primeiras iniciativas dos jardins de infância públicos no Paraná: história e discursos

A inauguração dos primeiros grupos escolares paranaenses no início do século XX é reveladora de como os jardins de infância aparecem, por meio dos relatórios de instrução pública, no encalço da implementação dos grupos escolares, assim como anexos aos espaços das escolas normais.

> A inauguração dos grupos escolares "Xavier da Silva", em Curitiba, e "Vicente Machado", em Castro, da escola "Jardim da Infância", no antigo edifício da Escola Normal, transformado para esse fim, a construção, na cidade de Palmeira, da casa escolar "Jesuíno Marcondes" e principalmente a equiparação do curso Ginásio Paranaense ao do Ginásio Nacional, demonstram cabalmente a atenção e o carinho votado a este ramo do serviço público.[9]

No encerramento de 1905, estavam já concluídas as obras executadas pelo governo no antigo edifício do Ginásio Paranaense para lá receber a primeira "Escola Jardim da Infância", segundo informava o relatório do diretor geral da instrução pública Arthur Pedreira de Cerqueira. E em 1906, foi então inaugurado o primeiro jardim de infância público do estado anexo ao Ginásio Paranaense em Curitiba, com a matrícula de sessenta crianças e sob a direção da professora Maria Francisca de Miranda, que tinha viajado a São Paulo para conhecer de perto a experiência do jardim da Escola Normal Caetano de Campos. A aceitação desse primeiro estabelecimento infantil paranaense era expressa por meio do parecer do diretor geral da Instrução Pública.

> Este estabelecimento de ensino teve enorme aceitação, sendo insuficiente, por falta de lugares, para atender aos pedidos de muitos pais de família. A ideia da criação deste instituto de ensino foi tão feliz e tem por tal forma correspondido aos seus fins, que necessário se torna a fundação de outros para satisfazer os desejos da população.[10]

Em função da boa aceitação do jardim de infância pela sociedade paranaense, posição justificativa do inspetor escolar da capital, essa autoridade avaliava que outros estabelecimentos do mesmo gênero deveriam ser providenciados principalmente para atender uma demanda mais pobre da população.

> Este estabelecimento foi frequentado durante o ano por 60 crianças de ambos os sexos, todas de pouca idade. Os jardins da infância têm produzido importantes resultados, especialmente na Alemanha; portanto sou de parecer que devem ser abertos outros jardins da infância, *onde as criancinhas principiam a travar conhecimento com os primeiros rudimentos do ensino pedagógico, de comum com as diversões peculiares de sua idade.* Venham mais e mais jardins da infância, sobretudo *para os filhos dos rústicos e dos operários, os que mais precisam alijar os defeitos de educação recebidos do lar*. O único que existe é insuficiente e somente frequentado por crianças de famílias ricas e que se furtarão de ombrear com os filhos dos proletários. No dia 1.º de Dezembro realizou-se o encerramento das aulas do Jardim da Infância, dirigido carinhosamente pela professora D. Maria Correia de Miranda em companhia de D. Maria Deolinda de Assumpção. O festival realizado ali, por ocasião do encerramento das aulas, não poderia ser mais atraente, tal a delicadeza do programa posto em execução.[11]

Como demonstra o trecho acima, a defesa de abertura de jardins de infância revela o olhar para uma criança que deve deparar-se com o ensino, ocupar-se de diversões próprias à sua condição infantil. Egle Becchi, em artigo sobre "Infantologie del Novecento"[12] (1997), afirma que o século XX, comemorado como "da criança", é portanto o século no qual a criança passa de classe, de idade, de categoria demográfica e civil a sujeito sempre mais individualizado, governado, formado, estudado.

É também expressiva no trecho do relatório citado a solicitação de mais e mais jardins de infância e as finalidades que estas instituições deveriam assumir: destinar-se principalmente para os filhos dos "rústicos" e "operários", a fim de que esses estabelecimentos exercessem o papel civilizador, reparador, de "alijar os defeitos trazidos da casa".

Marcos Cezar de Freitas[13] examina a aproximação entre antropologia e educação e discute, a partir de textos de educadores e pensadores sociais, como "muitas vezes foi o eufemismo com o qual o homem da ciência esquivou-se de dizer 'rústico', 'arcaico', 'primitivo'". Expressões estas que se revestiram de "cientificidade com as quais se queria dizer, simplesmente, 'pobre ou aluno pobre'".[14]

As fontes descrevem uma recepção positiva que o primeiro jardim na capital teria provocado e, nessa direção, outro estabelecimento desse mesmo gênero passaria a ser aguardado. Tal informação pode ser encontrada no relatório do diretor geral da Instrução pública em 1908:

> A Escola Jardim da Infância continua a prestar relevantes serviços à instrução; e a sua aceitação tem sido tão grande, que se impõe a necessidade da criação de mais outros estabelecimentos deste gênero em outros pontos da Capital e mesmo do estado.[15]

Em 1909, iniciou-se a construção de um segundo jardim de infância público do estado, o "Jardim da rua Silva Jardim", junto ao grupo escolar Xavier da Silva, em Curitiba. O secretário de Obras Claudino Rogoberto dos Santos comunicava que

> foram abertas as propostas apresentadas para a construção de um Jardim da Infância, a rua Silva Jardim, contíguo ao grupo escolar Dr. Xavier da Silva. Apresentaram-se três concorrentes, sendo lavrado contrato com os Srs. Germano Strobel & Filho, por ser a proposta mais vantajosa. O contrato foi assinado em 25 do mesmo mês, devendo estar concluído no prazo de três meses e pela importância de rs.9:700$000.[16]

Com decreto de 1910, o presidente do estado nomeou a equipe para assumir o recém-instalado jardim de infância.

> A normalista d. Joanna Falce, d. Iracema Doria e d. Rosalina Vieira de Castro para exercerem os cargos de diretora da escola Jardim da Infância, recentemente construída à rua Silva Jardim, de professora de piano e de guardiã, na ordem em que se acham os seus nomes colocados.[17]

Em 1910, o novo espaço de escola infantil estaria prestes a funcionar, tendo ocorrido a sua inauguração em 1911. Mais tarde, este segundo jardim, situado à rua Silva Jardim, em Curitiba, se transformaria em "Jardim da Infância Emília Ericksen".

> O edifício mandado construir o ano passado à rua Silva Jardim, desta Capital, e destinado à outra escola "Jardim da Infância", acaba de ser concluído e deve ser inaugurado no próximo mês de Janeiro, tendo já sido nomeado o respectivo corpo docente e administrativo. Em relação ao antigo, situado à rua Aquidaban, tenho a registrar, com profundo pesar, o falecimento da sua digna e esforçada diretora d. Maria Francisca Corrêa de Miranda, a quem aquele instituto deve inegavelmente relevantes e inolvidáveis serviços.[18]

Por que teria o segundo jardim de infância sido renomeado de "Emília Ericksen"? Um tributo a quem? Esse jardim recebeu tal denominação em homenagem a Emília Ericksen,[19] a professora normalista que residia na cidade paranaense de Castro quando, em 1862, teria sido criado o primeiro espaço de jardim de infância particular do Brasil.

> Em 1862, quando a cadeira de 2ª ordem foi extinta, por medida de economia do governo da Província, Emília Ericksen assumiu o cargo de professora de primeiras letras, muito mal pago. Continuou com sua escola, que funcionava como um internato e instalou o Jardim de Infância, destinado a crianças em idade pré-escolar dos 4 a 6 anos.[20]

Nesse início de século XX, apesar de funcionarem na capital do estado dois jardins de infância, no plano legal não havia previsão para esses estabelecimentos de educação, a não ser a indicação da possibilidade de criação de uma "escola maternal modelo" destinada às crianças de 4 a 7 anos que não foram instituídam nos termos previstos. Os jardins surgiram em texto legal de 1907 como um nível de ensino próprio. De modo diferente esta escola infantil foi contemplada em legislação de 1909, em que colocavam-se os jardins de infância como pertencentes ao ensino primário, como sua primeira, seguido do curso elementar e complementar.

De um modo ou de outro, separado ou fazendo parte do ensino primário, observa-se, nesse período dos anos 10 do século passado, que se avaliava que um dos papéis exercidos pelos jardins públicos do estado seria corrigir "certos defeitos peculiares à idade infantil" e que os exercícios ginásticos poderiam proporcionar a correção desses defeitos. É visível a tensão na concepção negativa e positiva da infância, apresentando um corpo infantil com defeitos e ao mesmo tempo um corpo infantil que pode ser "curado", "corrigido". No jardim de infância, afirmava o delegado fiscal escolar,

> procura-se corrigir certos defeitos peculiares à idade infantil, como a zagueira, o latibilatismo e outros, assim como proporciona-se por meio de exercícios de ginástica racional a educação física, indispensável ao desenvolvimento dos órgãos e aparelhos em incipiente formação.[21]

As reflexões de Egle Becchi auxiliam nas análises desse binômio negativo e positivo em torno da infância. A pesquisadora, ao examinar "l'Ottocento" na obra organizada por ela e Dominique Julia,[22] esclarece que as definições e redefinições no curso do século XVIII na Europa ampliaram os espaços das crianças, com adequações em sua jornada, em casa ou na escola. Esses são lugares onde as crianças podem encontrar-se para jogar e assistir a espetáculos, experiências que convivem também com cenas pouco mutantes dos séculos de infância dos pobres, como espaços aglomerados para as crianças junto aos adultos, sem mobiliário próprio para elas, sem vestimentas e brinquedos, sendo que muitas vezes são destinadas a viver perambulando pelas estradas. Becchi, ao analisar a materialidade e os bens culturais para a infância nesse período europeu, afirma ser o "corpo infantil o grande centro, positivo e negativo, das mudanças da infância no oitocentos".[23] Era um corpo curado e descuidado, mas também e, sobretudo, um "corpo endireitado", um corpo apreciado, mas também disciplinado até a sua humilhação, um corpo exercitado e feito a crescer com cuidado e suportes.[24] A justificativa para tais práticas com as crianças, lembra Becchi, se inscreviam em uma "pedagogia tipicamente oitocentesca que era prevalentemente ortopédica", cujo corpo infantil era mostrado e feito a ver, regulado e exibido, um corpo infantil crescido e desenvolvido graças aos múltiplos exames antropométricos.[25]

Mesmo se tratando de realidades distintas entre a Europa do oitocentos e o Brasil, em especial o Paraná do novecentos, o que se pretende demarcar são os fios argumentativos em torno da representação da infância, valores e símbolos de sua materialidade. Com as palavras de Becchi ao chamar a atenção para as significações negativas e positivas da infância, das marcas de uma pedagogia ortopédica, podem-se depreender os vestígios dessas representações descritas pelo delegado escolar sobre a finalidade do jardim de infância paranaense de corrigir os defeitos peculiares dessa idade infantil com os exercícios de ginástica racional. Essa negatividade ao falar da infância pode ser explicada também pela própria origem etimológica da palavra. "Infância", "infante" derivam de *infans*, "que não pode falar", "quem ainda não é capaz de emitir palavras". Para Becchi, porém, não se trata de uma metonímia pura e simples, porque é expressa em negativo; ela afirma ser uma "metonímia com valor de lítotes".[26]

A relação entre infância e ortopedia também é contemplada na análise de Marta de Carvalho, que, ao sugerir que a "proliferação dos discursos que, no Brasil, nas primeiras quatro décadas do século XX, buscaram legitimar-se enquanto saber pedagógico de tipo *novo, moderno, experimental e científico*". Essa autora propõe investigar duas modalidades de constituição da infância como objeto de intervenção disciplinar e para isso dispõe-se a trabalhar "com duas metáforas da disciplina — disciplina como ortopedia e disciplina como eficiência".[27]

A perspectiva posta em circulação no Paraná no início do novecentos era que, nos jardins de infância, o ensino não representava quase nada, a educação era avaliada como tudo. E em que consistia tal educação? Segundo matéria do *Diário da Tarde* sobre os jardins de infância, consistia no momento em que a criança era "entregue" aos cuidados da professora, justamente na "idade em que sua índole" não era "viciada" por uma "falsa educação" e que por meio dos "métodos efetivos" fazia-se "milagres" e conservava-se "fora de um ambiente perturbador o seu tempo de atividade mental". O propósito dessa educação era o preparo de uma

> infância melhor, moralmente sadia, com o lastro de bondade, delicadeza e disciplina necessárias para tornar fácil no dia seguinte o trabalho da instrução e o cunho definitivo de caráter que o mestre da escola primária poderá lhe imprimir, sem receio de que este seja desfeito por influência.[28]

De tantas observações que podem aqui ser feitas, destaco a presença de uma concepção oriunda da tradição filosófica e literária romântica europeia, que tem Rousseau como legítimo representante, que funda uma filosofia da natureza humana e da convivência civil sobre uma nova ideia de infância personalizada no Emílio. Figura esta que é acolhida e atualizada no início do oitocentos na Europa, não só no plano operativo, mas também como dispositivo conceitual para enfrentar as temáticas da natureza e da cultura, do homem individualmente e em sociedade.[29] Os trechos anteriores – sobre as finalidades dos estabelecimentos para as crianças a fim de propiciar uma melhoria na infância e mantê-la sadia, curada, protegida e as representações das peculiaridades desta idade infantil, como momento em que a índole não estaria viciada, distante dos males e perturbações sociais – demarcam em parte esse universo conceitual de uma infância que fora bem representado pela utopia social européia do século XVIII, em que, segundo Becchi[30], a infância foi pensada como aquela figura fundamentalmente de um universo sobre-humano e transcendente, da qual era um sinal crianças em estado puro, selvagens reais, sujeitos não tocados pelas intervenções humanas socializantes ou imbecis. O modelo de um mundo unitário inalcançável para o homem, no qual à primeira idade se retorna de fato, pesquisando os traços de uma época originária, fabulosa e perdida do próprio existir. Egle Becchi recorre aos textos de Jean Paul Herder e J. P. Richter e aponta que o mundo infantil deveria ser mantido ativo e jubiloso e ser seguido no jogo, na dança, na música, que fazem retornar ao mundo dos mortais. E assim "a infância segue preservada dos males, graças a uma idônea pedagogia", que nesse período era exercitada, sobretudo, no ambiente da casa.[31]

Entendo que as descrições colhidas da matéria jornalística sobre os jardins de infância e as crianças em tenra idade comungam, em parte, desse ideário infantil de uma índole ainda não viciada e poluída pelos males sociais. Mas observa-se também o propósito do ideário republicano civilizador de transformar os pequenos em sujeitos educáveis, por meio de métodos apropriados a esta infância, mediados pela educação dos sentidos e pela condução das "mãos" particulares de uma mestra, para a qual era considerado indispensável obter "um pendor natural, uma delicadeza materna, sem falarmos na compreensão exata da missão do jardim da infância".

A criação de mais um jardim de infância no Paraná não eximiu o governo do estado de críticas da imprensa quanto ao número tão reduzido de estabelecimentos dessa natureza. "Os Jardins da Infância que por ali existem, em número tão limitado, constituem antes matéria de curiosidade, do que processos generalizados, influindo sobre a instituição da extrema puerícia."[32]

Na passagem dos anos 1910 para os anos 1920, o número de jardins de infância no Paraná, segundo dados de relatórios de governo, passou de três para quatro. Até 1918, tinham-se os dois jardins da capital, o "Maria de Miranda" e o "Emilia Ericksen", e o da cidade de Ponta Grossa.[33] Em 1920, funcionavam os jardins já mencionados, acrescidos do jardim "Professor Décio", instalado em Paranaguá.[34]

Com o funcionamento de quatro jardins no Paraná, reclamava-se a construção e ampliação desses estabelecimentos pela cidade e a difusão dessas escolas infantis diante da grande demanda existente de crianças em tenra idade. "O ideal seria o funcionamento de um anexo a cada grupo. Ao menos, porém, conviria, em Curitiba, o estado criar mais dois".[35] Era deveras significativa tal solicitação de Raul Gomes publicada no diário paranaense, visto que revelava o anseio coletivo de organização de estabelecimentos educacionais para as crianças pequenas no Paraná, acalantado junto aos grupos escolares.

Para se ter um breve panorama dos estabelecimentos de ensino infantil em funcionamento no Paraná em fins dos anos 20 do novecentos, apresento os seguintes dados. Ao lado dos jardins de infância mantidos pelo estado, existiam mais cinco jardins em colégios particulares: da Divina Providência, da Sagrada Família, da rua Inácio Lustosa e de Santa Felicidade, na cidade de Curitiba, e, em Ponta Grossa, o jardim do Colégio Batista (ver quadro 1 a seguir).

Quadro 1 – Jardins de infância públicos e particulares – Estado do Paraná – 1926

Jardins de infância públicos			
Na capital	Alunos	No interior	Alunos
Jardim Emilia Erichsen	134	Jardim de Ponta Grossa	61
Jardim Maria de Miranda	152	Jardim de Paranaguá	89
Jardim Asylo São Luiz	55		
Subtotal de alunos: 491			
Jardins de infância particulares			
Na capital	Alunos	No interior	Alunos
4 Jardins	235	1 Jardim	30
Subtotal de alunos: 265			
Total de alunos: 756			

Fonte: Mensagem do presidente do estado do Paraná, Caetano Munhoz da Rocha, ao Congresso Legislativo do Paraná, Curitiba, 1° de fevereiro de 1927, pp. 195-6.

Constata-se que havia certa diversidade no atendimento às crianças pequenas no Paraná neste período derradeiro da década de 1920, tanto do ponto de vista da natureza da instituição de atendimento às crianças, como da diferenciação no público a compor estes ambientes educativos. Reveladores desta diversidade e distinção educativa são os dados apresentados em 1929 pela mensagem do presidente Affonso Alves de Camargo ao Legislativo estadual, na qual se afirmava terem sido criados mais dois jardins de infância públicos, um na cidade de Jacarezinho e outro em União da Vitória, junto aos já em funcionamento na capital (como por exemplo: "Emilia Ericksen", "D. Pedro I", "Curso Infantil anexo à Escola Normal Secundária"[36]) e no interior, como em Paranaguá, Ponta Grossa, Guarapuava e Foz do Iguaçu. Esses jardins de infância funcionavam paralelamente aos asilos infantis e às escolas maternais, como, por exemplo, o "Asylo S. Luiz", a "Escola Maternal da Sociedade de Socorro aos Necessitados",[37]o "Abrigo de Menores".[38]

Importante demarcar que essas breves indicações da história da educação infantil paranaense, expostas até aqui, contrastam com conclusões de outros trabalhos, como, por exemplo, o de Ângela Lara,[39] no qual estabelece que o objetivo reside em "discutir os aspectos que deram origem à educação infantil no estado do Paraná, bem como a relação do contexto econômico-político-social brasileiro no período de 1904 a 1940 e suas implicações"[40]. A autora afirma que "somente em 1909 é que foi inaugurado o jardim de infância Campos Salles, o segundo no país, pois o Paraná desde 1904 já possuía o seu primeiro".[41] Avalio necessário esclarecer: o primeiro jardim de infância público do Brasil, instituição bastante conhecida e divulgada na área de história da educação, refere-se ao jardim anexo à Escola Normal Caetano de Campos, na cidade de São Paulo, instalado em 1896.[42] Na virada do século XIX e início do século XX, são organizados alguns jardins de infância pelos estados brasileiros e o Paraná, em meio a tal contexto, constituiu o seu primeiro jardim em 1906, conforme já se apresentou anteriormente neste capítulo.

Ângela Lara talvez pelo seu distanciamento dos estudos de história da educação e da infância apresenta uma confusão conceitual quando afirma que "com base no Decreto de n. 93, de 11 de março de 1901, que regulamentou a instrução pública do estado, governado por Francisco Xavier da Silva, podia-se descrever como se apresentava a situação do ensino nos jardins de infância"[43] e para isso faz referência ao parágrafo único do regulamento do estado de 1901: "não serão admitidos a matrícula: 3. As crianças menores de cinco anos de idade, exceção feita quanto a Escola Maternal Modelo".[44] Tanto do ponto de vista legal como de fontes históricas, não existia, em 1901, nenhum jardim de infância público no estado. Especificamente quanto à legislação, o regulamento de 1901, referido pela autora, estabelece o seguinte: a instrução pública no estado era constituída de ensino primário; ensino normal (realizado na escola normal da capital); ensino secundário e previa-se a criação de uma escola maternal modelo,[45] destinada às crianças de 4 a 7 anos. Vale lembrar que a previsão de criação de uma escola maternal (que só fora edificada em Curitiba em 1928) não significa sinônimo de jardins de infância. O que se sabe até então é que são instituições distintas (pelo menos do ponto de vista de sua organização e finalidades declaradas), com trajetórias históricas distintas. A primeira vez que surge na legislação "ensino infantil" é em 1907, por meio do Decreto n. 479, de 10 de dezembro desse ano, e nele se inscreve que o ensino infantil seria ministrado no jardim de infância da capital (de 1906) e em outros congêneres que fossem criados.

Considerações finais

Os objetivos para o jardim de infância previstos na legislação dos anos 10 do século XX orientavam para a finalidade de preparar as crianças por meio do "desenvolvimento dos sentidos", para "iniciar com vantagem o estudo primário, aproveitar as aptidões", modificar a "índole", formar o "caráter" e despertar e auxiliar "o desenvolvimento das faculdades físicas, morais e intelectuais".[46] Já o Regulamento Orgânico do Ensino Público do Estado do Paraná previa, em 1909, que os objetivos para o jardim de infância seriam os de "secundar a preparação da primeira infância, dirigida essencialmente pela família de cada aluno. De acordo com sua natureza e destino, será de ordem fundamental moral e estética, apenas comportando, além disso, os rudimentos do ensino concreto limitado às lições de coisas".[47]

Vera Valdemarin[48] assinala que no final do XIX, na Europa, a chave para desencadear a pretendida renovação do ensino era a "adoção de um novo método: concreto, racional e ativo, denominado *ensino pelo aspecto, lições de coisas ou ensino intuitivo*, que é assim definido por um de seus elaboradores". Acresce que "este nome de método intuitivo corresponde ao método experimental em uso quando se pretende os graus mais elevados do ensino. A experimentação é um procedimento aperfeiçoado de observação".[49] Era patente a prescrição da adoção do método intuitivo para os jardins de infância e o programa para a escola infantil voltava-se para "lições de cousas", "canto", "recitação", "desenho", entre outros conteúdos, fruto da repercussão internacional que perpassou também pelo Brasil sobre a importância da adoção do método intuitivo e dos efeitos que tal medida traria à renovação da instrução pública.

Patrascoiu[50] registra que já no século XVII o ensino intuitivo teve o seu primeiro partidário, Juan Amos Comenio (1592-1671), que defendia o ensino às crianças segundo "las cosas por las mismas, no por su sombra"[51]. O movimento iniciado por Comenius em favor do ensino intuitivo encontrou entusiastas na Alemanha. No princípio do século XIX, a intuição despertou entusiasmo geral no mundo escolar, segundo informa Patrascoiu,[52] especialmente devido à propaganda audaz e assídua de H. Pestalozzi (1746-1827). Esse autor publicou em 1813 o *Livro de las madres*, que aconselhava às mães o modo como ensinar seus filhos a "observar e falar". Poder-se-ia também incluir Herbart, com o seu "ABC" da intuição, o qual teria fundado, segundo o compêndio em questão, o conceito de "novo ensino". Ao que tudo indica, o problema não estaria de todo resolvido para a escola primária com a instituição desses conceitos, pois ainda se perguntava qual seria o ponto inicial para os exercícios intuitivos e qual seria o seu término. Em outras palavras, perguntava-se qual seria a marcha gradual deste novo ensino. Demarca-se aqui, por ora, que Pestalozzi estipulou como ponto de partida para este ensino intuitivo o próprio corpo humano. No curso histórico, o ensino intuitivo recebeu uma infinidade de nomes distintos: ensino objetivo, sensível, pelos sentidos, pelo aspecto, lições de coisas, etc.[53] Segundo o manual pedagógico, *Curso completo de metodologia*, do mesmo autor, o ensino intuitivo teria um triplo valor: "educativo, instructivo y didáctico".[54]

No plano político e simbólico, os discursos (oficiais e da imprensa) em torno da constituição de jardins de infância no estado expressam parte do repertório que circulava a época – esses estabelecimentos, junto aos grupos escolares no ensino primário, compunham a pauta republicana que designava à instrução o posto de reparadora dos males sociais causados pelo analfabetismo e a função de instrumento de formação moral e cívica. Mas junto a isso, destaco também que se inicia uma preocupação com os tempos do aprender das crianças, com os métodos e materiais destinados a elas, a instauração de um lugar de educação da infância.

Notas

1 Egle Becchi, L'Ottocento, em Egle Becchi Dominique Julia (org.), *Storia dell'infanzia*, Roma-Bari, Laterza, 1996, pp. 132-206, v. 2: Dal Settencento a oggi.

2 Idem, p.353 (tradução minha).

3 Idem.

4 Angela M. da Costa e Lilia M. Schwarcz (orgs), *1890-1914*: no tempo das certezas, São Paulo, Companhia das Letras, 2000.

5 Idem, pp.10-1.

6 Moysés Kuhlmann Jr., "O jardim de infância e a educação das crianças pobres: final do século XIX, início do século XX", em C. Monarcha (org.), *Educação da infância brasileira, 1875-1983*, Campinas, Autores Associados, 2001, pp 3-30.

7 Idem, p.13.

8 Hugo Cunningham, *Storia dell'infanzia*, Bologna, Mulino, 1997, p. 7.

9 Relatório do secretário do Interior, Justiça e Instrução Pública, Bento José Lamenha Lins, ao presidente do estado do Paraná, Vicente Machado da Silva Lima, 1905, p. 12.

10 Relatório do diretor geral da Instrução Pública, Arthur Pedreira de Cerqueira, ao secretário do Interior, Justiça e Instrução Pública do Paraná, Bento José Lamenha Lins, 1906, p. 5.

11 Relatório do inspetor escolar da capital ao diretor geral da Instrução Pública, Arthur Pedreira de Cerqueira, AP Livro 54, 1906, p. 23; grifos meus.

12 Egle Becchi, op. cit.

13 Marcos Cezar de Freitas, *Alunos rústicos, arcaicos & primitivos*: o pensamento social no campo da educação, São Paulo, Cortez, 2005.

14 Idem, p. 9.

15 Relatório do diretor geral da Instrução Pública, Arthur Pedreira de Cerqueira, ao secretário do Interior, Justiça e Instrução Pública do Paraná, Luiz Antonio Xavier, 1908, p. 6.

16 Relatório do secretário de Obras Públicas e Colonização, Claudino Rogoberto Ferreira dos Santos, ao presidente do estado do Paraná, Francisco Xavier da Silva, sobre o ano de 1909, publicado em 1910, pp. 59-60.

17 Decreto n. 600, de 28 de dezembro de 1910.

18 Relatório do diretor geral da Instrução Pública, Arthur Pedreira de Cerqueira, ao secretário do Interior, Justiça e Instrução Pública do Paraná, Luiz Antonio Xavier, 1910, p. 62.

19 Emília Ericksen nasceu em Pernambuco, em 1817. Mudou-se com a família para Santos, em 1827, e lá se casou com um marinheiro dinamarquês. Depois de viver por anos na Europa, voltou ao Brasil e instalou-se em Castro, no Paraná, em 1856. Aos 41 anos, em 1858, tornou-se professora primária do estado do Paraná (cf. Dorfmund, L., "Emilia Ericksen: pioneira do ensino pré-primário no Paraná", manuscrito, 1966, Acervo do Grupo Escolar Xavier da Silva).

20 A. M. Lavalle, *"Nos tempos da Província"*: Emília Ericksen e o ensino em Castro. Castro: Arquivo Público Municipal de Castro, 1992, p. 30.

21 Relatório do delegado fiscal da 1ª Circunscrição Escolar, Laurentino de Azambuja, ao diretor geral da Instrução Pública do Paraná, Arthur Pedreira de Cerqueira, 1908, p. 65.

22 Egle Becchi, op. cit.

23 Idem, p. 153; minha tradução.

24 Idem.

25 Idem, pp. 153-4.

26 Cf. Becchi, *Retórica de infância*. Perspectiva, Florianópolis, Universidade Federal de Santa Catarina, ano 12, n. 22, pp.63-95, agosto-dez, 1994, p. 64.

27 Marta M. C. de Carvalho, "Quando a história da educação é a história da disciplina e da higienização das pessoas", em M. C. de. Freitas (org.), *História Social da Infância no Brasil*, São Paulo, Autores Associados/USF, 1997, p. 269-70.

28 "Jardins da Infância", em *Diário da Tarde*, 30 de agosto de 1910.

29 Cf. Becchi, op. cit., p. 132.

30 Becchi, op. cit.,

31 Idem, p. 138.

32 "Os jardins da infância", em *Diário da Tarde*, 14 de fevereiro de 1911.

33 Criou-se em Ponta Grossa, por meio do Decreto nº 11, de 4 de janeiro de 1918, uma escola intermediária e um jardim de infância.

34 Cf. Relatório do inspetor geral do Ensino, Cesar Pietro Martinez, ao secretário geral de Estado do Paraná, Marins Alves de Camargo, sobre o ano de 1920.

35 "Jardins da infância", *Diário da Tarde*, 22 de agosto de 1924.

36 O antigo "Jardim da Infância Maria de Miranda" passou a funcionar com a denominação de "Curso Infantil", anexo à Escola Normal Secundária (cf. Mensagem do presidente do estado, Affonso Alves de Camargo, ao Congresso Legislativo do Paraná, 1929, p. 130).

37 Esta escola da Capital foi criada pela Lei n.2.403 de 23 de março de 1926, a qual deveria ser instalada em 1927. Era composta por três seções: creche, jardim e curso doméstico. (Mensagem do presidente do estado, Affonso Alves de Camargo, ao Congresso Legislativo do Paraná, 1929, p. 130).

38 Cf. Mensagem do presidente do estado, Affonso Alves de Camargo, ao Congresso Legislativo do Paraná, 1929, pp. 129-30.

39 Ângela Lara, "Apontamentos históricos sobre a educação infantil no estado do Paraná, 1904-1940", em A. Schelbauer, J. Lombardi e M. Machado (orgs), *Educação em debate*: perspectivas, abordagens e historiografia, São Paulo, Autores Associados, 2006.

40 Idem, p. 211.

41 Idem.

42 Moysés Kuhlmann Jr., *Infância e Educação infantil*: uma abordagem histórica, Porto Alegre, mediação,1998; Moysés Kuhlmann Jr., "O jardim de infância e a educação das crianças pobres: final do século XIX, início do século XX", em C. Monarcha (org.), *Educação da infância brasileira, 1875-1983*, Campinas, Autores Associados, , 2001, pp. 3-30.

43 Ângela Lara, op. cit., p. 214.

44 Paraná, 1905, apud Lara, op. cit., p.214.

45 Para saber mais da presença desta instituição na França, ver Jean-Noël Luc, *La petite enfance à l'école, XIXe-XXe siècles, Textes officiels relatifs aux salles d'asile et aux écoles maternelles, présentés et públiés*, Paris, Economia-INRP, 1982, p.391

46 Decreto n. 479, 1907.

47 Decreto n. 510, 1909.

48 Vera Teresa Valdemarin, *Estudando as lições de coisas*, São Paulo, Fapesp/Autores Associados, 2004.

49 Idem, p.70; grifos do texto original.

50 J. Patrascoiu, *Curso completo de metodologia*, Buenos Aires, Librería de A. Garcia Santos, 1911.

51 Comenius, apud Patrascoiu, op. cit., p. 225.

52 Patrascoiu, op. cit.

53 Idem, p. 229.

54 Idem, p. 230.

Relatórios, ofícios e mensagens

Relatório do delegado fiscal da 1ª Circunscrição Escolar, Laurentino de Azambuja, ao diretor geral da Instrução Pública, Arthur Pedreira de Cerqueira, 1908.

Relatório do diretor geral da Instrução Pública, Arthur Pedreira de Cerqueira, ao secretário do Interior, Justiça e Instrução Pública, Bento José Lamenha Lins, 1906.

Relatório do diretor geral da Instrução Pública, Arthur Pedreira de Cerqueira, ao secretário do Interior, Justiça e Instrução Pública, Luiz Antonio Xavier, sobre o ano de 1908, publicado em 1909.

Relatório do diretor geral da Instrução Pública, Arthur Pedreira de Cerqueira, ao secretário do Interior, Justiça e Instrução Pública, Luiz Antonio Xavier, 1910.

Relatório do inspetor escolar da Capital, Sebastião Paraná, ao diretor geral da Instrução Pública, Arthur Pedreira de Cerqueira, 1906.

Relatório do inspetor geral do Ensino, Cezar Pietro Martinez, ao secretário geral de Estado do Paraná, Marins Alves de Camargo, sobre o ano de 1920, assinado em janeiro de 1921.

Relatório do secretário do Interior, Justiça e Instrução Pública, Bento José Lamenha Lins, ao presidente do estado do Paraná, Vicente Machado da Silva Lima, 1905.

Relatório do secretário de Obras Públicas e Colonização, Claudino Rogoberto Ferreira dos Santos, ao presidente do estado do Paraná, Francisco Xavier da Silva, sobre o ano de 1909, publicado em 1910.

Mensagem do presidente do estado do Paraná, Caetano Munhoz da Rocha, ao Congresso Legislativo do Paraná, Curitiba, 1º de fevereiro de 1927.

Mensagem do presidente do estado, Affonso Alves de Camargo, ao Congresso Legislativo do Paraná, Curitiba, 1929.

Decretos e Leis

Decreto n. 93, de 11 de março de 1901.

Decreto n. 479, de 10 de dezembro de 1907.

Decreto n. 510, de 15 de setembro de 1909.

Decreto n. 600, de 28 de dezembro de 1910.

Decreto n. 11, de 4 de janeiro de 1918.

Lei n. 2.403, de 23 de março de 1926.

Artigos de jornais

Jardins da Infância. *Diário da Tarde*, 30 de agosto de 1910.

Os jardins da infância, *Diário da Tarde*, 14 de fevereiro de 1911

Jardins da Infância. *Diário da Tarde*, 22 de agosto de 1924.

Bibliografia

BASTOS, M. H. C. Jardim de Crianças: o pioneirismo do Dr. Menezes Vieira (1875-1887). In: MONARCHA, C. (org.) *Educação da infância brasileira – 1875-1983*. Campinas: Autores Associados/Fapesp, pp. 31-80. (Coleção Educação Contemporânea.)

BECCHI, E. Infantologie del Novecento. In: VETECCHI, Benedetto (org.). *Il secolo della scuola*: l'educazione nel Novecento. Prima ristampa. Firenze: La Nuova Italia, 1997, pp. 21-40.

______. Retórica de infância. *Perspectiva*. Florianópolis: Universidade Federal de Santa Catarina, ano 12, n. 22, pp.63-95, agosto-dez, 1994.

______. L'Ottocento. In: BECCHI, Egle; JULIA, Dominique (orgs.). *Storia dell'infanzia*. Roma-Bari: Laterza, 1996, pp. 132-206, v. 2 – Dal Settencento a oggi.

CARVALHO, Marta M. C. de. Quando a história da educação é a história da disciplina e da higienização das pessoas. In: FREITAS, M. C. de. (org.). *História social da infância no Brasil*. São Paulo: Autores Associados/USF, 1997, pp. 269-87.

COSTA, Angela M. da; SCHWARCZ, Lilia M. (orgs). *1890-1914*: no tempo das certezas. São Paulo: Companhia das letras, 2000.

CUNNINGHAM, Hugo. *Storia dell'infanzia*. Bologna: Mulino, 1997.

FREITAS, Marcos Cezar de. *Alunos rústicos, arcaicos & primitivos*: o pensamento social no campo da educação. São Paulo: Cortez, 2005.

KISHIMOTO, T. M. A pré-escola na república. *Pro-Posições*. Campinas: Ed. Unicamp, 1990, v. 3, pp. 55-66.

KUHLMANN Jr., M. *Infância e educação infantil*: uma abordagem histórica. Porto Alegre: Mediação, 1998.

______. O jardim de infância e a educação das crianças pobres: final do século XIX, início do século XX. In: MONARCHA, C. (org.). *Educação da infância brasileira, 1875-1983*. Campinas: Autores Associados, 2001, pp. 3-30.

______. O jardim da infância Caetano de Campos. In: REIS, M. C. D. (org.). *Caetano de Campos*: fragmentos da história da instrução pública em São Paulo. São Paulo: Associação de Alunos do IECC, 1994, pp. 61-72.

LARA, Ângela m. de B. Apontamentos históricos sobre a educação infantil no estado do Paraná, 1904-1940. In: SCHELBAUER, A.; LOMBARDI, J.; MACHADO, M. (orgs.). *Educação em debate*: perspectivas, abordagens e historiografia. São Paulo: Autores Associados, 2006, pp.211-239.

LAVALLE, A. M. *Nos tempos da província*: Emília Ericksen e o ensino em Castro. Castro: Arquivo Público Municipal de Castro, 1992.

PATRASCOIU, J. *Curso completo de metodología*. Buenos Aires: Librería de A. Garcia Santos, 1911.

VALDEMARIN, Vera Teresa. *Estudando as lições de coisas*. São Paulo: Fapesp/Autores Associados, 2004.

Políticas de educação infantil no Brasil no século XX

Lívia Fraga Vieira

No contexto dos estudos sobre políticas para a infância no Brasil, o meu trabalho trata especificamente de políticas voltadas para a educação e o cuidado da criança pequena, antes da obrigatoriedade escolar, que chamamos de políticas de educação infantil, usando a nomenclatura atual. Elas se relacionam com a criação, implementação e, eventualmente, extinção de instituições tais como jardins de infância, creches, escolas maternais, classes pré-primárias ou pré-escolares, escolas infantis.

Não é demais lembrar que o setor educacional não foi o único a se ocupar dessas instituições ou da educação da pequena infância. Os domínios jurídico (proteção do trabalho feminino) e médico-sanitário (higiene e saúde), bem como da assistência social, pública ou privada, integrando projetos de controle social e conservação da infância, se interessaram também pela criação dessas instituições, com o objetivo geral de assistir, proteger e educar a infância e a maternidade. As creches, os jardins de infância ou escolas maternais (nomenclaturas mais frequentemente empregadas na legislação educacional brasileira) suscitaram iniciativas ligadas à "benevolência" patronal[1] ou às associações femininas de tipo beneficente. Mobilizaram aportes da pediatria e da puericultura, como também a ação de médicos e outros notáveis; e ainda, mais recentemente, a ação de movimentos populares e feministas de luta por creches. Foram (e são) objeto de obras sociais organizadas por autoridades religiosas.[2] Nasceram igualmente no campo da educação pública. Em Belo Horizonte, por exemplo, o primeiro jardim de infância é de 1908 e foi objeto de um decreto governamental, integrado à legislação do ensino.

As contribuições que trago para esse campo foram organizadas a partir da minha tese de doutorado, que tratou das políticas de escolarização da criança pequena ou primeira infância, especialmente nos governos republicanos do estado de Minas Gerais, do período de 1908 a 2000.

A fonte privilegiada foi a legislação de educação produzida no âmbito do governo estadual: leis, decretos, resoluções, ofícios; complementada por entrevistas, estatísticas e outros documentos oficiais.

Ao longo do século XX, e acentuando-se a partir de meados dos anos 1970, o papel do governo estadual, em Minas Gerais, por meio da Secretaria de Estado da Educação – SEE/MG, foi preponderante no processo de difusão da educação pré-escolar pública, destinada às crianças de 4 a 6 anos. O seu papel é manifesto tanto na criação direta dos jardins de infância e classes pré-escolares, como também por meio da produção das leis e decretos que expressam e divulgam diferentes aspectos normativos do atendimento, difundem uma conceituação, estabelecem parâmetros considerados adequados para as escolas infantis e regulam o acesso e a expansão. O sistema estadual era hegemônico em termos de função regulamentadora e em termos da oferta pública direta de jardins de infância e classes pré-primárias ou pré-escolares. Até 1993, a oferta de pré-escola estadual, a cargo da SEE/MG, ultrapassou a oferta municipal e particular. O crescimento das escolas e classes de educação pré-escolar do estado começa a se intensificar nos anos 1980 e início dos 1990, quando essas acolhiam mais de 60% das matrículas totais em Minas Gerais. Acompanhando as características nacionais, na década de 1990, o que se observou foi um crescente processo de municipalização da pré-escola, seja pela transferência das matrículas [e escolas] da rede estadual para os municípios, seja pela pressão da demanda e a crescente responsabilização da esfera local de governo no plano da legislação. Torna-se, então, preponderante a participação dos municípios na oferta deste nível de ensino, coexistindo com nova conceituação de educação infantil, como direito social da criança. Assistimos também à emergência do debate sobre a qualidade do atendimento em creches e pré-escolas. Coloca-se em pauta a questão da igualdade de oportunidades, onde se inclui a democratização do acesso e a existência de padrões básicos para a experiência educacional nos serviços. Concomitantemente, observamos o início de uma intensa produção acadêmica sobre o tema, impulsionada pela movimentação social e pela articulação de pesquisadores e professores nas universidades e instituições de pesquisa, onde relevamos a atuação do GT 7 da Anped, educação da criança de 0 a 6 anos, e do Grupo de Pesquisas sobre Creche da Fundação Carlos Chagas-SP.

Considero, assim, que pelas características do objeto – educação não obrigatória, antes da escola, que concerne mais frequentemente às esferas locais de governo e aproxima família, trabalho e criação de filhos pequenos; pela organização federativa descentralizada da educação brasileira, onde estados e depois municípios se ocupam da implementação dos serviços, se não trazemos à luz a atuação dos governos estaduais e municipais não conhecemos a história das políticas e a dinâmica da oferta da educação infantil no país.

Mas o que a fonte legislação pode indiciar sobre as políticas públicas que elegem como objeto específico a educação da criança menor de 7 anos?

Nós entendemos que a legislação pode evidenciar os modos de responsabilização das esferas públicas com a oferta de serviços no setor. Uma regulação da oferta pública e privada pode igualmente ser estudada na legislação.

Essa legislação empregou termos e denominações, estabeleceu critérios e condições para o acesso aos estabelecimentos, definiu preferências e prioridades. E expressou certamente alguns conceitos e concepções sobre os objetivos dos serviços, sobre as crianças, sobre as responsabilidades públicas e privadas. Ela nos permitiu algumas conclusões sobre o lugar da educação infantil nos sistemas de ensino ao longo do século XX.

A legislação é entendida como um dos elementos das políticas públicas. Nós compreendemos a legislação como um dos elementos da regulação social da oferta pública, num sentido amplo, da educação infantil. Lascoumes[3] considera que é raro, quase excepcional, que uma nova orientação ou mudança na ação pública não seja acompanhada de uma produção normativa específica. Esse autor desenvolve a ideia de direito visto "menos como constrangimento que como recurso para a ação".[4] O sistema jurídico é concebido como um "sistema formalizado de organização e gestão de interesses protegidos[5] com os quais os atores sociais (públicos ou privados, individuais ou coletivos) estabelecem relações ativas". Ele se interroga sobre o lugar do direito nos sistemas de ação ligados às políticas públicas e considera "a definição e a implementação de políticas públicas como um processo de criação normativa contínua e freqüentemente circular [...]".[6]

As políticas públicas são interpretadas como *sistemas de ação*, em que estão presentes vários atores sociais, não apenas o Estado, que se articulam sobre um problema público, numa sociedade e num momento dado, e mobilizam "estoques de conhecimentos" sobre os problemas, como também elementos próprios de sistemas de crenças e moral. Constitui uma noção dinâmica, que pressupõe pesquisas empíricas sobre o Estado em ação, nos permitindo nos afastar de uma abordagem estritamente decisional da política e de considerar um programa de ação governamental como uma das respostas possíveis do poder público.[7]

Nós consideramos a política educacional para a pequena infância um sistema de ação em que intervêm vários elementos, podendo constituir e integrar um sistema de cuidado e educação das crianças não submetidas à obrigatoriedade escolar numa sociedade dada. Nós aceitamos, com Cochran, que "cada sistema de cuidado e desenvolvimento da criança é único, responde a uma combinação distintiva de necessidades nacionais, mediadas por uma constelação particular de crenças culturais, de ideologias política e econômica, de recursos e condições sociais".[8]

Em grandes linhas e ao longo do século XX, num conjunto abrangente de países, a educação da criança pequena passa do domínio privado para o público, em graus diferenciados, compatíveis com a atenção mais ou menos acordada ao papel das famílias e das instituições de cuidado e educação. Segundo Plaisance, "a socialização da criança pequena assume formas novas, principalmente com o uso socialmente generalizado de instituições coletivas de guarda e educação exteriores à família".[9] No Brasil esse fenômeno é particularmente visível no fim dos anos 1970, atingindo sobretudo crianças maiores de 3 anos de idade, nos centros urbanos. Naquele momento, a criação das creches comunitárias nas periferias de cidades maiores, ao lado da expansão da oferta pública, notadamente dos municípios, visava às crianças das classes populares. Instituições privadas para famílias das elites, das camadas intelectualizadas, foram também disseminadas nas grandes cidades. Transita-se de uma concepção de educação infantil centrada na família, quando as instituições pré-primárias foram concebidas como "mal necessário",[10] para uma concepção positiva, segundo uma "partilha de responsabilidades", em que vemos surgir o papel do Estado e das políticas públicas. Isso se deve à ação dos movimentos sociais, no processo de redemocratização da sociedade brasileira, às mudanças sociais e demográficas, transformando a organização das famílias, à emergência de políticas de educação compensatórias, exprimindo intenções governamentais de mudar o meio da infância por uma educação dita comunitária, atingindo a família. O aumento da oferta coletiva, num contexto demográfico propício, relaciona-se com a evolução dos saberes sobre a criança, sobre as instituições e sobre os sujeitos que se ocupam diretamente do cuidado e educação da pequena infância, em que são observadas mudanças conceituais a partir dos anos 1950.[11]

Estudos numa perspectiva histórica vêm mostrando que a educação infantil extrafamiliar, além dos determinantes sociodemográficos e econômicos, são dependentes da "*invenção da criança pequena*" enquanto uma faixa de idade suscetível de aprendizagens, sensível a uma educação em contextos coletivos fora da família. [12]

Uma abordagem sociológica mostra que, no mundo ocidental, os usos sociais das instituições educativas para a primeira infância, o crescimento da frequentação, são diferenciados segundo as classes e os segmentos sociais. Esclarece também que as políticas públicas concernentes produzem (e são também sustentadas por) interpretações sociológicas das necessidades e condições dos grupos sociais atingidos. Essas interpretações são diferenciadas se se aplicam às crianças dos países do Norte, desenvolvidos, ou do Sul, os países subdesenvolvidos.[13]

Uma dimensão cultural da educação infantil emerge de importantes trabalhos comparatistas, das múltiplas práticas de maternagem, desenvolvidos nos últimos 20 anos. Essa constatação é feita por Rayna e Brougère[14], que consideram que a dimensão política da organização da educação infantil não é independente das culturas nacionais e de sua constituição histórica. Isso reenvia à questão do lugar da criança pequena na sociedade e na cultura.

Em última instância, uma política pública é determinada pelas crenças e valores sobre a infância, a família e a educação e criação de filhos pequenos.

Questões de partida e conclusão do estudo

As questões seguintes foram nosso ponto de partida para analisar a legislação educacional: como a educação das crianças pequenas é concebida na legislação do sistema educativo de Minas Gerais? Quais são os aspectos abordados? Quais objetivos? Qual imagem da criança é transmitida pela legislação? Como as questões das responsabilidades públicas e parentais foram formuladas em relação à educação e ao cuidado da criança pequena? Qual processo institucional de escolarização pode a legislação mostrar?

Nessa legislação nós buscamos evidenciar as denominações dos estabelecimentos (graus, níveis e modalidades de ensino), os critérios de acesso e de inscrição dos alunos e famílias, as normas para a organização dos espaços físicos, mobiliário e materiais, o pessoal (formação e funções principais), os objetivos e o programa pedagógico, bem como, se era o caso, os programas para a expansão das inscrições e das classes pré-escolares.

Nós dividimos essa legislação em três grandes períodos que acompanham de perto a legislação da educação nacional:

1) 1908 a 1971, dividido em três tempos: 1908 a 1930; 1930 a 1961; 1962 a 1971. Nos textos legais que definem as normas e os critérios para os diferentes aspectos do funcionamento e do público-alvo dos serviços, nós observamos que as concepções inauguradas com a criação da primeira escola infantil (1908) e com a reforma do ensino realizada pelo governador Júlio Bueno Brandão (1911) não foram significativamente modificadas até 1971.

    a. 1908-1930: período fundador ou "invenção das escolas infantis e do corpo normativo concernente". Nesse período, a lei explicita os padrões de funcionamento das escolas infantis, que são bastante detalhados, servindo para orientar o serviço de inspeção e as tarefas da direção dos estabelecimentos. Pretendia-se normatizar o funcionamento no interior das instituições infantis.

    b. 1930-1961 : "consolidação do corpo normativo, sem invenções". É possível observar o aparecimento de constrangimentos para a manutenção do mesmo modelo fundador das escolas infantis. Esse parece ter sido logo abandonado nas práticas, sobrevivendo apenas na lei. Em 1950, no Regulamento do Ensino, que consolida decretos e regulamentos existentes até então apenas se lê: "O Estado manterá o ensino pré-primário."

    c. 1962-1971: sob a primeira LDBEN, de 1961, observa-se uma relativa expansão dos jardins de infância, criados por decreto governamental e o surgimento das classes pré-primárias anexas às escolas primárias,[15] interpretadas como uma nova maneira de implementar a educação pré-escolar reconhecida pela lei.

2) 1973 a 1988, podendo ser dividido em dois tempos: 1973 a 1978; 1978 a 1988;

    a. 1973-1978 – durante esses anos, as resoluções que dispunham sobre a organização do ensino buscam regular a oferta, definindo os objetivos de forma bastante abreviada. Entretanto, os critérios para as inscrições e as normas para a instalação das classes pré-escolares são bastante detalhadas. Elas se tornam objeto de uma regulação cada vez mais aprofundada, mas não se fala mais do funcionamento interno das escolas ou classes, salvo quando integram as normas de autorização de funcionamento dos serviços emanadas pelo órgão executivo, a Secretaria de Estado da Educação.

b. 1978-1988 (resolução-transição 1984 – Tancredo Neves/ Octávio Elísio) – as mesmas características são observadas, coexistindo com a presença de instruções divulgando orientações pedagógicas, que buscam "regulamentar" as práticas educativas, o "método" empregado pelas professoras do ensino pré-escolar. Buscando organizar o "tempo escolar" estabeleceram-se parâmetros para as práticas educativas na pré-escola. Existem também novidades: novos programas de expansão aparecem, ancorados pelo "engajamento comunitário". Parece existir uma preocupação e uma intenção pelo aumento do atendimento melhorando as chances de acesso à pré-escola, por meio da parceria com as comunidades (o trabalho voluntário das mães dos alunos) e as municipalidades. Programas emergenciais, nomeados de "iniciação escolar", foram regulamentados.

3) 1988-2000 – organização dos sistemas educativos segundo os papéis e atribuições definidos pela Constituição Federal de 1988 em relação às unidades federativas: a União, os estados e os municípios. A LDBEN de 1996 especifica as atribuições dos sistemas de ensino, definindo responsabilidade do município em relação à educação infantil, no contexto de um regime de colaboração intergorvernamental. E inaugura uma nova forma de regulação dos sistemas de ensino e das escolas (ensino fundamental, médio e superior) por meio de um sistema nacional de avaliação coordenado pelo Ministério da Educação, que institui também como política federal, os Parâmetros Nacionais Curriculares para a educação básica e para a formação dos professores. O processo de municipalização do ensino fundamental em Minas Gerais, sob controle da Secretaria de Estado da Educação, promove certa estagnação da oferta pública de educação pré-escolar no estado.

Em cada período, com suas etapas, nós indicamos as leis e decretos diretores, coincidindo em geral com as reformas educacionais realizadas pelos governos respectivos em nível nacional ou estadual.

O quadro 1 resume nos períodos referidos os temas tratados na legislação e as categorias/estabelecimentos de ensino encontrados.

Quadro 1 – Corpo jurídico da educação infantil do estado de Minas Gerais : temas e denominações – 1908 a 2000

Anos/ períodos	Corpo jurídico	Temas	Denominação dos estabelecimentos e categorias de ensino
1908-1930	Decretos (regulamentos e programas de ensino)	Funcionamento dos estabelecimentos Programa de ensino Objetivos Pessoal/ atribuições Definição de público-alvo	Escola infantil Jardim de infância Escola maternal
1930-1961	Decretos (Códigos de ensino)	Definição de categoria de ensino Objetivos	Ensino pré-primário Jardim de infância
1962-1971	Decretos e resoluções	Objetivos Definição de público-alvo Definição de normas para implantação Normas de autorização de funcionamento	Ensino pré-primário Jardim de infância Curso pré-primário Classes pré-primárias
1973-1988	Resoluções, instruções	Objetivos Orientações pedagógicas Definição de público-alvo Definição de normas para a expansão do atendimento Novos programas de expansão Normas de autorização de funcionamento	Educação pré-escolar
1988-2000	Resoluções, instruções, circulares, informações	Objetivos Orientações pedagógicas Pessoal/formação Programa de formação Definição de normas para não-expansão Regulação da oferta do estado e dos municípios (municipalização) Normas de autorização de funcionamento	Educação pré-escolar Educação infantil

Na legislação consultada, os termos mais frequentes para designar as "escolas infantis" foram:

- Jardim de infância, para as crianças de 4 a 6 anos;
- Escola maternal, para as crianças de 3 ou 4 a 6 anos;
- Classes pré-primárias, para os de 6 anos;
- Classes pré-escolares, para os de 6 anos;
- Pré-escola, para os de 4 a 6 anos.

Existiam também as categorias de ensino tais como: ensino pré-primário ou curso pré-primário, ensino pré-escolar ou educação pré-escolar. A creche, para as crianças de 0 a 3 anos, de acordo com a Constituição de 1988 e com a LDBEN de 1996, só é citada na legislação educacional produzida pelo órgão executivo da educação do estado de Minas Gerais, nos anos 1990/2000, como espaço onde se poderiam instalar classes de educação pré-escolar. No entanto, o Conselho Estadual de Educação se ocupou da educação da criança de 0 a 3 anos, quando regulamentou a oferta pública e privada de educação infantil no sistema estadual de ensino, em 2001.[16]

O termo "educação infantil" não aparece na legislação estadual do órgão executivo de educação mesmo nos períodos mais recentes.

A análise da legislação nos permitiu algumas conclusões sobre o lugar da educação da criança pequena no sistema educacional brasileiro:

A – A educação pública (fora da família) da criança é um campo em construção ao longo do século XX, ocupando sempre um lugar secundário em relação ao ensino primário ou fundamental. Nesse processo são observadas as seguintes tendências e características:

- Atenção exclusiva à pré-escola (jardins de infância) e às crianças de 4 a 6 anos. Uma não presença das crianças de 0 a 3 anos e da creche.
- A presença persistente de pré-condições para a implantação das classes pré-escolares revela que a oferta é sempre realizada "sob reservas". Assim, a educação da criança pequena é, em geral, realizada com o que "resta", e pode ser concretizada se existirem "espaços ociosos", professores excedentes, listas de espera ou demanda comprovada.
- Em muitas situações, constitui-se numa espécie de "quarto de despejo" dos problemas, excessos (de professores) e retenções (de alunos) no ensino primário, cumprindo uma função auxiliar no sistema de ensino.

- Nos anos 1990, ela se constitui como efeito de políticas educacionais definidas para outros níveis de ensino, sendo visível no processo de municipalização do ensino fundamental e na estrutura de financiamento da educação básica que privilegia o ensino fundamental.
- A persistente definição de critérios para as inscrições denota tanto uma demanda social, como a presença de interesses corporativos (configurando uma demanda corporativa).
- As competências federativas estão ausentes até o fim dos anos 1980, persistindo ainda indefinição de fontes de financiamento e não presença de intenções de compensar desigualdades sociais e regionais.
- Pouca atenção é dada à função de guarda, de cuidado ("care").
- O objetivo de preparar a criança para a escola primária, visando ao sucesso escolar, é preponderante. A história da progressiva responsabilização do Estado com a educação da criança pequena, evidenciada pelo exame da legislação, se ancora sobre as concepções sobre o papel das famílias, dos poderes públicos, da sociedade (primeiro as obras filantrópicas mais tarde a assistência comunitária), como também está referenciada nos saberes sobre a criança e a sua educação. As políticas de cuidado e educação da criança pequena relevam essas concepções e saberes, que se enraízam nas culturas e modos de socialização de uma sociedade num dado momento. Neyrand (2000) mostrou também que o interesse pela educação da primeira infância tem relação com a intenção de uma socialização invisível, eficaz, motivada pelo ideal de uma excelência escolar. Esse ideal esteve sempre presente nos textos legais relativos à educação da criança de 4 a 6 anos.
- Ficou visível a afirmação da especificidade de uma pedagogia da educação da primeira infância nos decretos regulamentando o ensino elementar dos anos 1920 a 1960. Nos primeiros decênios de existência das escolas infantis, a criança devia ser protegida das repetições inúteis, das rotinas escolares inflexíveis. Estimular as atividades espontâneas e livres das crianças, preparar a criança para receber com proveito a instrução primária, cultivando a linguagem e a expressão, favorecendo as lições objetivas e desenvolvendo as percepções sensoriais eram os objetivos das escolas infantis.

Nos anos 1960, o lugar emprestado à "preparação para a aprendizagem futura na escola primária" é aumentado, através das atividades físicas, mentais e socioemocionais. Outras finalidades são definidas permitindo o convívio, a formação de hábitos e atitudes para manter a saúde geral da criança e o desenvolvimento da expressão espontânea e criativa da criança.

Após 1988, a socialização torna-se uma finalidade maior da educação da criança pequena, ao lado da promoção de seu desenvolvimento físico, emocional e intelectual:

B – Apesar do lugar secundário da educação pré-escolar, ela mobiliza a atenção e ação de algumas autoridades educacionais e o seu desenvolvimento é observado nas estatísticas da educação. Essa persistência em existir pode ser explicada pela demanda. Demandas e interesses vindos do próprio sistema educativo e também fora dele. Pode-se reter: o interesse das diretoras das escolas primárias, o interesse das professoras em relação ao sucesso de seus alunos do primário, a demanda das professoras enquanto mães, mudanças sociodemográficas em relação à organização das famílias, do trabalho feminino e do lugar das crianças nas famílias.

C – Nós constatamos uma desvalorização do lugar da educação infantil nos sistemas de educação no Brasil. A desvalorização da educação infantil é fenômeno quase universal, resultando de sua relação com a esfera privada de produção da vida, negócio de mulheres, campo do gênero feminino, destinado a um público infantil dependente de cuidados, sem palavra. Trata-se de um subssetor de políticas sociais que sofreu progressos cruciais em relação aos direitos, mas onde predominam intensas ambiguidades, mascaradas por consensos aparentes. As recentes discussões e movimentações em torno da inserção das creches no Fundeb (Fundo de Manutenção e Desenvolvimento da Educação Básica) são reveladores das ambiguidades presentes na relação da educação da criança de 0 a 6 anos nos sistemas de ensino.

Notas

1 "Benemerência", que se pode chamar também de "assistência patronal", iniciativas que datam do final do século XIX e existia ainda nos anos 20 no último século no Brasil.

2 Esses elementos da fé cristã estão presentes nas iniciativas que se referem a grupos católicos, espíritas ou protestantes.

3 Pierre Lascoumes, "Normes juridiques et mise en oeuvre des politiques publiques", em *L'Année Sociologique*, v. 40, pp. 43-71, 1990.

4 Idem, p. 45.

[5] O autor entende por "interesse protegido" o bem jurídico construído pela formalização em direito de valores e interesses sociais, materiais ou simbólicos, específicos ou gerais.

[6] Pierre Lascoumes, op. cit., p. 45.

[7] Patrice Duran, "Le savant et le politique: une approche raisonnée de l'analyse des politiques publiques", em *L'Année Sociologique*, v. 40, pp. 227-59, Paris, juin 1990.

[8] Moncrieff Cochran, "Fitting early childcare services to societal needs and characteristics", em Mary Eming Young (ed.), *Early child development*: investing in our children's future, Amsterdam, Elsevier Science B. V., 1997. p. 159.

[9] Eric Plaisance, "L'école maternelle em France: normes éducatives et socialisation après la Seconde Guerre mondiale", em *Recherches et Prévisions*, n. 57/58, 1999, p. 31.

[10] Cf. Lívia M. F. Vieira, "Mal necessário: creches no Departamento Nacional da Criança (1940-1970)", em *Cadernos de Pesquisa*, São Paulo, n. 67, pp. 3-16, nov. 1988.

[11] G. Neyrand, *L'enfant, la mère et la question du père*: un bilan critique sur l'évolution des savoirs sur la petite enfance, Paris, Presses Universitaires de France, 2000.

[12] Jean-Noel Luc, *L'invention du jeune enfant au XIXe siècle*: de la salle d'asile à l'école maternelle, Paris, Belin, 1997.

[13] Cf. Helen Penn, *Unequal childhoods*: Young children's lives in poor countries, London/New York, Routledge, 2005 e Fúlvia Rosemberg, "Childhood and social inequality in Brazil", em Helen Penn, *Unequal childhoods*: Young children's lives in poor countries, London/New York, Routledge, 2005.

[14] S. Rayna e G. Brougère, *Culture, enfance et éducation préscolaire*, Paris, Unesco, 1999.

[15] Nós fazemos a hipótese de que essas classes surgem de forma "espontânea", criando a necessidade de serem regulamentadas. Parecem responder seja ao interesse das diretoras de atender às demandas das famílias, o que fortalece o seu espaço político ou de quem a indicou (um deputado, um vereador, uma pessoa influente), pois pode também produzir bons resultados para a escola. Uma criança pré-escolarizada torna-se frequentemente um aluno bem-sucedido, assim, a educação pré-escolar produz sucesso e favorece o trabalho da professora; seja a pressão dos pais ou das lutas da comunidade local.

[16] Resolução CEE/MG n. 443, de 29 maio de 2001.

Bibliografia

Bastos, Maria Helena C. Jardim de Crianças: o pioneirismo do Dr. Menezes Vieira (1875-1887). In: Monarcha, Carlos (org.) *Educação da infância brasileira*: 1875-1983. Campinas: Autores Associados, 2001, pp. 31-80.

Briand, J.-P.; Chapoulie, J.-M. *Les collèges du peuple*: l'enseignement primaire supérieur et le développement de la scolarisation prolongé sous la Troisième République. Paris: INRP/CNRS, 1992, pp. 503.

_______. L'institution scolaire et la scolarisation: une perspective d'ensemble. *Revue Française de Sociologie*, v. 34, n. 1, 1993, pp. 3-42.

_______. L'institution scolaire, les familles, les collectivités locales, la politique d'État: le développement de la scolarisation sous la IIIe république. *Histoire de l'éducation*, n. 66, pp. 15-46, mai. 1995.

Brougére, G.; Rayna, S. (éds.). *Culture, enfance et éducation préscolaire*. Paris: Unesco, 1999.

Cochran, Moncrieff. Fitting early childcare services to societal needs and characteristics. In: Young, Mary Eming (ed.). *Early child development*: investing in our children's future. Amsterdam: Elsevier Science B. V., 1997, pp. 159-85.

Duran, Patrice. Le savant et le politique: une approche raisonnée de l'analyse des politiques publiques. *L'Année Sociologique*, v. 40, pp. 227-59, Paris, juin. 1990.

Freitas, Marcos C. de. Educação brasileira: dilemas republicanos nas entrelinhas de seus manifestos. In: Stephanou, M.; Bastos, M. H. C. (orgs.). *Histórias e memórias da educação no Brasil*. Petrópolis: Vozes, 2005, v. III: século xx, pp. 165-81.

KISHIMOTO, Tizuko. M. *A pré-escola em São Paulo*: 1877-1940. São Paulo: Loyola, 1986.

KULHMANN Jr., Moysés. *Infância e educação infantil*: uma abordagem histórica. Porto Alegre: Mediação, 1998.

LASCOUMES, Pierre. Normes juridiques et mise en oeuvre des politiques publiques. *L'Année Sociologique*, v. 40, pp. 43-71, 1990.

LUC, Jean-Noel. *La petite enfance à l'école*: XIXe-XXe siècles (textes officiels présentés et annotés). Paris: Economica/INRP, 1982.

______. *L'invention du jeune enfant au XIXe siècle*: de la salle d'asile à l'école maternelle. Paris: Belin, 1997.

NEYRAND, G. *L'enfant, la mère et la question du père:* un bilan critique sur l'évolution des savoirs sur la petite enfance. Paris: Presses Universitaires de France, 2000. 394 p.

PENN, Helen. *Unequal childhoods*: Young children's lives in poor countries. London/New York: Routledge, 2005.

PLAISANCE, Eric. L'école maternelle em France: normes éducatives et socialisation après la Seconde Guerre mondiale. *Recherches et Prévisions*, n. 57/58, 1999.

RAYNA, Sylvie; DAJEZ, Frédéric (coord.). *Formation, petite enfance et partenariat.* Paris: L'Harmattan, 1997.

ROSEMBERG, Fúlvia. Childhood and social inequality in Brazil. In: PENN, Helen. *Unequal childhoods*: Young children's lives in poor countries. London/New York: Routledge, 2005.

VIEIRA, Lívia M. F. Mal necessário: creches no Departamento Nacional da Criança (1940-1970). *Cadernos de Pesquisa*, n. 67, São Paulo, pp. 3-16, nov. 1988.

______. *Pratique philantropique et crèches au Brésil dans les années 1980*. 1990. 110 p. Mémoire (Troisième cycle). Sciences de l'Education, Université René-Descartes, Paris V, Paris, 1990.

______. *Education de la petite enfance dans la législation éducationnelle brésilienne du XXème siècle*: une approche historique de l'état du Minas Gerais (1908-2000). Paris, 2006. Tese (Doutorado) – Sciences de l'Education, Université René-Descartes, Paris V.

SEGUNDA PARTE

Políticas e Práticas para a Infância

30 anos da educação infantil na Anped

Eloisa Candal Rocha

Este capítulo apresenta uma revisão da trajetória do GT07 – da educação da criança de 0 a 6 anos – no âmbito das reuniões anuais da Associação Nacional de Pesquisa e Pós-Graduação no Brasil (Anped) nos trinta anos de sua existência, como forma de recuperar também os caminhos da pesquisa sobre educação infantil no Brasil, que tem nesse espaço de associação científica uma significativa expressão da produção nacional.

Em estudos anteriores,[1] as principais marcas da origem e consolidação desse grupo já foram sistematizadas e apresentadas, permitindo sustentar aqui uma análise do percurso mais recente das pesquisas: suas temáticas, teorias e, em especial, nos limites deste texto, as metodologias privilegiadas, as áreas científicas de base e os cruzamentos disciplinares.

Tomou-se como base para essa síntese do repertório científico apresentado nas reuniões anuais um levantamento do conjunto dos trabalhos apresentados (organizados num banco de dados) por ano, autoria, título, palavras-chave e resumos a partir de 1990, ano em que os textos integrais passaram a ser exigidos para a apresentação.[2] Paralelamente buscou-se recuperar a trajetória do GT a partir da leitura dos relatórios e programas da Anped, de estudos anteriores sobre o percurso da pesquisa em Educação Infantil no,[3] da análise de textos integrais publicados em periódicos entre 1990-1996[4] e, entre 1997-2002,[5] bem como, da leitura dos resumos dos trabalhos do período mais recente, de 2002 a 2006, complementada pela busca de informações nos próprios textos e pelo acompanhamento direto das apresentações e debates nas sessões de trabalho durante as reuniões.[6]

As origens e a consolidação do GT07

Inicialmente cabe destacar que a origem da constituição desse grupo, assim como a da própria Anped, vincula-se a um caráter político que afirma e consolida o compromisso da associação e de seus membros com uma luta pela conquista do direito à educação pública, gratuita e de qualidade para a população brasileira. Sua organização resultou de um esforço conjunto dos recém-criados programas de pós-graduação em Educação no país, com o objetivo de articular a produção de conhecimento sobre a educação com a reflexão e definição das políticas públicas para a educação.

O GT07 inaugurou sua participação no âmbito da Anped em 1981, como expressão do intenso movimento de discussões sobre as políticas sociais e educacionais que marcou aquela década.[7] Fundado como GT de Educação Pré-escolar, o grupo reuniu pesquisadores e profissionais ligados à formação e aos sistemas de ensino na rede pública, com a intenção de constituir um fórum de discussões e debates dos problemas e políticas da área.[8] Durante os primeiros anos de sua consolidação, entre as discussões que buscavam um reconhecimento da situação da educação infantil nacional, o GT organizou debates internos e reuniões de trabalho tendo em vista a definição de posicionamentos da Anped frente às novas deliberações legais que pautaram todo o cenário político desde o fim dos anos 1980, em especial até a promulgação da LBD. Definiu-se como foco da luta política do grupo a viabilização de políticas educacionais que abrissem caminho para a efetivação dos direito das crianças à educação infantil.[9]

Contudo, em seus primeiros anos, o GT de Educação Pré-Escolar buscou acompanhar aquela que vinha sendo a ideia geral dos grupos de trabalho, definida em publicação da Anped e referida por Calazans;[10] de acordo com ela, os GTs foram pensados tendo em vista a necessidade de se ter

> [...] um espaço onde as questões teórico-metodológicas e os resultados das pesquisas fossem discutidos. Não podia ser um espaço aberto coletivamente, pois isto exigiria uma reunião longa, o que seria impraticável. Era importante ter um espaço para discussão de pesquisas semelhantes, o que possibilitaria um avanço nas áreas de conhecimento).

As reuniões refletiam em seus debates alguns dos problemas detectados em pesquisas na área, como pode ser constatado no relatório da então coordenadora prof.ª Maria Malta Campos, que revela uma preocupação com a atuação do GT em relação às finalidades da Anped:

> A pré-escola é uma área relativamente desprestigiada dentro de todas as áreas de pesquisa em educação, é uma área onde existe apenas um acervo pequeno de trabalhos, sem uma tradição maior. Estes ainda são imaturos em relação à formulação teórica, e a própria metodologia utilizada pode ser criticada sob vários aspectos.[11]

O início do grupo coincide com o crescimento do tema nos programas de pós-graduação. Gatti[12] identificou que o interesse pela pré-escola foi evidenciado em 10% dos trabalhos de pós-graduação em Educação no Brasil entre 1978 e 1981. Expressa também aquele que era à época o interesse do movimento internacional da pesquisa sobre a pequena infância e sua educação, uma elaboração recente que aflorara a partir dos anos 1970.[13]

Como já evidenciei em trabalhos anteriores, no Brasil nesse período predominava nas pesquisas uma preocupação com a criança pré-escolar e seu desenvolvimento, sempre associados à ideia de privação cultural.[14] Ainda em 1985, um breve estudo sobre periódicos brasileiros identificou 94 artigos sobre o tema pré-escola ou criança pré-escolar entre 1979 e 1984, que apresentavam centralmente "uma maior compreensão da realidade e necessidades das crianças provenientes de baixa renda, que representa hoje a maioria da população infantil brasileira".[15]

Rosa[16] também identificou no início dos anos 1980 uma fase de transição marcada pela ruptura com essas premissas, fato que se pode identificar como uma ampliação do foco das pesquisas com enfoque nas políticas socioeducativas para a infância (nas etapas educativas anteriores ao ensino fundamental obrigatório), oriundas de uma preocupação com o recente crescimento das redes públicas de creche e pré-escola no país.

Nos final da década de 1990 houve uma pequena redução das pesquisas relacionadas às políticas socioeducativas às quais os pesquisadores vinham se dedicando na década anterior. No entanto, a dimensão da atuação política dos pesquisadores que tradicionalmente constituíram este GT foi sempre contínua, destacando-se suas contribuições para a elaboração do Plano Nacional de Educação, com a produção de documentos de orientação para a política nacional da área, e o intenso debate crítico sobre os Referenciais Curriculares

Nacionais propostos pelo MEC, a respeito dos quais realizou trabalhos encomendados em 1998.

De forma geral, é possível afirmar que nesse mesmo período a pesquisa sobre a educação infantil consolidou-se a partir de uma dimensão pedagógica articulada às suas dimensões contextuais. Em parte, essa consolidação pauta-se em bases históricas amplamente investigadas no período e representadas no grupo e que analisam criticamente a definição das funções sociais e educativas da creche e da pré-escola.

Em estudos anteriores,[17] vimos identificando as perspectivas de consolidação de um campo particular – a que temos denominado *Perspectivas de uma pedagogia da educação infantil ou da infância* – que vem se delineando no âmbito do GT na Anped (mas não exclusivamente nesse espaço, na medida em que os trabalhos aqui apresentados passam a representar em alguma medida a produção acadêmica dos programas de pós-graduação), um conjunto de definições conceituais, afirmações e críticas às orientações teóricas de cunho tradicional instituídas na história da pedagogia e, em particular, *nos projetos de educação das crianças*, tomadas como indivíduos isolados – meros *objetos* da intervenção educativa.

Portanto, a identificação dessa perspectiva baseia-se sobretudo no reconhecimento de uma especificidade da educação da pequena infância, num movimento que busca bases teóricas alicerçadas especialmente na afirmação da infância como categoria histórico-social e na atenção às determinações materiais e culturais que as constituem.

Vale ainda lembrar que, nesse movimento de afirmação teórica, os conceitos de jogo e brincadeira relacionados à linguagem, à construção do conhecimento e aos processos gerais de desenvolvimento da criança são definidos inicialmente e, em especial, sob o ponto de vista da psicologia histórico-cultural (até então denominada predominantemente pelos autores como perspectiva sócio-histórica), indicando o jogo como eixo da prática pedagógica na educação infantil.[18] De forma mais ampla, essa pedagogia é pautada, sobretudo, numa perspectiva crítica à imposição de modelos de escolarização tradicionais (conservador e novo) e à centralidade da dimensão cognitiva. Afirma-se a função educativa, traduzida a partir de indicações comuns sob os eixos norteadores da ação pedagógica na educação infantil, associada às interações sociais, à cultura, ao jogo e às diferentes linguagens, experiências e formas de expressão tomadas como base da apropriação do conhecimento; a elas se aliam alguns estudos da linguagem – numa perspectiva teórica que reafirma a natureza social e dialógica da produção e apropriação de significados.

Nesse caminho, assistimos à afirmação de perspectivas teóricas alicerçadas nas determinações socioculturais para a compreensão das relações educativas na infância, acompanhadas da indicação da necessidade de maior atenção às manifestações das crianças e de sua cultura, marcadas por uma inserção concreta e histórica contingenciada pelas relações de classe social, gênero, etnia e raça.

Indica-se, assim, no âmbito da pesquisa representada no GT, a especificidade da educação da pequena infância e a insuficiência de metodologias convencionais de pesquisa para o estudo das crianças, da infância e de sua educação. Nesse campo, passa-se a exigir um alargamento das pesquisas para além dos estudos que tomam como fonte privilegiada sobretudo as profissionais, as famílias ou os processos pedagógicos, e que dão pouca atenção às relações educativas estabelecidas *com* as crianças.

Por outro lado, essa exigência se baseia na admissão do desconhecimento sobre as crianças "concretas" e seus modos de viver a infância em contextos coletivos de educação. Indica-se no GT, de forma cada vez mais contundente, a necessidade de estabelecer um diálogo disciplinar para *dar conta* de compreender mais amplamente essas relações educativas. Mantém-se, nesse sentido, nos debates que se seguem às reuniões a cada ano, uma vigilância crítica para combater o conhecimento da criança tomado pela perspectiva de isolamento do indivíduo e pelo estabelecimento de padrões de normalidade que tivessem como consequência um padrão de ações pautadas na homogeneização ou em modelos e métodos pedagógicos únicos.

A direção tomada pelo grupo, principalmente a partir da 22ª Reunião Anual, foi privilegiar contribuições de áreas de conhecimento que têm a criança e a infância como preocupação e que estiveram pouco representadas ou ausentes na trajetória do GT até então. Propuseram-se, a partir daí, minicursos, sessões especiais e trabalhos encomendados para ampliar o debate a esse respeito.[19] Ao acolher contribuições de outras áreas, visava-se confrontar e ampliar um conjunto de perspectivas teóricas para o estudo das dimensões estruturais, sociais e culturais da educação da infância, no âmbito da educação infantil. Assim, foram convidados pesquisadores da Educação, da Antropologia e da Etnografia, da Filosofia, das Artes e da Estética, da Comunicação e Mídia,[20] entre outros já integrantes do grupo, que vieram a fortalecer o debate e indicar novas frentes de estudo e orientações metodológicas.

Nesses últimos dez anos (1997-2006), intensificou-se a apresentação de trabalhos que se sustentam numa concepção de infância como categoria social, considerando a criança a partir da sua heterogeneidade, como *sujeito social heterogêneo* – situada a partir de suas *condições sociais e culturais*, ou seja, a partir das categorias sociais que a constituem.

Preservadas as diferentes bases teóricas, um mapeamento da recorrência dos aportes citados nos trabalhos apresentados permite afirmar que as indicações teóricas e metodológicas que influenciaram os trabalhos nesse período apontam a necessidade de produzir um conhecimento sobre a criança incorporando suas representações, suas expressões e significações, as dimensões discursivas que a constituem e estabelecendo cruzamentos entre diferentes áreas científicas. Frequentemente, o referencial teórico das pesquisas apresentadas associa autores clássicos de referência a autores contemporâneos e a estudos nacionais recentes, e raramente toma um único autor de forma exclusiva.

Os trabalhos apresentados tiveram como base predominante a psicologia histórico-cultural já citada, a filosofia (Foucault, Deleuze etc.) – sobretudo nos estudos culturais com foco na infância como sujeito/objeto cultural e nas representações do *sujeito infantil* –, os estudos da linguagem e a filosofia da linguagem (Bakhtin) – em diferentes bases sociológicas e antropológicas (desde Mead, Geertz etc.), que se referem à cultura e ao conhecimento das diferenças – e a sociologia, em particular a sociologia da infância (desde Florestan Fernandes aos contemporâneos Becchi, Prout, Sarmento etc.). Quanto à afirmação dos direitos das crianças, o reconhecimento da ação social das crianças e, especialmente, à reafirmação do conceito de *cultura infantil*, cultura essa não compreendida num sentido absoluto, autônomo ou independente em relação às configurações estruturais e simbólicas do mundo adulto, nem tampouco como mera reprodução.

À afirmação da criança como sujeito social de direitos, que orientou até então as perspectivas de estudo na dimensão das políticas, acrescentam-se pesquisas que assumem o pressuposto da *ação social das crianças* (ainda que o conceito de ator social tenha pequena inserção direta nos textos), *reprodutoras e produtoras de cultura*, admitindo de forma sutil a categoria geracional para a análise das relações educativas.

Com essas bases, as pesquisas em educação vão apoiar a afirmação da inteligibilidade das crianças, passando a anunciar a necessidade de consideração, no campo investigativo, de suas culturas e modos próprios de compreender e atuar no mundo. Nessa mesma direção é que se questionam os procedimentos metodológicos utilizados nas pesquisas *com* as crianças, que devem ser direcionadas no sentido de recolher tanto suas *vozes*, como *outros* a serem conhecidos.[21]

Admite-se haver um desconhecimento sobre as crianças para além do conhecimento produzido nos moldes tradicionais consolidados pela ciência, e aponta-se para a exigência de dar atenção a investigações (preocupação esta que coincide com o que também vem sendo indicado em outras áreas do estudo da infância) que contemplem duas dimensões: *a experiência social*, que constrange não somente as crianças, e *as crianças e suas ações e significações*, dentro do contexto de relações, considerando que elas possuem uma multiplicidade de formas de agir em diferentes contextos sociais e culturais. Nessa direção, permanece bastante inicial nos grupos de trabalhos a preocupação com o estudo sobre bebês.[22]

Identificam-se algumas convergências teóricas, explicitadas ou não pelos autores, que apoiam a indicação de metodologias definidas como etnográficas e/ou de inspiração etnográfica.[23] Foram poucas vezes identificadas como interpretativas, mas privilegiam uma maior permanência no campo para as observações e registros (escritos, fílmicos, fotográficos ou pictóricos) das relações, ações e significações dos sujeitos envolvidos no processo educativo em instituições de educação infantil (raramente noutros espaços sociais).

Esse predomínio representou uma mudança em relação às metodologias preferidas pelos pesquisadores da década anterior – quando havia uma variedade de denominações para definir metodologias chamadas genericamente de qualitativas – quase sempre centradas em procedimentos que envolviam questionários, entrevistas, observações e análise de documentos, dirigidos principalmente para os sujeitos-adultos (profissionais, famílias, administradores etc.).

Num segundo patamar, mantêm-se as metodologias pautadas em procedimentos de análise de conteúdo para o estudo de políticas, projetos pedagógicos e produção acadêmica em educação infantil, por meio da análise de documentos e de discursos que privilegiam as narrativas adultas, capturadas principalmente em entrevistas (para identificação de concepções de profissionais, famílias e gestores). Outras pesquisas se definem pela simultaneidade da ação/intervenção no processo investigativo, quando o foco são os processos/metodologias pedagógicas (envolvendo a brincadeira, a imaginação e outras dimensões expressivas), e poucos trabalhos apresentam-se como ensaios teóricos.

O fortalecimento, mas não a hegemonia das perspectivas que conceituam a criança como *sujeito social, reprodutor e produtor de cultura* e de *história,* indica mais recentemente e de forma tênue uma compreensão diferenciada da participação das crianças no processo educacional, com base na afirmação de sua atuação social e de seu papel *ativo* nas relações sociais e na apropriação do conhecimento. Destacam-se aqui, no âmbito da educação, as referências à pedagogia consolidada nas experiências originadas nos movimentos político-feministas do norte da Itália, que deram ênfase às capacidades relacionais e comunicacionais da criança pequena na relação entre elas e os adultos no jogo e na elaboração de histórias e significados.

Um conjunto significativo de trabalhos nessa última década situa a infância entendida na sua alteridade e na sua ação inteligível na sociedade, compreendendo necessária a escuta de seus representantes diretos – as crianças. Indica-se, assim, uma ruptura e uma reconstrução de conceitos relativos ao papel social das crianças na sua própria educação, posição essa representada por um significativo número de trabalhos que afirmam que as crianças, inseridas numa determinada cultura, apropriam-se dela na mesma medida em que contribuem para a sua produção.

Assume-se, assim, uma contraposição às perspectivas clássicas tradicionais da socialização das crianças – quando são definidas como receptores passivos da cultura –, que em certa medida são reforçadas por uma concepção naturalista do desenvolvimento humano, em que prevalece a perspectiva de constituição da infância como modelagem, como reflexo de uma natureza biológica e natural. Em oposição, a maior importância dada ao papel da cultura – marcada por uma concepção culturalista das relações sociais da criança – abriu caminho para sua própria superação, à medida que se passou a reconhecer, sobretudo na sociologia, a ação social das crianças, que admite não só que os significados são socialmente transmitidos, mas também que são elaborados e transformados pela ação humana.

Desse modo, passa-se a privilegiar procedimentos metodológicos que capturem as diferentes expressões infantis, contrariando a lógica comunicacional adulto-centrada, para possibilitar uma relação mais comunicativa e um desafiador processo de aproximação com os diferentes grupos infantis. A brincadeira e a cultura são aqui tomadas como foco para compreender esses processos e as diferentes formas de ser criança e de viver a infância nos contextos de educação coletiva, apresentando desdobramentos para práticas pedagógicas e dando prosseguimento à constituição de um campo pedagógico da infância.[24]

De forma mais estrita, mas não menos significativa, alguns estudos que se diferenciam por suas bases epistemológicas sustentam-se em Gaston Bachelard para definir o sujeito-criança como *ser inventivo*, *ser criador* – que se confronta com a materialidade e a imaginação criadora na possibilidade de transformar a si e ao mundo. Outros, a partir de Gilles Deleuze, tomam o termo *devir-criança* como a possibilidade de invenção e criação do mundo para além do aprisionamento e da conformação.

As pesquisas com menor incidência no período recente tomam a criança em desenvolvimento sob uma perspectiva psicológica de observação de um sujeito-objeto, que tem seus comportamentos regulados como forma de identificar faltas e etapas a concluir num processo entendido como de maturação e desenvolvimento de capacidades. A educação que se inscreve a partir daí situa a criança como passiva numa relação unilateral determinada pelo professor, que estimula o processo de maturação da criança e a aquisição de conhecimento.

Destaca-se ainda que as garantias do direito à educação das crianças, *sujeitos de direitos*, permanecem no horizonte dos estudos sobre as políticas nacionais e internacionais e das lutas pela sua efetivação, sendo mais recentemente associadas à crítica da influência dos organismos internacionais sobre os estados nacionais e às reformas no campo educacional.

Uma análise geral das áreas científicas mais citadas pelos autores e de sua frequência indica que, entre 1997 e 2002, há predominância da Filosofia e, em segundo lugar, da própria Educação (um terço dos trabalhos), alterando expressivamente a da Psicologia, observada na década anterior. Esse movimento contrapõe-se àquele observado entre 1990-1996, quando se verificou, no total dos trabalhos apresentados, que o cruzamento mais frequente foi entre Educação e Psicologia, seguido de Educação e História e Educação e Linguagem. Outros cruzamentos menos frequentes envolveram a Antropologia, as Artes, o Serviço Social, as Ciências Políticas, a Comunicação e a Arquitetura, algumas vezes, inclusive, sem incluir a área da Educação. Sem dúvida, a maior incidência de trabalhos foi na área da Educação, sem apresentar qualquer outro cruzamento.[25]

Já nos últimos cinco anos, foi expressivo o esforço para o estabelecimento de cruzamentos disciplinares, que passaram a mobilizar esse novo campo, estabelecendo confrontos, disputas e recomposição de consensos nos âmbitos políticos, teóricos, conceituais e mesmo semânticos, na compreensão da infância, das crianças e da educação infantil, marcadas pelas orientações identificadas neste capítulo. Observa-se uma expressiva interface entre a Educação e a Sociologia, com presença esporádica das Artes, da Antropologia e da Política, e, em menor número, da Arquitetura, da Demografia, da Literatura, do Ensino de Matemática, da Educação Física, da Saúde e da Nutrição.

A identificação das áreas científicas presentes no GT expressa também uma consolidação crescente de algumas disciplinas específicas, particularmente da Filosofia e das Ciências Sociais, que passam a estender sua atenção aos estudos da infância e a abrir possibilidades de interlocução com a educação na infância de forma diferente daquelas trajetórias de estudo desenvolvidas tradicionalmente nas disciplinas específicas voltadas para a educação em geral – é o caso, por exemplo, da Sociologia da Educação, da Filosofia da Educação etc.

Em recente estudo sobre o panorama das investigações produzidas de 1997 a 2004, do qual resultaram artigos publicados em periódicos educacionais no Brasil, também se constatou que a base disciplinar de apoio ao desenvolvimento das investigações educativas vem estabelecendo cada vez mais cruzamentos teóricos interdisciplinares. A exclusividade do aporte na própria área da Educação permanece quando se estudam a formação dos profissionais, os modelos curriculares e os parâmetros de avaliação de qualidade. Em alguma medida, os temas relacionados à formação, ao direito à educação e à qualidade associam-se a aportes do Direito e das Políticas Públicas.

Destacam-se com maior frequência os cruzamentos da Educação com a História para sustentar a análise de temas relacionados às origens dos sistemas de suas orientações educativas; da Educação com a Sociologia (Sociologia da Educação e, mais recentemente, a Sociologia da Infância), inaugurando, por um lado, as preocupações pertinentes à infância e às relações sociais, de gênero e de raça, e à exclusão social. Nessa última, por outro lado, tem-se o tema associado aos aspectos anteriores, afirmando-se a especificidade geracional e estudando-se as culturas infantis e lúdicas, a televisão e a mídia. Com menor frequência são identificadas nos periódicos relações entre a Filosofia e a Educação e entre a Psicologia e a Educação e, mais recentemente, entre a Saúde e a Educação, esta orientada pela necessidade de compreensão do cuidado como uma das dimensões envolvidas nos espaços coletivos de educação das crianças.[26]

Ao longo desses últimos trinta anos,[27] consolidou-se um novo campo de investigação – que se diferencia dos estudos da educação escolar –, que dá especial atenção ao conjunto das determinações que constituem as relações educativas com crianças – nos espaços educativos formais ou fora deles – e que passa a exigir a contribuição de várias áreas do conhecimento, no sentido de "dar conta" da compreensão dos processos educativos em suas múltiplas facetas sociais, históricas e culturais. Por outro lado, e considerando a natureza "praxiológica" (no sentido de "o que se pode fazer") do campo educacional, essa compreensão ampliada vem permitindo consolidar indicações metodológicas da ação pedagógica na educação infantil, como já se afirmou noutros estudos, para além da prescrição de modelos.[28]

Percebe-se assim um esforço teórico de análise da educação infantil a partir de uma criança situada social e historicamente. Nesse sentido convergem abordagens teóricas que tomam como pressuposto epistemológico um conhecimento da realidade que articula as dimensões estruturais de determinação objetiva à constituição dos sujeitos sociais – sua experiência-ação social que configura a subjetividade e que simultaneamente produz uma dinâmica transformadora.

Para encerrar este capítulo, mas não as inúmeras possibilidades de análise dessa trajetória, constituída por nós e pela qual também somos constituídas, inspiro-me no poeta Drummond e nas companhias/companheiras de luta e de pesquisa, que nele também têm se inspirado para falar da Verdade: se só *cabe meia verdade de cada vez, e carece optar,* optei também, em certa medida, conforme meu *capricho*, minha *ilusão* e minha *miopia*, mas é isso que mantém aceso um interesse científico, orientado pelo compromisso político de luta contra a exclusão, num permanente estado de indignação!

Notas

1 Rocha, 1999a, b.

2 Todos os trabalhos entre 1990 e 1996 foram arquivados pela Professora Zilma Morais de Oliveira (USP-SP), uma das coordenadoras do Grupo nesse período, que os disponibilizou para este estudo. O acervo (em papel) encontra-se arquivado no NUPEIN-UFSC desde então. Na época não havia a sistemática de apresentação e arquivamento eletrônico em disquete dos textos pela própria Anped, que se iniciou no ano seguinte. Atualmente a apresentação eletrônica dos textos e resumos é feita em CD-ROMS, o que garante acesso e registro mais permanentes da produção científica apresentada nas reuniões.

3 Maria Campos e Lenira. Haddad, "Educação infantil: crescendo e aparecendo", em *Cadernos de Pesquisa,* São Paulo, n. 80, pp.11-20, fev.1992; Maria M. Campos, "Educação Infantil: o debate e a pesquisa". *Cadernos de Pesquisa*, n.101, pp. 113-127, jul.1997; Faria e Campos, "Financiamento de Políticas Públicas para crianças de 0 a 6 anos", em *Cadernos Anped* (nova fase), n.1, 1989; Lenira Haddad e Tizuko Kishimoto, *História do Grupo de trabalho*: Educação da criança de 0 a 6 anos, São Paulo, mimeo, s/d.; Lutero O. Rosa, "A pesquisa sobre educação pré-escolar: uma análise crítica", em *Revista Brasileira Estudos Pedagógicos*, Brasília, n. 67 (155), pp. 117-34, jan./abr. 1986; Regina M. Maluf (org.) et al., *A pré-escola em periódicos brasileiros*

nos últimos seis anos: mapeamento das pré-escolas das redes municipal e estadual da cidade de São Paulo. Programa de Estudos Pós-Graduados em Psicologia da Educação. Educ, dez., n. 6, 1985; Rosemberg, "A educação da criança pequena, a produção de conhecimento e a universidade', em *Cadernos Anped*, n. 1. 1989; Sônia Kramer e Maria Izabel Leite, *Infância: fios e desafios da pesquisa*, Campinas, Papirus, 1996.

4 Brasil/MEC/INEP, 2001.

5 Para análise desse período foram consideradas ainda as análises e conclusões da dissertação de mestrado de Andréa Moraes, *Educação Infantil: uma análise das concepções de criança e de sua educação na produção* acadêmica recente (1997-2002). Santa Catarina, 2005. Dissertação (Mestrado) – PPGE-UFSC.

6 Outros dois trabalhos apresentados recentemente (cf. Ana Araújo, "O G.T. 7 da Anped: direitos e educação da criança pequena. Pôster". *CDrom da 28ª. Reunião Anual.* Caxambu-MG) analisaram alguns temas tratados em diferentes períodos no GT, porém, embora seus resultados não tenham sido incluídos nesta análise da trajetória, foram considerados no conjunto do repertório de pesquisas analisadas até 2006.

7 Criada em 1978, a Anped só organizou os Grupos de Trabalho em 1981, na 4ª Reunião Anual. Antes disso, realizou suas reuniões em torno de temas gerais, vinculados especialmente aos Programas de Pós-Graduação.

8 Inicialmente, foram constituídos os GTs Educação do 1° Grau, Educação do 2° Grau, Educação Superior, Educação Popular, Educação Rural, Educação e Linguagem e Educação Pré-Escolar. Só em 1988 este último grupo passou a denominar-se *Educação da criança de 0 a 6 anos*, considerada mais abrangente e mais adequada aos direitos constitucionais que acabavam de ser conquistados.

9 Vários documentos e cartas foram produzidos e tiveram influência na formulação das deliberações legais e governamentais. Ver, por exemplo: Anped (Associação Nacional de Pós-graduação e Pesquisa na Educação). Proposta para o Plano Nacional de Educação do GT 07 – Educação da criança de 0 A 6 anos, xx Reunião Anual. *Boletim Anped.* Caxambu-MG, 1997. Cf. Rocha, 1999b.

10 M. Julieta Calazans, "Anped – Trajetórias da pós-graduação e pesquisa em educação no Brasil", em *Documentos ANPEd*, Belo Horizonte, set/1995, p. 54.

11 Campos apud Lenira Haddad e Tizuko Kishimoto, op. cit., p.1.

12 Gatti, 1983, p. 14.

13 Eric Plaisance e Sylvie Rayna, "L'education préscolaire aujord'hui: réalités, questions et perpectives", em *Revue Française de Pédagogie*. Institut National de Recherche Pédagogique. n.119, pp.107-39, abr.-mai.-jun./1997.

14 Maria M; Campos e Lenira Haddad, "Educação infantil: crescendo e aparecendo", em *Cadernos de Pesquisa*, São Paulo, n. 80, p.11-20, fev.1992.

15 Regina M. Maluf (org.) et al., op. cit. 1985, p. 1.

16 Lutero O. Rosa, op. cit.

17 Rocha, 1999a.

18 Essa denominação, até o início dos anos 1990, foi utilizada pelos autores para diferenciar-se da perspectiva interacionista / construtivista representada por Piaget. Os teóricos de referência citados nesta linha de estudos são Vygotsky, Luria, Leontiev, e também Wallon.

19 Nesse período realizou-se, por exemplo, uma sessão especial incluindo estudiosos da hisóoria da infância, Moysés Kulhmann; da sociologia da infância, Manuel Sarmento e da psicologia, Solange J. Souza.

20 Entre esses convidados podemos citar: Nancy Mangabeira, Walter Cohan, Milton Almeida, Márcia Gobbi e Isabel Leite, Manuela Ferreira, Tulia Musatti, Clarisse Cohn, Gilka Guiraldello e João Francisco Duarte.

21 Andréa Moraes, *Educação Infantil*: uma análise das concepções de criança e de sua educação na produção acadêmica recente (1997-2002), Santa Catarina, 2005, Dissertação (Mestrado) – PPGE-UFSC.

22 Eloísa Rocha, "Saberes sobre as crianças e a infância: algumas questões para um debate científico", em *Seminário Educar na Infância: Perspectivas Histórico-Sociais Curitiba*, Universidade Federal de Paraná, 11-13 de agosto de 2007.

23 Entre 1997 e 2006, houve um crescimento da etnografia indicada como metodologia, em estudos que tiveram uma grande diversidade de referenciais teóricos (materialismo histórico, estudos culturais, escola de Frankfurt, e nas diferentes perspectivas teóricas da antropologia e da sociologia da infância).

[24] Rocha, 1999a.

[25] Idem.

[26] Eloísa Rocha, op. cit., 2007.

[27] Sobre a trajetória dessas investigações de educação infantil na Europa e no Brasil, ver, entre outros: Playsance e Rayna, op. cit.; Neyrand,op. cit.; Campos & Haddad, op. cit. e Rocha 1999a, b; Rocha, op. cit., 2001; Rocha, op. cit., 2007.

[28] Sobre esta reflexão, ver José. G. Sacristán, Explicación, norma y utopía en las ciencias de la educación, em Escolano et al., *Epistemologia y educación*. Salamanca: Sigueme, 1978.

Bibliografia

ANPED (Associação Nacional de Pós-graduação e Pesquisa na Educação). Proposta para o Plano Nacional de Educação do GT 07 – Educação da criança de 0 a 6 anos, XX Reunião Anual. *Boletim Anped*. Caxambu, 1997.

ARAÚJO, Ana Castilhano de. O G.T. 7 da Anped: direitos e educação da criança pequena. Pôster. *CD-Rom da 28ª. Reunião Anual*. Caxambu, 2005.

Brasil/MEC/INEP. Educação Infantil (1983-1996). Brasília, MEC/INEP/Comped, 2001. Realização Universidade Federal de Santa Catarina/CED/Nee 0a6. (série Estado do Conhecimento n. 2)

CAMPOS, Maria M. Educação Infantil: o debate e a pesquisa. *Cadernos de Pesquisa*, n.101, pp. 113-27, jul.1997.

______. Educação infantil: o debate e a pesquisa. *Cadernos de Pesquisa*, n. 101, jul. 1997, pp. 113-27.

______; HADDAD, Lenira. Educação infantil: crescendo e aparecendo. *Cadernos de Pesquisa*, São Paulo, n. 80, fev. 1992, pp. 11-20.

CALAZANS, M. Julieta C. Anped – Trajetórias da pós-graduação e pesquisa em educação no Brasil. *Documentos Anped*. Belo Horizonte, set. 1995.

FARIA, Ana Lúcia G.; CAMPOS, Maria M. Financiamento de Políticas Públicas para crianças de 0 a 6 anos. *Cadernos Anped* (nova fase), n. 1, 1989.

GATTI, Bernadete. Pós-graduação e pesquisa em Educação no Brasil, 1978-1981. *Cadernos de Pesquisa*, n. 44, fev. 1983, p. 3-17.

HADDAD, Lenira; KISHIMOTO, Tizuko M. *História do Grupo de trabalho*: Educação da criança de 0 a 6 anos. São Paulo, mimeo, s/d.

KISHIMOTO, Tizuko M. A produção do conhecimento na área da Educação Infantil: jogo e representação social da criança. *Reunião Anual da Anped*, n. 16, Caxambu, 1993, mimeo.

KRAMER, Sonia; LEITE, Maria Izabel. *Infância*: fios e desafios da pesquisa. Campinas: Papirus, 1996.

KUHLMANN Jr., Moysés. Infância, História e Educação. *Reunião da Anped*, n. 20, Caxambu, set. 1997. Trabalho apresentado em Sessão Especial: História da Infância e Educação.

MALUF, Regina M. (org.) et al. *A pré-escola em periódicos brasileiros no últimos seis anos:* mapeamento das pré-escolas das redes municipal e estadual da cidade de São Paulo. Programa de Estudos Pós-Graduados em Psicologia da Educação. EDUC, dezembro, n. 6, 1985.

MORAES, Andréa. *Educação infantil*: uma análise das concepções de criança e de sua educação na produção acadêmica recente (1997-2002). Santa Catarina. 2005. Dissertação (Mestrado) – PPGE-UFSC.

NEYRAND, G. *L'enfant, la mère et la question du père*: un bilan critique sur l'évolution des savoirs sur la petite enfance. Paris: Presses Universitaires, 2000.

PLAISANCE, Éric; RAYNA, Sylvie. L'education préscolaire aujord'hui: réalités, questions et perpectives. *Revue Française de Pédagogie*. Institut National de Recherche Pédagogique, n. 119, abr.-mai.-jun.1997, pp. 107-39.

ROCHA, Eloisa A. C. *A pesquisa em educação infantil no Brasil*: trajetória recente e perspectivas de consolidação de uma pedagogia. Núcleo de Publicações, CED/UFSC, 1999a (Série tese: 2).

______. As pesquisas sobre educação no Brasil: a trajetória da ANPED (1990-1996). *Pro-posições*, Campinas, v. 10, n. 1, 1999b, pp. 54-74.

______. Saberes sobre as crianças e a infância: algumas questões para um debate científico. *Seminário Educar na Infância: Perspectivas Histórico-Sociais Curitiba*, Universidade Federal de Paraná,11-13 de agosto de 2007.

______. Pedagogia da Infância: uma análise de perspectivas interdisciplinares em periódicos educacionais portugueses e brasileiros (1997-2004). *Congresso da Sociedade Portuguesa de Ciências da Educação*, Madeira – Portugal, maio de 2007.

ROSA, Lutero O. A pesquisa sobre educação pré-escolar: uma análise crítica. *Revista Brasileira Estudos Pedagógicos*. Brasília, n. 67 (155), jan./abr. 1986, pp. 117-34.

ROSEMBERG, Fúlvia. Educação: para quem? *Ciência e Cultura*, n. 28 (12), dezembro 1976, pp. 1467-1470.

______. A educação da criança pequena, a produção de conhecimento e a universidade. *Cadernos Anped*, n. 1, 1989.

SACRISTÁN, José. G. Explicación, norma y utopía en las ciencias de la educación. In: ESCOLANO et al. *Epistemologia y educación*. Salamanca: Sigueme, 1978.

SANTOS, Solange E. Culturas infantis e saberes: caminhos recompostos. Pôster. *CD-Rom da 28ª. Reunião Anual*. Caxambu, 2005.

Educação infantil pós-Fundeb: avanços e tensões

Fúlvia Rosemberg

Estamos entrando em uma nova etapa da educação infantil brasileira após a aprovação do Fundo de Manutenção e Desenvolvimento da Educação Básica e de Valorização dos Profissionais de Educação (Fundeb). Período que requer delicadeza no trato, pois provoca regozijo pela aprovação da lei, mas pede por cuidados no enfrentamento de novas tensões, novas tentações e armadilhas. O texto tem por objetivo refletir sobre o novo que se descortina, à luz do que aprendemos nesses 30 anos de ativismo em prol da educação e do cuidado para com a criança pequena.

Farei isso procurando responder a três questões:

1) Qual a causa da educação infantil no Brasil contemporâneo?

2) Qual a dívida da sociedade brasileira para com as crianças pequenas?

3) Quais as tentações que se abrem com o Fundeb?

1) Qual a causa da educação infantil no Brasil? Por qual causa nos mobilizamos? Esse é o ponto de partida: me mobilizo, nos mobilizamos pela expansão da oferta de vagas em creches e pré-escolas de qualidade para as crianças de 0 a 6 anos, que cumpram, com equidade, o direito à educação das crianças e o direito dos pais, especialmente o das mães, ao trabalho extradoméstico.

Esse é um consenso novo na sociedade brasileira, que vem se forjando desde a década de 1970, legitimado por textos legais (Constituição, ECA, LDB, Loas),[1] mas que ainda apresenta certas fragilidades em sua concretização exatamente por se tratar de algo novo. Até os anos 1970, o consensual na sociedade brasileira era que a educação e o cuidado da criança pequena constituíam preocupações da vida privada das famílias, especialmente das mães. Poucos e esparsos eram os sinais de que educar e cuidar de crianças pequenas era uma tarefa de toda a sociedade. "Quem pariu Mateus que o embale", era o ditado da época. Transformações demográficas, econômicas e culturais impulsionaram essa que é a mais recente revolução da família e do sistema educacional brasileiros.

Até a década de 1970, o consenso era que apenas crianças necessitadas, órfãs, abandonadas, enfim, filhas de famílias e mães problemáticas, deveriam ser educadas e cuidadas em instituições coletivas. Porém, o reconhecimento da cidadania plena das mulheres abriu o leque de possibilidades para o controle da natalidade e sua participação no mercado de trabalho. Hoje, 51,6% das mulheres brasileiras trabalham fora de casa.[2] Para as famílias brasileiras, de todo o tipo de organização, o trabalho da mãe se tornou imprescindível para a manutenção da qualidade e do padrão de vida, especialmente após o aumento para 16 anos da idade legal para ingresso no mercado de trabalho. Além disso, vem ocorrendo um aumento das "famílias chefiadas" por mulheres: 25,4% em 2005.[3]

Paralelamente, como causa e efeito, vem ocorrendo uma diminuição importante da taxa de fecundidade total (2,3 filhos por mulher em idade fértil[4]). Os filhos, as crianças pequenas, vão se tornando um bem raro. Mais atenção é possível dispensar-lhes. Mais que isso: a sociedade passa a reconhecer a criança pequena como sujeito de direitos, ator social, produtora de cultura, indivíduo. A sociedade reconhece que essa fase da vida é riquíssima, riqueza que se expande se boas condições educacionais lhe forem oferecidas. Loris Malagucci fala das cem linguagens da criança, metáfora para a amplitude de suas potencialidades. Economistas destacam o desperdício no capital econômico e humano ao não se investir em políticas para a infância. A neurociência enfatiza a importância da infância no desenvolvimento posterior do cérebro e das funções neurológicas.

A sociedade, a nova família, a nova mãe, a nova mulher, o novo filho, a nova criança precisam de uma instituição social que, fora do espaço doméstico, complemente e enriqueça o educar e o cuidar. A educação e o cuidado dispensados em casa, pela família, continuam sendo considerados necessários, mas não mais suficientes. Daí as creches e as pré-escolas, daí a educação infantil. Daí a Constituição de 1988 reconhecer à criança pequena o direito à educação que passa, também, a ser um dever do Estado e de toda a sociedade.

Quando a mobilização por EI (educação infantil) atingiu o Brasil, não tínhamos um modelo firmado, não sabíamos como fazer. Acreditávamos em soluções milagrosas. Conhecíamos a escola primária como educação para a infância. E orfanatos como instituições para a infância pobre. Daí termos abrigado experiências nem sempre favoráveis às mães e às crianças.

Para o sistema educacional brasileiro público é uma experiência complemente nova essa de acolher crianças tão pequenas, especialmente os bebês. Além disso: a de assumir a integração entre cuidar e educar. Com efeito, diferentemente do que ocorreu em outros países, a escola brasileira sempre adotou o tempo parcial. Sua função focal tem sido escolarizar. É apenas hoje que se começa a discutir o tempo integral, apesar de ter sido incluído na agenda do movimento de luta pró-creche desde sua criação.

Foi a EI que trouxe, para a educação brasileira, a proposta de educar e cuidar. Seria o cuidar uma função tão digna quanto o educar? E como educar crianças tão pequenas? A creche é uma escola? A educadora da creche é ou não é professora? Como deve ser sua formação? Precisa de curso superior para trocar fraldas e dar mamadeira? Não basta ser mulher para desempenhar essas funções? Mas, de fato, é bom mesmo para a criança pequena ir para a creche? O *per capita* da creche precisa ser tão alto?

Tais perguntas e muitas outras que estão vindo à tona desde os anos 1970 evidenciam a novidade e as perplexidades, as tensões desta revolução cultural e social na sociedade e no sistema educacional brasileiros. Apesar de fundamental, por estabelecer as bases de uma concepção nacional de EI, o consenso estabelecido pela Constituição de 1988 e pelo ECA foi superficial. Tensões e dissensos começaram a aparecer no encaminhamento da LDB, na elaboração das diretrizes curriculares nacionais, na integração das creches e pré-escolas nos sistemas educacionais, nas propostas dos Planos Nacionais de Educação, na elaboração, discussão e formatação da nova lei do Fundeb, bem como na prática cotidiana de implantação de creches e pré-escolas pelo país afora.[5] Tais perplexidades, a meu ver, refletem embates sociais que se situam tanto no plano dos valores, quanto no plano da alocação de recursos econômicos e sociais. Com a recente aprovação do Fundeb, tais tensões se explicitaram mais e geraram novidades. Destacarei três: a relutância persistente, de certos setores, em integrar as crianças de 0 a 3 anos nas políticas públicas de educação ao considerar o espaço privado, e não o público, como o mais adequado para elas; pela primeira vez a EI disputou publicamente recursos públicos; tais recursos serão partilhados pelo atendimento público e conveniado. Isso é novo: isso requer reflexão e novas aprendizagens.

Porém, o debate sobre a EI no contexto da discussão e aprovação da lei do Fundeb deixou claro que a sociedade brasileira reafirma seu compromisso com a causa da educação infantil (apesar de situá-la em patamar inferior ao do ensino fundamental, haja vista o valor atribuído e a conclusão de que para isso são necessários a mobilização social, a explicitação de dissenso, a negociação do consenso, o apoio técnico, político e midiático, a fim de se tomarem decisões em prol da criança pequena.

Portanto, formulo minha primeira resposta. É indispensável manter a mobilização social pela causa da EI para que a aplicação da lei do Fundeb na EI contribua para a melhoria do bem-estar da criança e, com isso, elimine a dívida da sociedade e da educação brasileiras para com a EI e a criança pequena.

2) Teríamos nós, adultos brasileiros, uma dívida histórica para com as crianças pequenas? Qual a dívida da sociedade brasileira para com as crianças pequenas? Alguns podem estranhar as perguntas. Se pais e mães brasileiros amamos nossos filhos, enquanto cidadãos adultos nem sempre respeitamos a criança pequena brasileira como sujeito de direitos. Apreendo um descaso histórico das políticas públicas com as crianças pequenas quando suas necessidades e seus direitos são trazidos para o espaço público. É verdade, os bebês individuais são paparicados por políticos em campanha eleitoral. Em toda campanha assistimos às mesmas imagens de candidatos carregando ou beijando bebês. Bebês, nesse caso, se transformam em metáfora de bondade, sensibilidade. "Deixem vir a mim os pequeninos." Porém não é isso que se observa nos vários setores da política social, na saúde, no saneamento básico, na cultura, na política urbana, na educação e na educação infantil. Três indicadores são particularmente notáveis: a alta taxa de pobreza entre as crianças pequenas, a alta taxa de mortalidade infantil e na infância (isto é, entre crianças com menos 5 anos), a insuficiência de vagas e a baixa qualidade de creches e pré-escolas. Apresentarei, a seguir, alguns dados retirados da Pesquisa Nacional por Amostra de Domicílios (PNAD 2004), tendo em vista o inquérito complementar que coletou informações relevantes sobre o acesso de crianças e adolescentes a políticas públicas.

Essa dívida histórica tem, inicialmente, a ver com a desigual distribuição da pobreza pelas faixas etárias. Sabemos que, no Brasil, o percentual de pobres é notavelmente mais alto nas famílias que têm crianças de 0 a 6 anos. A população brasileira é estimada em 182 milhões de pessoas, dentre as quais 16,3 milhões (quase 9%) são crianças de até 6 anos de idade. Dessas crianças,

41,4% vivem em famílias com um rendimento médio *per capita* de até 1/2 salário mínimo. Nenhuma faixa etária apresenta percentual tão alto de pobreza.[6]

Tal desigualdade de renda tem impacto trágico na vida das crianças brasileiras. Sem dúvida, o mais trágico é o alto índice de mortalidade infantil: 26,6 por mil, o que coloca o Brasil na 99ª posição no *ranking* da ONU, abaixo de Cuba, Chile, Porto Rico, Venezuela. Ora, tal posição é inferior àquela ocupada pela esperança média de vida ao nascer brasileira (71,7% anos), que vem aumentando gradativamente, e que nos coloca na 82ª posição no mesmo escore da ONU. Há, portanto, um superávit de mortes infantis no Brasil, em parte decorrente do superávit de pobres entre as crianças pequenas. Porém, as políticas públicas setoriais têm também contribuído para isso. Com efeito, estudos mostram que a mortalidade na infância (crianças de até 5 anos) diminuiria da metade (de 66,5 por mil para 32,5 por mil) se as condições de saneamento básico fossem adequadas. Apesar de sabermos disso há anos, quase 1/3 das crianças do Nordeste e Sudeste vivem em moradias inadequadas do ponto de vista da densidade, saneamento de água e esgoto e coleta de lixo.[7] Há quem diga que tal mortalidade é mesmo inevitável, que crianças são seres frágeis. Talvez não exista situação mais dramática do que a de enterrar o próprio filho. Inimaginável é a dor de ver morrer um filho por condições que não se podem modificar pessoalmente, individualmente. As crianças pequenas que morrem por deficiência de saneamento básico nem sempre são nossos filhos.

Crianças pequenas são seres cativos, no sentido de que sua mobilidade depende de adultos, seu espaço de circulação é restrito. A maioria das crianças de 0 a 3 anos permanece em suas casas 24 horas por dia. Nas condições de saneamento básico que existirem em suas casas. Nas condições de saneamento básico que existirem nas creches e pré-escolas, se existirem vagas. Durante décadas o modelo adotado de expansão da EI brasileira – com pequeno investimento de recurso público, usando espaços improvisados e inadequados – tem contribuído para a manutenção dessa perversidade do sistema. Se não é proposta da EI resolver as iniquidades da distribuição de renda no Brasil, da política de saneamento, por exemplo, ela deve estar atenta para não reproduzir tais iniquidades.

A distribuição de recursos para os diferentes níveis educacionais, historicamente, tem discriminado a EI, a criança pequena. O gasto médio por criança/ano na pré-escola é inferior ao registrado em países latino-americanos (Argentina, Uruguai, Chile e México) e quase 1/4 a menos do que a média dos países que integram a OCDE.[8]

Tabela 1 – Gastos públicos com educação como percentual do PIB (2002).

Educação Infantil	Ensino Fundamental		Ensino Médio	Ensino Superior	Total
	1ª a 4ª	5ª a 8ª			
0,3	1,3	1,3	0,7	0,8	4,4

Fonte: MEC/INEP, 2003.

A insuficiência de recursos disponibilizados para a EI pode explicar, em parte, o quadro de insuficiências que vem sendo apontado. Apesar de constituírem o grupo com maior índice de pobreza, as crianças pequenas, especialmente as de 0 a 3 anos, são as que menos frequentam instituições educacionais, déficit apenas superado pelas pessoas de 25 anos ou mais.

Tabela 2 – Taxa de frequência bruta a estabelecimento de ensino (2004).

Regiões	Idades				
	0 a 3	**4 a 6**	**7 a 14**	**15 a 17**	**18 a 24**
Norte	5,7	57,9	94,9	78,6	32,4
Nordeste	11,8	75,7	96,1	78,9	35,5
Sudeste	16,2	74,8	98,1	85,4	30,3
Sul	18,5	60,2	97,8	81,7	30,7
Centro-Oeste	8,8	61,7	97,2	79,9	31,3
Brasil	13,4	70,5	97,1	81,9	32,3

Fonte: PNAD, 2004.

A dívida histórica da sociedade brasileira para com as crianças pequenas e da educação para com a EI se acentua quando destacamos o perfil da oferta e da expansão de vagas (Tabelas 2 e 3):

- a expansão e a oferta de vagas ocorrem com intensa participação da rede privada (42, 9% para as creches);
- a expansão e a oferta de vagas discriminam as crianças menores e mais pobres, ou seja, elas são tanto maiores quanto maior o rendimento familiar;

- a expansão e a oferta de vagas discriminam as crianças negras;
- elas são de pior qualidade para as crianças mais pobres.

Tabela 3 – Taxa de frequência à creche e pré-escola de crianças de 0 a 6 anos, segundo características determinadas – Brasil – 1995-2005.

Características	0 a 3 anos de idade		4 a 6 anos de idade	
	1995	2005*	1995	2005*
Brasil	7,6	13,3	53,5	72,7
Cor				
Branca	8,7	14,6	56,3	74,6
Preta ou parda	6,2	12,0	50,5	71,1
Situação do Domicílio				
Urbano	9,2	15,2	59,4	75,8
Rural	2,7	5,0	35,9	59,0
Grandes Regiões				
Norte	5,6	7,0	55,1	65,5
Nordeste	7,1	11,7	56,1	77,6
Sudeste	8,3	15,8	55,1	75,9
Sul	8,6	16,1	45,1	62,1
Centro-Oeste	5,5	10,0	48,0	62,8
Faixa de Rendimento familiar *per capita*				
até meio salário mínimos	5,1	9,3	42,6	66,4
3 salários mínimos ou mais	22,6	33,6	83,2	94,3

Fonte: IBGE, Pesquisa Nacional por Amostra de Domicílios 1995 e 2005, apud IPEA, 2007.
Obs.: * Excluída a população rural da região Norte.

O atendimento à criança de 0 a 3 anos é bastante precário. Vejamos: temos 11,5 milhões de crianças de 0 a 3 anos. Dessas crianças, apenas 13,4% frequentavam creche; apenas 9,0% das crianças de 0 a 3 anos oriundas das famílias que recebiam até 1/2 salário mínimo *per capita* (as mais pobres) frequentavam creche; apenas 7,6% frequentavam creche pública; apenas 7,1% frequentavam creche por mais de 4 horas diárias; apenas 10,2% frequentavam creche e recebiam merenda/refeição gratuita.[9]

Tabela 4 – Taxa de frequência (%) escolar por rendimento médio mensal *per capita* em salário mínimo (SM), 2004.

Rendimento médio mensal *per capita*					
Idades	até 1/2 SM	+ de 1/2 a 1 SM	+ de 1 a 2 SM	+ de 2 a 3 SM	+ de 3 SM
0 a 3	9,0	13,6	19,5	25,7	39,0
4 a 6	63,2	72,6	79,3	88,7	94,2

Fonte: PNAD, 2004.

De fato, a dívida da sociedade e da educação brasileiras para com a criança pequena é enorme. O déficit da oferta é intenso e mais intenso para grupos sociais mais necessitados; a qualidade da oferta é precária. O relatório da Comissão Unesco/OCDE[10] destaca, ainda, que: a situação das creches é pior que a das pré-escolas; a situação das creches comunitárias é pior que a das demais; a formação dos/as professores/as dá pouca atenção ao desenvolvimento infantil na faixa de 0 a 6 anos e oferece poucas oportunidades de estágio em creche; as atividades com as crianças são rígidas, pouco diversificadas, "presas a rotinas empobrecidas levando à ociosidade e representando pouco estímulo a seu desenvolvimento motor, cognitivo, afetivo, cultural e social"; as diretrizes curriculares são pouco divulgadas e usadas; nota-se insuficiência da integração entre a EI e a 1ª série do EF (ensino fundamental).

A nova lei do Fundeb aporta recursos para que a perversidade do sistema seja parcialmente corrigida e que ocorra expansão da oferta de vagas em EI com qualidade e equidade. Portanto, formulo a minha segunda resposta à pergunta "o que fazer agora?" Corrigir as discriminações de idade, de cor/raça e econômicas que caracterizam a oferta da EI com melhoria da qualidade é a meta que temos pela frente. Portanto, expandir a oferta com equidade e qualidade. Mas, para que isso ocorra, é necessário, tal como Ulisses o fizera, evitar as tentações das sereias. Caminho para a terceira pergunta.

3) Quais as tentações que enfrentaremos? A mitologia grega já me servira de inspiração: no final dos anos 1990, evoquei Sísifo, herói trágico que viveu a maldição de empurrar a pedra montanha acima, mas que por imposição dos deuses, de seu destino trágico, escorregava eternamente ladeira abaixo. Qual a maldição de Sísifo na educação infantil brasileira? Sua instabilidade, a ameaça constante de rebaixamento para soluções milagrosas e de ocasião, o que dificulta a construção contínua de sua identidade, de competências brasileiras para a instalação de um modelo brasileiro sólido de instituição educacional pública para crianças pequenas com qualidade e equidade.

Em 2008 comemoramos vinte anos da Constituição de 1988. E há vinte anos acertamos os componentes básicos desta concepção: direito à educação e ao cuidado das crianças pequenas e dos pais, particularmente das mães, ao trabalho. Mas desde lá a implantação se vê ameaçada por duas forças poderosas: a escolarização precoce da criança de 0 a 6 anos e da pré-escola; a assistencialização das creches ou da oferta para as crianças pobres. E essas ameaças continuam atuais.

Falta-nos à sociedade brasileira termos mais clareza sobre o estatuto, a posição da primeira infância na sociedade: quando a considerarmos uma etapa preparatória para a verdadeira vida, uma etapa de curta duração, concebemos a EI como preparatória à verdadeira vida escolar, que se inicia com o ensino compulsório, com as verdadeiras aprendizagens, da leitura, da escrita, dos cálculos. Nessa ótica, esquecemos que a criança pequena está vivendo sua humanidade hoje, sua cidadania hoje, ao mesmo tempo em que constitui as bases para o futuro. Esquecemos que a curta duração da primeira infância diante de uma esperança de vida de 70 anos – 5,6 anos, 3 para os bebês – constitui a vida inteira de uma criança pequena, de um bebê. Permanecer oito horas numa creche ou numa pré-escola excessivamente quente ou fria; sem espaços adequados para brincar; com adultos sobrecarregados; sem área externa para correr, sem estímulo para saciar a curiosidade, à espera das rotinas é um sofrimento para qualquer um. Se a infância é transitória na vida da pessoa, ela é duradoura para quem a vive e permanente como etapa da vida na sociedade.

Não podemos nos esquecer que as crianças pequenas dispõem de inúmeras competências, de um rico e complexo potencial de sensibilidade e criatividade cada vez mais reconhecidos pela neurociência, pela psicologia e educação. Esse potencial ultrapassa em muito os recortes das disciplinas escolares. Para ser alimentado, requer atenção individualizada (turmas pequenas); professores(as) formados(as), capazes de acompanhar a curiosidade e a mobilidade da criança. Ora, se tolhido, esse capital humano se vê desperdiçado hoje e amanhã, como reconhece documento do País de Gales: a experiência de uma criança em uma creche ou pré-escola é experiência de vida.

> As crianças são consideradas como cidadãos atuais na comunidade. O investimento nas crianças, em sua aprendizagem e em seu desenvolvimento, justifica-se pelo fato de que elas são valorizadas no presente e não apenas na perspectiva das repercussões futuras. A vivência de uma criança em um serviço de EI é, ao mesmo tempo, a vida e a preparação para a vida.[11]

A tentação nessa nova etapa pós-Fundeb, no que se refere à escolarização precoce, consiste tanto em transformar a creche e a pré-escola em vestíbulo, sala de espera, apenas fase preparatória para o ensino fundamental, quanto em reduzir progressivamente a idade para ingresso no ensino fundamental. Afinal, o sistema público de ensino fundamental está institucionalizado no Brasil. O fluxo demográfico vem mostrando uma diminuição das faixas etárias mais jovens. Nada mais simples que reciclar vagas sobrando, salas sobrando, professores(as) sobrando, para uma classe anexa de EI, para uma classe de 1º ano do EF com crianças de 5, quem sabe, de 4 anos. Criamos a categoria "crianças fora do lugar", categoria nossa velha conhecida. Estudo que efetuei nos anos 1990 mostrou que crianças mais velhas (de 7 anos e mais) na EI ou mais novas (de 6 e 5 anos) no EF eram mais pobres e, com maior frequência, negras do que as que estavam na idade correta, "no lugar".[12]

A outra ameaça tem sido a assistencialização da creche, especialmente do atendimento à criança pobre de 0 a 3 anos: como o déficit de vagas é alto, e as metas de expansão parecem inatingíveis e os recursos disponibilizados reduzidos, a solução aparentemente mais simples tem sido a de apelar para modelos incompletos e emergenciais. Os exemplos são múltiplos, por vezes denominados de "flexibilização" do sistema, ou de modelos "alternativos". Conhecemos, na história recente brasileira, vários tipos e denominações: creche domiciliar, mãe crecheira, hotelzinho, vale creche, brinquedoteca, bolsa para mães, entre outros.

O problema com tais propostas pode não decorrer delas mesmas, mas de seu caráter incompleto (daí eu preferir as expressões "modelo incompleto" ou "alternativas incompletas"), que não dá conta das dimensões consensuadas sobre a especificidade da EI: educar e cuidar com equidade e qualidade. Ninguém é contra uma brinquedoteca: mas sou contra uma brinquedoteca utilizar os recursos da educação ou do Fundeb, ao invés de serem aplicados em creches ou pré-escolas completas. Da mesma forma que uma rede de bibliotecas não substitui uma rede de escolas, brinquedotecas não substituem creches e pré-escolas. Complementam-nas, acionando recursos específicos, de outras fontes. Ninguém é contra programa de educação de mães, de pais. Mas não aceito que essa educação seja considerada expansão da EI, que use recursos da EI, que substitua a ampliação de vagas. Afinal, somos pais e mães não apenas de crianças pequenas. Educação de pais pode ser para o transcorrer da vida de nossos filhos. Por que usar apenas recursos da EI para a educação de pais?

Há necessidades de crianças e de suas famílias que vão além da creche e da pré-escola. Há direitos reconhecidos para crianças e suas famílias que vão além da educação, que vão além dos sistemas educacionais. A tentação, nesta nova fase, é a educação assumir, no que diz respeito à criança pequena, funções para além de sua missão, de sua competência, de seus recursos. Ou melhor, usar seus recursos para outras funções que não as da educação. Direcionar os recursos do Fundeb para a salvação da criança brasileira estimula forte tentação. Porém, bem-estar integral da criança brasileira é uma tarefa que exige recursos múltiplos, integrados, contando com a educação, mas não somente com ela. Outra tentação que ronda é transformar a creche no pré-vestibulinho do ensino fundamental, esquecer-se da dupla dimensão do cuidado: de um lado, para a criança; de outro, para os pais, especialmente para as mães. A armadilha, nesse caso, é ampliar as vagas em creche via tempo parcial; é subsumir o cuidado na educação; é escolarizar precocemente os bebês, os engatinhos; é restringir a vida à pedagogia escolar.

A história brasileira, e também a internacional, tem mostrado que a EI não escapa à lógica de produção e reprodução da pobreza via políticas públicas: as crianças pobres tendem a frequentar instituições de EI de pior qualidade que as crianças não pobres. Na EI brasileira uma das principais vias de diferenciação da qualidade do atendimento se estabeleceu entre a rede pública e a conveniada de creches e pré-escolas, herança do projeto Casulo da LBA. A disponibilidade de recursos do Fundeb permite vislumbrar que sairemos dessa trilha. Mas a tarefa é imensa, pois, além de projetarmos o futuro, temos a incumbência de acertar sequelas de opções do passado que foram implantadas em momentos de maior restrição de recursos financeiros e humanos, o que nos levou a um perfil de atendimento insuficiente e com mazelas no que diz respeito à qualidade dos serviços.

Portanto, minha resposta à terceira pergunta: para fugir das tentações que rondam a área devemos resistir à política do espetáculo, que pode ganhar visibilidade midiática, e até mesmo votos, mas não salda nossa dívida histórica para com a criança pequena.

Em 1995, Maria Malta Campos e eu elaboramos *Critérios para um atendimento em creches que respeite os direitos fundamentais das crianças.*[13] Reelaborei tais critérios à luz da aprovação do Fundeb reafirmando que "Os recursos do Fundeb serão direcionados para que a política de educação infantil respeite os direitos fundamentais da criança pequena".

Os recursos do Fundeb serão direcionados para que a política de educação infantil respeite os direitos fundamentais da criança pequena, isto é:

- Os recursos do Fundeb para a EI são usados para a ampliação da oferta com equidade e melhoria da qualidade de creches e pré-escolas.
- Os planos nacional, estadual e municipal para a EI explicitam metas, estratégias, cronograma, mecanismos de supervisão e avaliação.
- Creches e pré-escolas têm por objetivo educar e cuidar de crianças de até 5 anos de idade.
- Creches e pré-escolas não estão sendo usadas por crianças com mais de 6 anos como alternativa ao ensino fundamental.
- O ensino fundamental não está sendo usado como alternativa à abertura de vagas na EI.
- Creches e pré-escolas são concebidas como um serviço público que atende a direitos da família e da criança.
- A política de EI procura responder ao princípio de igualdade de oportunidades para as idades, as classes sociais, os sexos, as raças e os credos.
- A política de EI reconhece que as crianças têm uma família.
- A política de EI é inclusiva.
- A política de EI prevê a gestão democrática dos equipamentos e a participação das famílias e da comunidade.
- A programação para as creches e as pré-escolas respeita e valoriza as características culturais da população atendida.
- A política de EI integra o planejamento municipal, estadual, regional e federal de ações mais gerais.
- A política de EI estimula a produção e o intercâmbio de conhecimentos sobre educação infantil e criança pequena.

- O plano de expansão das creches e pré-escolas, em quantidade e localização, responde às necessidades das famílias e crianças.
- O plano para EI prevê entre suas metas prioritárias a melhoria da qualidade do atendimento à criança.
- O orçamento para a EI é suficiente para oferecer um atendimento digno às crianças e um reconhecimento do trabalho do adulto profissional.
- Os critérios para admissão de crianças nas creches e pré-escolas são democráticos, inclusivos, transparentes e não discriminatórios.
- As pessoas que trabalham nas creches e pré-escolas são reconhecidas e tratadas como profissionais nos planos da formação educacional, do processo de seleção, do salário e dos direitos trabalhistas.
- O recurso repassado às creches e pré-escolas respeitam o cronograma pré-estabelecido.
- Os critérios para estabelecimento e avaliação de convênios são transparentes e acessíveis ao público.
- As entidades conveniadas permitem o acesso público aos equipamentos e acolhem a orientação dos órgãos responsáveis.
- O plano da educação contempla a integração entre EI e ensino fundamental.

ANEXO

Avaliação do IPEA (2007) sobre política de EI

Existem evidências suficientes de que um dos investimentos educacionais que mais trazem retornos sociais e financeiros é o destinado às crianças de até 6 anos de idade. No Brasil, ainda são insuficientes os níveis de atendimento a essa faixa etária. Por outro lado, como a oferta da educação infantil é atribuição constitucional dos municípios, e grande parte deles tem deficiências técnicas e financeiras para assumir esse papel, torna-se imprescindível o apoio efetivo do governo federal, conforme preceitua o regime de colaboração.

No entanto, as ações do MEC em educação infantil têm sido tímidas e o apoio financeiro quase insignificante. Mesmo o programa recentemente instituído de formação de professores leigos de educação infantil (ProInfantil) encontra vários entraves para ampliação (recursos humanos e financeiros, dependência da instância estadual para sua implementação). Na área de informação e avaliação, a educação infantil constitui uma das que mais apresentam precariedades. Portanto, uma perspectiva recomendável é que a educação infantil se transforme em uma prioridade do governo federal, ocupando lugar privilegiado nas iniciativas de formação de professores, gestores e conselheiros de educação, e com a ampliação de programas de material didático, especialmente livros infantis e brinquedos.

A inclusão das crianças de 6 anos no ensino fundamental, que passou a ter a duração de nove anos, constitui um avanço. É um desafio, entretanto, o apoio do âmbito federal no estabelecimento de diretrizes para esse novo formato do ensino compulsório e na implementação das mesmas em municípios que apresentam maiores carências técnico-pedagógicas. Alcançada a meta da universalização do atendimento educacional às crianças de 6 anos no ensino fundamental, o apoio do governo federal deveria visar à oferta de educação infantil de qualidade, inicialmente para todas as crianças de 5 anos de idade, e em seguida as de 4 anos. Dada a importância da educação infantil, o objetivo é superar a meta estabelecida no PNE de uma cobertura educacional de 80% dessa faixa etária.

O acesso das crianças até 3 anos de idade às creches é marcado pela insuficiência e desigualdade na cobertura e por baixos padrões de qualidade. Deixados à iniciativa privada e à filantropia, esses problemas não serão superados. Os efeitos positivos da ação da esfera pública são evidenciados em vários municípios que, atendendo às demandas da sociedade, investiram na ampliação das vagas e na implantação de programas de melhoria de qualidade das creches. Sendo uma responsabilidade dos municípios, e considerando as carências de muitos deles, seria fundamental o apoio técnico e financeiro da União que abranja os vários aspectos do atendimento: oferta de vagas, formação e valorização docente, gestão, espaços, equipamentos e materiais adequados. Trata-se, portanto, de efetivamente incluir a creche em programas do Ministério destinados à educação básica.

Até 1988, o atendimento em creches vinha sendo assumido, de forma exclusiva, pela área de Assistência Social, mediante apoio a iniciativas da sociedade. Ao reconhecer o caráter eminentemente educativo das creches e incluí-las no âmbito da educação, a Constituição de 1988 e a LDB representaram um avanço legal de monta. O governo federal, entretanto, não assumiu a responsabilidade pelo apoio financeiro às creches comunitárias e filantrópicas. Permaneceram no Ministério do Desenvolvimento Social os recursos e a responsabilidade pelo seu repasse a essas instituições. Sem o poder e a competência para legislar e supervisionar o atendimento em creches, esse Ministério tem enfrentado grandes dificuldades para apoiá-lo e exigir padrões postos pela legislação educacional. É recomendável que seja instituído no Ministério da Educação um programa de apoio a essas creches, que permita a continuidade da oferta e ao mesmo tempo garanta padrões de qualidade educacional, inserindo-as nos sistemas de ensino municipais.

(IPEA, 2007, pp. 189-90)

Notas

1 ECA – Estatuto da Criança e do Adolescente; LDB – Lei de Diretrizes e Bases da Educação Nacional; Loas –Lei Orgânica da Assistência Social.

2 PNAD, 2005.

3 Idem.

4 Idem.

5 Movimento Interforuns de Educação Infantil do Brasil, 2002.

6 PNAD, 2004.

7 PPV, 1995/1996.

8 Campos, 2006, p.5.

9 PNAD, 2004.

10 Unesco/OCDE, 2005, apud Campos, 2006, p. 4.

11 OCDE, 2002, p.63, País de Gales.

12 Fúlvia Rosemberg, "Educação infantil, classe, raça e gênero", em *Cadernos de Pesquisa,* v. 9, 1996 pp. 31-86.

13 Maria M. Campos e Fúlvia Rosemberg, *Critérios para um atendimento em creches que respeite os direitos fundamentais das crianças*, Brasília, MEC/SEF/COEDI, 1995.

Bibliografia

CAMPOS, Maria Malta. Educação infantil: conquistas e desafios. *Reescrevendo a educação*: propostas para um Brasil melhor. São Paulo: Ática; Scipione; Fundação Victor Civita, 2006, p.91-102.

______; ROSEMBERG, Fúlvia. *Critérios para um atendimento em creches que respeite os direitos fundamentais das crianças.* Brasília: MEC/SEF/COEDI, 1995.

IBGE. *Pesquisa Nacional por Amostra de Domicílios.* PNAD, 2004. Disponível em: <www.ibge.gov.br>. Acesso em: 16 de dez. de 2009.

______. *Síntese de indicadores sociais 2005.* Coordenação de População e Indicadores Sociais. Rio de Janeiro: IBGE, 2006.

______. *Pesquisa padrão de vida 1995-1996.* Rio de Janeiro: IBGE, 1997.

IPEA. *Políticas sociais: acompanhamento e análise.* Caderno 13. Brasília: fevereiro 2006.

MEC/INEP. Gastos Públicos em Educação 2002.

Movimento Interforuns de Educação Infantil do Brasil. *Educação Infantil*: construindo o presente. Campo Grande: UFMS, 2002. Disponível em: <www.mieib.org.br>. Acesso em: 16 dez. de 2009.

OCDE. *Educação e cuidado na primeira infância*: grandes desafios. Trad. Guilherme João de Freitas Teixeira. Brasília: Unesco Brasil/ OECD/Ministério da Saúde, 2002.

ROSEMBERG, Fúlvia. Educação infantil, classe, raça e gênero. *Cadernos de Pesquisa*, v. 9, 1996, pp. 31-86.

A docência na educação infantil

Marynelma Camargo Garanhani

O capítulo que apresento tem a intenção de trazer reflexões sobre características e especificidades da docência na educação infantil. Para isso, recorri a estudos sobre saberes docentes e sobre o profissional responsável pelo trabalho docente com crianças das instituições de educação infantil.

Roldão,[1] ao tratar da natureza e construção do conhecimento profissional docente, alerta que esse tema, tal como possíveis questionamentos e tentativas de respostas, não existe *per se*, pois trata-se de uma construção histórico-social em permanente evolução.

> Todavia, em cada tempo e contexto, a consciência da mutabilidade, historicidade e relatividade dos conceitos, papéis e funções sociais e profissionais não impede – antes exige – que, no tempo e no contexto em que se vive, sejamos capazes de a ler com clareza possível à luz do conhecimento e dos referentes disponíveis.[2]

Apoiada nessas considerações, apresento também algumas proposições sobre a docência na educação infantil.

A educadora da pequena infância e a relação com os saberes

No Brasil, o profissional responsável pela educação da criança de 0 a 6 anos não apresenta, em sua grande maioria, qualificação profissional satisfatória. O próprio Ministério da Educação (MEC) informa:

> No Brasil, a formação dos profissionais que atuam em educação infantil, principalmente em creches, praticamente inexiste como habilitação específica. Assinala-se que algumas pesquisas registram um expressivo número de profissionais que lidam diretamente com criança, cuja formação não atinge o ensino fundamental completo. Outros concluíram o ensino médio, mas sem a habilitação de magistério e, mesmo quem a concluiu, não está adequadamente formado, pois esta habilitação não contempla as especificidades da educação infantil.[3]

Essa situação expõe os profissionais da educação infantil a uma fragilidade, enquanto categoria profissional, como também a uma diversidade de nomes – pajem, babá, recreacionista, monitor(a), atendente, professor(a) e educador(a) – para caracterizar as suas funções.

Preocupados com essa situação, alguns pesquisadores brasileiros[4] formulam argumentos acerca da necessidade de definir a especificidade e formação da *educadora*[5] – termo eleito para se referir, neste momento da discussão, ao profissional responsável, diretamente, pela educação da criança pequena.

Cruz adverte:

> Aqui no Brasil, como já vimos, ainda estamos muito longe de podermos contar com um corpo de profissionais realmente competentes atuando nas diversas instituições públicas ou privadas espalhadas pelo país. A grande maioria dos que possuem escolaridade mais elevada (mesmo que não tenham se beneficiado com estudos especializados na área) assumem postos de direção, coordenação, supervisão ou assessoria, enquanto não se exige quase nada em termos de formação daquela que mais tempo passa com as crianças e que exerce influência considerável sobre seus processos de socialização, construção de conhecimentos, formação de personalidade. Via de regra, essa profissional pode contar apenas com os saberes oriundos das suas vivências enquanto membro de um determinado grupo social e os que vão conseguindo acumular (em geral, sem as condições de reflexão e sucessão que favoreceriam o seu enriquecimento) ao longo da sua experiência de trabalho, tornando-se a executora do planejamento (quando este existe) pensado por alguma instância superior. Assim, soma-se à cisão entre quem cuida e quem educa a cisão entre quem planeja e quem executa.[6]

Como Cruz, vários estudiosos[7] apontam que grande parte das educadoras responsáveis pela educação infantil são *leigas*.[8] Em tese, quando se trata de educadoras leigas entende-se, segundo Scarpa, "tratar-se de profissionais que não possuem uma habilitação, que desconhecem ou são ignorantes do trabalho que fazem; são de antemão considerados menos aptos a conduzir o processo de aprendizagem do que qualquer outro habilitado".[9] Pode se, no entanto, questionar essa afirmação, pois a falta de habilitação não significa, necessariamente, mau desempenho profissional.

Em seu estudo sobre as profissionais de educação infantil, Cerisara (2002) identifica *saberes invisíveis* adquiridos ao longo da vida, os quais acentuam a desvalorização social dessas profissionais. Essas mulheres desenvolvem habilidades, saberes e práticas que possibilitam o exercício da função sem que tenham formalizado suas competências, ou nas palavras da autora.

> "Há, portanto, uma indivisibilidade de saberes e práticas que acabam por colaborar com a ideia ainda vigente no senso comum de que, por serem saberes e práticas naturais da mulher, são caracterizados como complementares, de ajuda ou acessórios; o que contribui para a sua desvalorização" (Cerisara, 2002, p.106).

Constatações de Cerisara[10] me conduziram à procura de referências teóricas sobre os saberes docentes para discuti-los no âmbito da docência na educação infantil. Nessa busca encontrei a paráfrase de Borges sobre o conceito de *saber docente* de Tardif et al (1991):

> [...] é possível conceituar o saber docente como o conjunto de saberes que o professor possui não só no que diz respeito aos conhecimentos já produzidos que ele transmite, mas também, ao conjunto de saberes que integram sua prática e com os quais ele estabelece diferentes relações.[11]

Por meio dela, foi possível iniciar a sistematização do tema, neste estudo.

Tardif[12] conceitua o saber docente como um saber plural, formado por saberes provenientes de diversas fontes. Para melhor esclarecimento do conceito, proponho a visualização de um quadro de modelo tipológico Quadro 1 com a intenção de identificar e classificar os saberes dos professores, como também colocar em evidência suas fontes de aquisição e seus modos de integração no trabalho docente.

Quadro 1 – Saberes dos professores

Saberes dos professores	Fontes de aquisição	Modos de integração no trabalho docente
Saberes pessoais dos professores.	A família, o ambiente de vida, a educação no sentido lato etc.	Pela história de vida e pela socialização primária.
Saberes provenientes da formação escolar anterior.	A escola primária e secundária, os estudos pós-secundários não especializados etc.	Pela formação e pela socialização pré-profissionais.
Saberes provenientes da formação profissional para o magistério.	Os estabelecimentos de formação de professores, os estágios, os cursos de reciclagem etc.	Pela formação e pela socialização profissional nas instituições de formação de professores.
Saberes provenientes dos programas e livros didáticos usados no trabalho.	A utilização das "ferramentas" dos professores: programas, livros didáticos, cadernos de exercícios, fichas etc.	Pela utilização das "ferramentas" de trabalho, sua adaptação às tarefas.
Saberes provenientes de sua própria experiência na profissão, na sala de aula e na escola.	A prática do ofício na escola e na sala de aula, a experiência dos pares etc.	Pela prática do trabalho e pela socialização profissional.

Fonte: Tardif, *Saberes docentes e formação profissional.* Petrópolis: Vozes, 2002, p. 63.

Segundo Tardif,[13] esse quadro mostra vários fenômenos importantes relacionados ao saber docente. Em primeiro lugar, ele afirma que todos os saberes nele identificados são utilizados pelos professores no contexto de sua prática pedagógica, ou seja, os professores utilizam constantemente seus conhecimentos pessoais e um saber-fazer próprio. Trabalham com programas e livros didáticos, como também se baseiam em saberes escolares relativos às matérias ensinadas. Integram-nos em sua experiência e recorrem a elementos de sua formação profissional.

O quadro organizado por Tardif mostra, também, a natureza social do saber profissional:

> [...] pode-se constatar que os diversos saberes dos professores estão longe de serem todos produzidos diretamente por eles, que vários deles são de certo modo exteriores ao ofício de ensinar, pois provêm de lugares sociais anteriores à carreira, propriamente dita, ou fora do trabalho cotidiano. Por exemplo, al-

guns provêm da família do professor, da escola que o formou e de sua cultura pessoal; outros vêm das universidades; outros são decorrentes da instituição ou do estabelecimento de ensino (programas, regras, princípios pedagógicos, objetivos, finalidades, etc.); outros, ainda provêm dos pares, cursos de reciclagem, etc. Nesse sentido, o saber profissional está, de um certo modo, na confluência entre várias fontes de saberes provenientes da história de vida individual, da sociedade, da instituição escolar, dos outros atores educativos, dos lugares de formação etc.[14]

Ponte[15] aborda o papel das crenças na caracterização dos saberes e ressalta que elas são condicionadas pelo grau de impregnação da cultura social, pelo conhecimento científico e profissional e pelas vivências pessoais. Para o autor, as diferenças entre os diversos tipos de saberes traduzem-se pela diferente articulação entre as crenças e os outros tipos de pensamento, com base no raciocínio e na experiência. Segundo ele, a crença é

> como uma parte do conhecimento relativamente 'pouco elaborada' [...]. Nas crenças predominaria a elaboração mais ou menos fantasista e a falta de confrontação com a realidade empírica. No conhecimento mais elaborado de natureza prática predominariam os aspectos experienciais. No conhecimento de natureza teórica predominaria a argumentação racional.[16]

Com apoio no estudo de Cerisara,[17] sobre as profissionais de educação infantil, e nas considerações de Tardif[18] e Ponte,[19] sobre a natureza dos saberes docentes, formulei as seguintes indagações: quais são as características e as especificidades da profissão professora de criança pequena? Que saberes são necessários para a docência na educação infantil?

Segundo Charlot:

> analisar a relação com o saber é estudar o sujeito confrontado à obrigação de aprender, em um mundo que ele partilha com outros: a relação com o saber é relação com o mundo, relação consigo mesmo, relação com os outros. Analisar a relação com o saber é analisar uma relação simbólica, ativa e temporal. Essa análise concerne à relação com o saber que um sujeito singular inscreve num espaço social. [20]

Nesse sentido, Charlot[21] mostra que a relação com o saber é uma relação com o meio e, enquanto relação social, não deve ser feita independentemente da análise das dimensões epistêmica e identitária, mas através delas.

Na dimensão epistêmica, o autor discute três formas de relação com o saber: 1) aprender é uma atividade de apropriação de um saber que não se possui, mas cuja existência é depositada em objetos, locais, pessoas; 2) aprender pode ser também dominar uma atividade, capacitar-se a utilizar um objeto de forma pertinente, ou seja, "não é mais passar da não posse à posse de um objeto (o saber), mas, sim, do não domínio ao domínio de uma atividade. Esse domínio se inscreve no corpo"[22]; e 3) aprender significa entrar num dispositivo relacional, apropriar-se de uma forma intersubjetiva, garantir um certo controle de seu desenvolvimento pessoal, construir de maneira reflexiva uma imagem de si mesmo.

> Trata-se, dessa vez, porém, de dominar uma relação e, não, uma atividade: a relação consigo próprio, a relação com os outros; a relação consigo próprio através da relação com os outros e reciprocamente. Aprender é tornar-se capaz de regular essa relação [...].[23]

A dimensão identitária significa: "a história do sujeito, as suas expectativas, as suas referências, a sua concepção de vida, as suas relações com os outros, a imagem que tem de si e a que quer dar de si aos outros".[24]

Assim, para abordar as características e especificidades da atuação docente de educadoras da pequena infância é necessário levar em consideração: o seu perfil profissional, a sua formação, o sistema educacional na qual está inserida, como também as suas ações e relações nesse contexto social.

Dimensões da docência e características de professores da criança pequena

Ao entender a educação em instituições como uma ação intencional e sistematizada para a apropriação e construção de práticas, saberes, conceitos, sentimentos, obras etc., disponíveis em um determinado meio sociocultural e que acontece na mediação com o outro,[25] nas instituições de educação, principalmente, da educação infantil esse outro que irá mobilizá-la é a professora.[26] Nesse cenário retomo a seguinte indagação: o que caracteriza a docência na educação infantil?

Para propor respostas a essa indagação recorri às proposições de Canário[27], que reconfigura o *profissional professor* em quatro dimensões essenciais, na tentativa de contribuir com os debates e discussões sobre a formação de professores.

Primeira dimensão: o professor é um analista simbólico

"Considerar o professor como um analista simbólico significa encará-lo como um solucionador de problemas, em contextos marcados pela complexidade e pela incerteza, e não como alguém capaz de dar as respostas certas a situações previsíveis."[28] Os analistas simbólicos são especialistas na identificação, resolução e intermediação estratégica de problemas, realizando trabalhos que equivalem a *quebra-cabeças conceituais.* Para esses trabalhos desenvolvem elevadas capacidades de abstração, adquirindo uma visão sistêmica que lhes permite lidar com a complexidade, a experimentação e modos de aprendizagem em exercício. Os analistas simbólicos estão sempre a experimentar e trabalhar em equipes, discutem com pares, elaboram conceitos e estratégias, escrevem propostas, projetos e relatórios.

Assim, ser professora da educação infantil, na dimensão analista simbólica, é muito mais do que conhecer os estudos sobre a criança e os conteúdos, conhecimentos e saberes a serem proporcionados para essa fase de escolarização. É conhecer e compreender qual criança está sob sua responsabilidade pedagógica, qual é o contexto sociocultural em que essa criança está inserida e, consequentemente, ter clareza na seleção e justificativa de saberes que configuram sua prática docente para essa criança.

Segunda dimensão: o professor é um profissional da relação

O professor exerce uma atividade profissional, marcada pela relação face a face quase permanente com o aluno. A natureza da sua atividade se define tanto por aquilo que ele sabe, como por aquilo que ele é. Segundo Canário:

> reconhecer que a relação professor-aluno impregna a totalidade da ação profissional do professor, implica reconhecer, também, que os professores, necessariamente aprendem no contacto com os alunos e serão melhores professores quanto maior for a sua capacidade para realizar essa aprendizagem. O que

> significa que o estereótipo tradicional de bom professor reduzido à qualidade de bom e eficaz transmissor de informações terá de dar lugar à figura do bom comunicador, definido, sobretudo, pelas suas qualidades de escuta.[29]

Ser professora da educação infantil, como profissional da relação, é entender que toda criança tem um corpo e uma história que se relaciona com a movimentação do seu corpo e com a sua história pessoal. Que o desenvolvimento infantil ocorre na complexa dinâmica de uma cultura na qual a professora e a criança estão inseridas. Portanto, ser uma profissional da relação na educação infantil é estar atenta e respeitar as individualidades, as diferenças e condições que cada criança apresenta para a interação com outros.

Terceira dimensão: o professor é um artesão

Mais do que um reprodutor de práticas, o professor é um *inventor de práticas*, reconfigurando-as de acordo com as especificidades dos contextos em que atua e das pessoas com as quais interage.

Ser professora na educação infantil como artesã é inventar e reinventar, com as crianças, práticas que mobilizem saberes provenientes da cultura de sua infância (que são acumulados, historicamente, pela sua formação) e ter a compreensão de que esses saberes, na interação com elementos da cultura infantil, se traduzem em saberes pedagógicos para a educação da criança.

Quarta dimensão: o professor é um construtor de sentido

Ao entender o aprender como um processo de hominização, não se pode compreendê-lo como o resultado de um processo cumulativo de informação, mas sim de um processo de seleção, organização e interpretação da informação a que cada um está exposto. O professor é mais do que transmissor de informações, ou seja, o professor é um *construtor de sentido.*

Para Canário,[30] nos encontramos em presença de uma crise de legitimidade que decorre de uma defasagem entre a instituição escolar e a diversidade de expectativas e lógicas de ação, que se fazem presentes no público escolar cada vez mais diferenciado. Assim, penso que a instituição escolar deva traduzir a dificuldade de lidar com a diversidade e providencie recursos de sentido que tornem possível aprender.

Portanto, ser professora na educação infantil como construtora de sentido é estar atenta a um fazer pedagógico que compreenda as diversas ações da criança como linguagens e, dentre elas, destaco os gestos do corpo. Movimentos que se traduzem em ferramentas para que ela possa ensaiar e expressar sua compreensão sobre situações, práticas e/ou fatos que vivencia.

Por tais razões, concluo que as dimensões da docência propostas por Canário[31] mostram uma nova configuração da função docente, principalmente, no âmbito da educação infantil, configuração que norteia a caracterização de especificidades da docência com crianças pequenas.

Enfim... especificidades da docência na educação infantil

Nota-se, então, que há especificidades da docência na educação infantil que permitem caracterizar a singularidade da profissão[32]. Estas especificidades derivam:

- das características da criança pequena: globalidade, vulnerabilidade e dependência da família;
- das características das tarefas: a abrangência do papel de educadora da infância;
- da rede de interações alargadas: relação com pais, auxiliares, outros profissionais e comunidade;
- da integração e interação entre o conhecimento e a experiência, as interações profissionais e a integração dos serviços entre os saberes e os afetos.

As características que a criança pequena apresenta no seu processo de aprender e desenvolver-se nos leva a pensar na especificidade de uma pedagogia para essa idade, em que a professora necessita ter a compreensão de que a vulnerabilidade e dependência infantil geram atitudes de cuidado. Mas, ao mesmo tempo, mostram a globalidade da educação da criança que se faz por uma enorme diversidade de tarefas, as quais têm um papel abrangente com fronteiras pouco definidas.[33]

A diversidade de tarefas vai desde o *cuidado* da criança – bem-estar, higiene, segurança – à *educação* entendida como socialização, desenvolvimento, aprendizagem e apropriação de diferentes linguagens por meio de atividades lúdicas e expressivas, pois:

> Quando se ensina a criança a cantar, a desenhar, a dançar, a contar um fato, a comparar as formas de objetos, a manipular o lápis e/ou o pincel, a expressar sentimentos, a apreciar uma imagem, a diferenciar ritmos e letras, está se proporcionando à apropriação de ferramentas que permitirão que ela se relacione com o meio de maneira cada vez mais elaborada.[34]

Portanto, a docência na educação infantil exige uma simbiose entre cuidado/educação por meio da interação de uma rede de profissionais e responsáveis pela criança. Nesse cenário, acredito que a interação e, consequentemente, a integração de saberes se fazem necessárias.

Assim, a especificidade da docência na educação infantil poderá ocorrer pela integração das dimensões propostas por Canário,[35] em interação com as características de professoras da Educação Infantil elaboradas por Formosinho.[36] Para melhor visualização destas interações apresento uma imagem que propõe a ousadia de integrar, em um desenho gráfico, as diversas dimensões citadas.

A docência na educação infantil

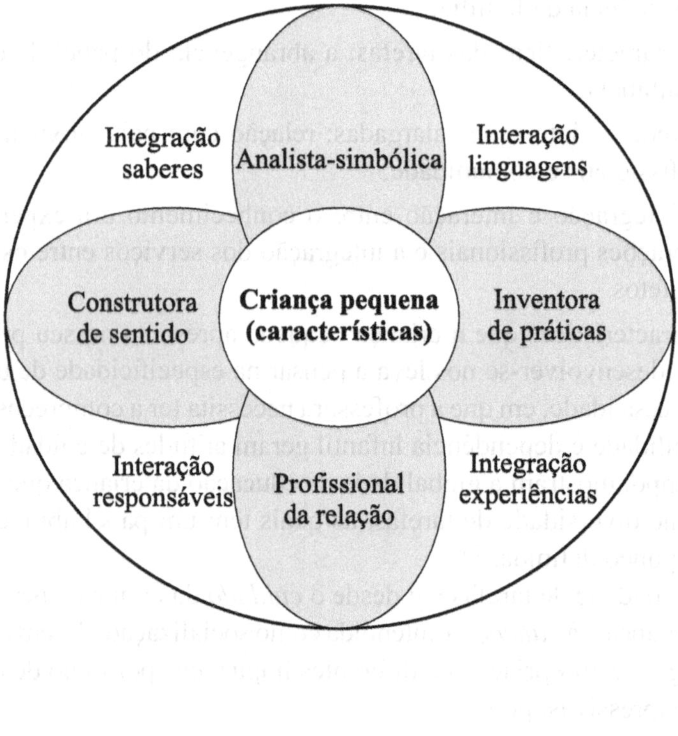

Os aportes teóricos apresentados, bem como as reflexões produzidas, me levam a pensar: quais seriam, então, as condições para ser um profissional que atendam as especificidades da docência na educação infantil?

Ressalto que são muitas, como, por exemplo: empenho pessoal, atuação consciente, reconhecimento e valorização profissional, condições financeiras, oportunidades culturais, diversas vivências e, entre elas, as artísticas e corporais, interações com diferentes áreas do conhecimento e formação docente continuada. Dentre elas, vou focar, para concluir, na formação docente.

Penso que a professora que atua com a criança pequena é uma profissional especial e poderá ser excelente profissional se for capaz de ter atitude de investigadora e se questionar constantemente. "A capacidade de um professor de construir a sua prática ou de a modificar reside na sua capacidade para a analisar."[37] Então, esse perfil poderá ser possível se a formação docente contemplar o desenvolvimento de *atitudes de investigação.*

As atitudes de investigação são atitudes que mobilizam a vontade de sempre conhecer e analisar, um desejo constante de questionar, uma disposição pessoal para elaborar e reelaborar, a ousadia de experimentar, a coragem de inventar e a disponibilidade em socializar os não saberes e as práticas bem-sucedidas.

Ser docente na educação infantil, com base no perfil apresentado, é ter sempre uma atitude investigativa da própria prática e, constantemente, fazer a sua elaboração por meio de um processo contínuo de formação. É ter o compromisso com a profissão escolhida e consciência de que suas intenções e ações contribuem na formação humana de nossas crianças ainda pequenas. Formação humana que se faz pelo acesso aos saberes, conceitos e práticas de nossa sociedade e que se apresentam como ferramentas de trabalho, pelo respeito às condições de aprendizagem que se faz pela oferta de possibilidades educacionais e, por fim, a clareza de que a professora da pequena infância é uma das profissionais responsáveis por proporcionar a conquista da autonomia e da construção de identidades das crianças pequenas do nosso país.

Notas

1 Maria do Céu Roldão, "Função docente: natureza e construção do conhecimento profissional", em *Revista Brasileira de Educação,* Campinas, ANPED/Autores Associados, v.12, n. 34, pp. 94-103, jan./abr. 2007.

2 Idem, p.94.

3 BRASIL/MEC/SEF/DPE/COEDI, 1998, p.18.

4 Ana Beatriz Cerisara, "A educação infantil e as implicações pedagógicas do modelo histórico-cultural", em *Cadernos Cedes*, Campinas, Unicamp, n. 35, jul. 2000; Maria Lucia de A. Machado, *Formação Profissional para Educação Infantil*: subsídios para idealização e implementação de projetos,. São Paulo, 1998, Tese (Doutorado em Educação: Psicologia da Educação), Pontifícia Universidade Católica de São Paulo; Maria Lucia de A. Machado, "Criança pequena, educação infantil e formação dos profissionais", em *Perspectiva. Revista do Centro de Ciências da Educação*, Florianópolis, UFSC, v. 1, n. especial, jul./dez. 1999, p. 85; Silvia Helena Vieira Cruz, "Reflexões acerca da formação do educador infantil", em *Caderno de Pesquisa*, São Paulo, n. 97, maio 1996, pp. 79-89; Regina Scarpa, *Era assim, agora não...*: uma proposta de formação de professores leigos, São Paulo, Casa do Psicólogo, 1998 e Márcia Teixeira Sebastiani, *Educação Infantil*: o desafio da qualidade. Um estudo da rede municipal de creches em Curitiba – *1989 a 1992*, Campinas, 1996. Tese (Doutorado em Educação), Faculdade de Educação da Universidade Estadual de Campinas.

5 Neste estudo, os termos utilizados para referir-se ao profissional responsável pelo trabalho pedagógico na Educação Infantil serão no gênero feminino (educadora, professora etc) com base nas considerações de Oliveira-Formosinho (2002, p. 133): "utiliza-se predominantemente o gênero feminino não porque se pretenda conceptualizar a profissão apenas no feminino, mas atendendo a que, sendo a feminização da profissão a realidade largamente majoritária, é artificial usar constantemente o gênero masculino".

6 Silvia Helena Vieira Cruz, op. cit, p. 83.

7 Por exemplo: Maria Malta. Campos, "Educar e cuidar: questões sobre o perfil do profissional de Educação Infantil", em *Por uma política de formação profissional de Educação Infantil*, Brasília, MEC/SEF/DPE/COEDI, 1994 ; Sonia Kramer (org.), *Relatório da pesquisa*: formação de profissionais da educação infantil no Estado do Rio de Janeiro, Rio de Janeiro, Ravil, 2001. e Stela Maris Lagos Oliveira, "A legislação e as políticas nacionais para a educação infantil: avanços, vazios e desvios", em Maria Lucia de A. Machado (org.), *Encontro e desencontros em Educação Infantil*, São Paulo, Cortez, 2002.

8 Profissionais sem habilitação específica para o exercício da docência na Educação Infantil.

9 Regina Scarpa, op. cit., pp. 22-23.

10 Ana Beatriz Cerisara, *Professoras de educação infantil*: entre o feminino e o profissional, São Paulo, Cortez, 2002.

11 Cecília Maria Ferreira. Borges, *O professor de educação física e a construção do saber*, Campinas, Papirus, 1998, p. 50

12 Maurice Tardif, *Saberes docentes e formação profissional*, Petrópolis, Vozes, 2002.

13 Maurice Tardif, "Saberes, tempo e aprendizagem do trabalho no magistério", em *Educação & Sociedade. Dossiê Políticas curriculares e decisões epistemológicas*, Campinas, CEDES, ano XXI, v. 73, 2000b, pp. 209-44

14 Idem, pp. 214-5.

15 João Pedro da Ponte, "Concepções do professores de matemática e processos de formação", em Margaret Brown, Domingos Fernandes, João Felipe Matos e João Pedro da Ponte (orgs.), *Educação matemática*, Portugal, Instituto de Inovação Educacional, 1992.

16 Idem, pp.195-7.

17 Ana Beatriz Cerisara, "Dinâmica das relações entre profissionais de educação infantil", em *Perspectiva*, Florianópolis, v.17, n. especial, p.109-138, jul./dez. 1999 e *Professoras de educação infantil*: entre o feminino e o profissional, São Paulo, Cortez, 2002.

18 Maurice Tardif, 2000a 2000b e 2002, cit. e Maurice Tardif, Claude Lessard e Louise Lahaye, "Os professores face ao saber. Esboço de uma problemática do saber docente", em *Teoria & Educação*, n.4, pp. 215-33, 1991.

19 João Pedro da Ponte, op. cit.

20 Bernard Charlot, *Da relação com o saber*: elementos para uma teoria, Porto Alegre, Artes Médicas Sul, 2000, p. 79.

21 Idem.

22 Idem, p. 69.

23 Idem, p. 70.

24 Idem, p. 72.

25 Bernard Charlot, op. cit.

26 A substituição, neste momento do estudo, do termo *educadora* para *professora* se faz com a intenção de incentivar o processo de construção, ressignificação e definição da identidade do profissional responsável pelo trabalho pedagógico com crianças das instituições de Educação Infantil.

27 Rui Canário, "A escola: o lugar onde os professores aprendem", e *Psicologia da Educação*: Revista dos Estudos Pós-graduados em Psicologia da Educação, São Paulo, Educ, n.6, pp. 9-27, 1° semestre 1996.

28 Idem, 1998, p. 20..

29 Idem, p. 21.

30 Rui Canário, 1998, cit.

31 Idem.

32 Oliveira-Formosinho, 2002.

33 Idem.

34 Marynelma Camargo Garanhani, *Concepções e práticas pedagógicas de educadoras da pequena infância*: os saberes sobre o movimento corporal da criança, São Paulo, 2004, Tese (Doutorado em Psicologia da Educação), Pontifícia Universidade Católica de São Paulo, p. 26.

35 Rui Canário, 1998.

36 Oliveira-Formosinho, 2002.

37 Marguerite Altet, *Análise das práticas dos professores e das situações pedagógicas*, Porto, Porto Editora, 2000, p. 118.

Bibliografia

ALTET, Marguerite. *Análise das práticas dos professores e das situações pedagógicas*. Porto: Porto Editora, 2000.

BORGES, Cecília Maria Ferreira. *O professor de educação física e a construção do saber*. Campinas: Papirus, 1998.

BRASIL. Ministério da Educação e do Desporto. Secretaria e Educação Fundamental. Departamento de Política da Educação Fundamental. Coordenação Geral de Educação Infantil. *Subsídios para Credenciamento e Funcionamento de Instituições de Educação Infantil*. Brasília: MEC/SEF/DPEF/COEDI, 1998, v. I.

CAMPOS, Maria Malta. Educar e cuidar: questões sobre o perfil do profissional de Educação Infantil. *Por uma política de formação profissional de Educação Infantil*. Brasília: MEC/SEF/DPE/COEDI, 1994.

CANÁRIO, Rui. A escola: o lugar onde os professores aprendem. *Psicologia da Educação*: Revista dos Estudos Pós-graduados em Psicologia da Educação. São Paulo: Educ, n.6, 1° semestre 1998, pp. 9-27.

CERISARA, Ana Beatriz. Dinâmica das relações entre profissionais de educação infantil. *Perspectiva*. Florianópolis, v.17, n. especial, jul./dez. 1999, pp. 109-38.

______. A educação infantil e as implicações pedagógicas do modelo histórico-cultural. *Cadernos Cedes*. Campinas: Unicamp, n. 35, jul. 2000.

______. *Professoras de educação infantil*: entre o feminino e o profissional. São Paulo: Cortez, 2002.

CHARLOT, Bernard. *Da relação com o saber*: elementos para uma teoria. Porto Alegre: Artes Médicas Sul, 2000.

CRUZ, Silvia Helena Vieira. Reflexões acerca da formação do educador infantil. *Caderno de Pesquisa*. São Paulo, n. 97, maio 1996, pp. 79-89.

GARANHANI, Marynelma Camargo. *Concepções e práticas pedagógicas de educadoras da pequena infância*: os saberes sobre o movimento corporal da criança. São Paulo: 2004. Tese (Doutorado em Psicologia da Educação) – Pontifícia Universidade Católica de São Paulo.

KRAMER, Sonia (org.). *Relatório da Pesquisa:* formação de profissionais da educação infantil no Estado do Rio de Janeiro. Rio de Janeiro: Ravil, 2001.

MACHADO, Maria Lucia de A. *Formação Profissional para Educação Infantil:* subsídios para idealização e implementação de projetos. São Paulo, 1998. Tese (Doutorado em Educação: Psicologia da Educação) – Pontifícia Universidade Católica de São Paulo.

______. Criança pequena, educação infantil e formação dos profissionais. *Perspectiva.* Revista do Centro de Ciências da Educação. Florianópolis: UFSC, v. 1, n. especial, jul./dez. 1999, pp. 85-98.

OLIVEIRA-FORMOSINHO, Júlia. O desenvolvimento profissional das educadoras de infância: entre os saberes e os afectos, entre a sala e o mundo. In: MACHADO, Maria Lucia de A. (org.). *Encontros e desencontros em Educação Infantil.* São Paulo: Cortez, 2002.

OLIVEIRA, Stela Maris Lagos. A legislação e as políticas nacionais para a educação infantil: avanços, vazios e desvios. In: MACHADO, Maria Lucia de A. (org.). *Encontro e desencontros em Educação Infantil.* São Paulo: Cortez, 2002.

PALOMO, Sandra Maria Silva. Linguagem e linguagens. *Eccos Revista Científica.* São Paulo: Centro Universitário Nove de Julho, v. 3, n. 2, dez. 2001, pp. 9-15.

PONTE, João Pedro da. Concepções do professores de matemática e processos de formação. In: BROWN, Margaret; FERNANDES, Domingos; MATOS, João Felipe; PONTE, João Pedro da (orgs.). *Educação matemática.* Portugal: Instituto de Inovação Educacional, 1992.

ROLDÃO, Maria do Céu. Função docente: natureza e construção do conhecimento profissional. *Revista Brasileira de Educação.* Campinas: Anped/Autores Associados, v. 12, n. 34, pp. 94-103, jan./abr. 2007.

SEBASTIANI, Márcia Teixeira. *Educação Infantil*: o desafio da qualidade. Um estudo da rede municipal de creches em Curitiba – 1989 a 1992. Campinas, 1996. Tese (Doutorado em Educação) – Faculdade de Educação da Universidade Estadual de Campinas.

SCARPA, Regina. *Era assim, agora não..:* uma proposta de formação de professores leigos. São Paulo: Casa do Psicólogo, 1998.

TARDIF, Maurice. Os professores enquanto sujeitos do conhecimento: subjetividade, prática e saberes no magistério. In: CANDAU, Vera Maria (org.). *Didática, currículo e saberes escolares.* Rio de Janeiro: DP&A, 2000a.

______. Saberes, tempo e aprendizagem do trabalho no magistério. *Educação & Sociedade. Dossiê Políticas curriculares e decisões epistemológicas.* Campinas: Cedes, ano XXI, v. 73, 2000b, pp. 209-44.

______. *Saberes docentes e formação profissional.* Petrópolis: Vozes, 2002.

______; LESSARD, Claude; LAHAYE, Louise. Os professores face ao saber. Esboço de uma problemática do saber docente. *Teoria & Educação,* n. 4, 1991, pp. 215-33.

Necessidades educacionais especiais

Fabiany Tavares Silva

Este capítulo apresenta algumas ideias fundamentadas em resultados de pesquisa[1] que objetivou mapear as leituras e os leitores[2] do controle e da emancipação e a forma como se articulam em torno do currículo como uma prática privilegiada na correção das diferenças sociais e culturais de cidadania.

Diante disso, tomamos como hipótese central que, na arquitetura do contrato escolar moderno, o currículo vem se revestindo no *locus* por excelência dessa correção de diferenças, em consonância com os pressupostos políticos educacionais de atribuição de direitos e deveres, que são reinventados no limiar da cultura escolar.

Para favorecer a construção da relação escola inclusiva e educação especial, aponta-se uma série de condições entendidas como favorecedoras do desenvolvimento de uma educação de qualidade para atender à diversidade. Dentre essas, cabe destacar a necessidade de contar com currículos amplos, equilibrados, flexíveis e abertos.

A introdução do currículo como um marco teórico faz supor um enfoque próprio para entender a realidade educativa, no qual a planificação metodológica e o desenvolvimento dos processos de ensino e de aprendizagem se integram e se completam. Três grandes enfoques sucessivos têm configurado a teoria do currículo: a) modelos de planificação racional, instrumento para guiar a prática; b) prático ou de processo, que prima pelo desenvolvimento prático, no qual os professores decidem sobre o que é melhor em cada situação e c) crítico, que entende o currículo tanto como um meio de reprodução social quanto uma possibilidade de mudança educativa e social.

Se, de um lado, é preciso que o currículo seja capaz de expressar e articular as diferenças, de outro, é também preciso "compreender como as relações nas quais as diferenças são construídas operam como parte de um conjunto de práticas sociais, políticas e culturais".[3]

A centralidade no acatamento das diferenças culturais para a estruturação do currículo, na atualidade, evidencia seu valor estratégico em se tratando de reformas e conformação dos indivíduos e da própria sociedade. O currículo é visto como o território de ocorrência das disputas culturais, em que se estabelecem as lutas entre diferentes significados da infância, do indivíduo, do mundo, da sociedade, no processo de formação de identidades. Em última instância, pode-se dizer que esse processo está associado aos fenômenos instituídos pela "globalização" e demais mudanças a ela associadas, o que nos levaria, então, a indagar quais culturas escolares os currículos estão produzindo e/ou ajudando a produzir.

Segundo Bourdieu,[4] a destruição das bases econômicas e sociais das aquisições culturais da humanidade, que se verifica nas sociedades neoliberais contemporâneas, tem, crescentemente, subordinado a esfera cultural aos interesses econômicos, empresariais, burocráticos ou estatais dominantes, tornando-a cada vez mais dependente desses mesmos interesses.

Para uma melhor compreensão das nossas leituras, efetuamos a seguinte divisão: breve incursão pela temática da infância e a(s) deficiência(s); algumas interpretações sobre currículo e adaptações curriculares; aproximações possíveis das leituras de controle e de emancipação no âmbito da teoria curricular com a questão da construção das adaptações curriculares. Na conclusiva parte, apresentamos uma tentativa de aproximação entre as questões do controle e da emancipação na correção das diferenças por meio das adaptações curriculares.

Infância, crianças e a(s) deficiência(s)

A inclusão de crianças com deficiência em contextos de educação formal é uma prática relativamente recente que, cada vez mais, se fortalece diante do discurso da escola para todos. Tal fato coloca essas crianças diante da inquestionável necessidade de se relacionarem e de se confrontarem com outras crianças deficientes e não deficientes, bem como com adultos, que carregam um conjunto de leituras do que significa ser deficiente. Essas leituras parecem permear as interações entre as crianças nesse contexto, para o qual existe uma ordem social adulta, monocultural, destinada à totalidade das crianças.

O tratamento dado às crianças e as concepções relacionadas à infância estão intimamente ligados às práticas e hábitos culturais da sociedade ao longo da história. Em se tratando da infância com deficiência, parece existir uma ênfase no critério da deficiência em detrimento do critério da idade cronológica. Essa ênfase alimenta o modelo de anormalidade e a denominação de "criança anormal" que, segundo Plaisance,[5] foram cientificamente legitimados ao fim do século XIX e início do XX.

A anormalidade e a criança anormal acabam por colocar em foco uma infância concebida a partir de valores, significados e discursos, nesse caso biológicos, mais do que de gênero, classe e idade. Contudo, não receberam as mesmas definições ao longo da história.

É importante demarcar que essa "dança conceitual" se deu/dá pelo cruzamento de dois sentidos, o educacional e o não educacional. Em outras palavras, uma anormalidade construída pela/na presença, ou ausência, das possibilidades de educabilidade. Idealizava-se uma infância que podia ser escolarizada, seja pelos/nos orfanatos e/ou asilos, enfim, disciplinada.

Tal construção encontrou ressonância nos estudos de Binet & Simon (1907). Para eles, as crianças anormais seriam crianças que "em virtude da sua constituição física e intelectual se tornaram incapazes de aproveitar dos métodos comuns de instrução e de educação em vigor nas escolas públicas".[6]

Essa interpretação alimentou/alimenta o modelo de *deficiência,* que viria a ser criado e recriado nos espaços institucionais como a ciência, a religião e a escola, bem como consagrado em legislações específicas, ao longo da história. Nesse processo, a deficiência transforma-se em um novo sistema de referências da ação pública, suscetível de ser aplicado a todas as idades.

Para entendermos essa modelização e sua permanência no ideário socioeducativo, levantamos, como hipótese, a noção de "civilização" de Elias,[7] isto é, o padrão de hábitos e comportamentos a que a sociedade, em uma dada época, procurou acostumar o indivíduo, nesse caso, a sua deficiência.

Para Elias,[8] o indivíduo civilizado seria aquele cujo comportamento foi transformado, moldado e condicionado para adquirir novos hábitos e novos comportamentos julgados necessários para a vida em coletividade.

Nossa leitura desse processo, no caso das crianças com deficiência, é que ele dá forma a uma assimilação da cultura dominante, isto é, da normalização, pela qual elas devem ser/são enquadradas num sistema de princípios, regras e valores difundidos pela escola, que parecem não estabelecer qualquer ligação com seus contextos de vida.

Para esses contextos, os não deficientes alimentam representações feitas de preconceitos e estereótipos que, apesar de não corresponderem à realidade, podem influenciar as suas atitudes e comportamentos interferindo na forma como as crianças deficientes vivem a sua condição de crianças no processo de educação formal.

Consideramos, também, que as relações construídas entre crianças com deficiência e não deficientes, bem como dos adultos com elas no espaço da escola, se assentam no desconhecimento mútuo, no desrespeito, na desvalorização e na indiferença com relação às suas potencialidades e possibilidades, pela intolerância diante de formas de vida específicas.

Apesar da existência de normas orientadoras de integração das crianças deficientes nas escolas, assiste-se ainda a uma tendência homogeneizante: os currículos centram-se nos conteúdos da cultura dominante e na ação do professor como transmissor da cultura, e não têm em conta as experiências de vida dessas crianças, seus pontos de vista e seus universos específicos.

Leituras e leitores de currículo e de adaptações curriculares: construindo o território para as leituras de controle e emancipação

Não se tem uma definição de currículo que abarque todo o seu sentido. Há diversas teorias sobre o que é currículo (tradicional, crítica, pós-moderna) e cada uma delas possui diferentes formas e ideologias. Não existem definições totalmente erradas ou corretas acerca desse campo. As definições se complementam, pois definir currículo como algo homogêneo é uma tarefa complexa.

O currículo não é um conceito, mas uma construção cultural, ou seja, não se trata de um conceito abstrato que tenha algum tipo de existência fora e previamente à experiência humana, e sim de um modo de organizar uma série de práticas educativas.[9]

Todo o processo norteador da escola gira em torno do currículo, tendo este, atualmente, tamanha importância, que se torna o assunto principal no meio escolar. Nos Parâmetros Curriculares Nacionais (PCN), documento organizado pelo Ministério da Educação, a fim de propor uma discussão curricular nas escolas brasileiras, o currículo é apresentado como podendo "[...] significar também a expressão de princípios e metas do projeto educativo, que precisam ser flexíveis para promover discussões e reelaborações quando realizado em sala de aula, pois é o professor que traduz os princípios elencados em prática didática".[10]

Dizer que o currículo é tudo o que se realiza na escola, desde o planejamento que o professor constrói, a relação professor-aluno, aluno-aluno, até o rendimento e desenvolvimento que o aluno apresenta, confirma o conceito acima.

Na atualidade, o currículo escolar transformou-se no referente básico da educação especial e da educação em geral, entendido como o conjunto de experiências que a escola, como instituição, põe ao serviço dos alunos com o fim de potenciar o seu desenvolvimento integral.

Tanto isso é verdade que, em 1999, o documento intitulado "Adaptações Curriculares" se apresenta para nortear as possibilidades educacionais de atuar diante das dificuldades de aprendizagem dos alunos, principalmente os com deficiência. Pressupõe que se realize a adaptação do currículo regular, quando necessário, para torná-lo apropriado às peculiaridades dos alunos com necessidades especiais. Aborda ainda que, para que alunos com necessidades educacionais especiais possam participar integralmente em um ambiente rico de oportunidades educacionais com resultados favoráveis, alguns aspectos precisam ser considerados, destacando-se: a preparação e a dedicação da equipe educacional e dos professores; o apoio adequado e recursos especializados, quando forem necessários; as adaptações curriculares e de acesso ao currículo.[11]

Um olhar periférico sobre o processo de escolarização dos alunos com necessidades educacionais especiais acentua a urgência de se reequacionar a relação entre diferença e currículo.[12] De um lado, porque é pretensão da educação, na atualidade, equilibrar a distinção entre ensino especial e ensino comum por meio da escola, com a preparação escolar da generalidade dos indivíduos. De outro, porque se está reconhecendo a necessidade de *ajustamentos* ao currículo comum, como forma de assegurar a transmissão do conhecimento legítimo, como legitimador do conhecimento que transmite e das formas de transmissão.

Para esses *ajustamentos*, a premissa reside na identificação das práticas que negam um acesso igual ao currículo e no reconhecimento das práticas que facilitam esse acesso. Desse modo, apresenta-se a consideração de que os problemas das necessidades especiais devem ser vistos como parte integrante de um processo mais amplo de aperfeiçoamento da escola e, por que não dizer, do currículo.

O que se verifica atualmente é que a estratégia de resposta às necessidades educativas especiais deixa de consistir na elaboração de um currículo alternativo ou especial à medida do *handicap* do aluno; pelo contrário, apresenta-se como a adequação progressiva do currículo regular, destinada a conseguir um equilíbrio entre o maior grau possível de normalidade na resposta educativa e a maior eficácia na promoção do desenvolvimento integral da criança, tal como a adaptação progressiva do currículo escolar em geral.[13]

Desse modo, currículo e adaptações curriculares parecem conter ideias normativas sobre alunos e ordem escolar, concretizando uma formação "imaginada", na qual o aluno é identificado como um agente racional e a ordem escolar, como um sistema de restrições objetivas. Os conceitos míticos de natureza são substituídos por científicos. A fuga do indivíduo da natureza é condição para a construção da cultura como substituta. O crescimento pessoal e o progresso escolar seguem lado a lado.

Calcado nesse objetivo, seria possível pensar as contradições inerentes à proposta das adaptações curriculares, a partir de sua gênese, o currículo. Ela nasce determinada por um forte movimento de internacionalização do capital e pela busca de atitudes padronizadas e simplificadas no mundo do trabalho.

Assim, de um lado, a inclusão, em contraposição à integração, seria emancipadora, em seu objetivo de democratizar a formação. Por outro lado, o que se tem como diferença básica entre os "normais" e os "deficientes" – a reflexão – é cada vez mais dispensável, pelas exigências das forças produtivas. Mesmo na educação inclusiva parece haver um "nivelamento por baixo", não devido à inclusão de indivíduos deficientes, mas às necessidades objetivas.

Nessa perspectiva, a concepção de currículo corresponde às experiências pedagógicas, pela qual a escola e seus indivíduos constroem e reconstroem conhecimentos. Se cabe à escola, por meio dos administradores, professores e alunos, participação ativa no processo de planejamento e desenvolvimento de tais experiências, é impossível a ocorrência de desenvolvimento curricular se desconsiderarmos a cultura escolar.

Cultura e currículo constituem um par inseparável na teoria educacional tradicional, sendo a educação e o currículo vistos como profundamente envolvidos com o processo cultural, havendo diferenças importantes a serem enfatizadas. De forma geral, a educação e o currículo estão envolvidos com esse processo, mas ele é visto, ao contrário do pensamento convencional, como fundamentalmente político.

Ao transformar a cultura em um construto central de nossas salas de aula e currículos, focalizando a aprendizagem em torno de questões relacionadas às diferenças culturais, ao poder e à história, estaríamos voltados para a resistência e a percepção das contradições. Percepções essas que poderiam esclarecer as práticas de controle e de emancipação, no processo das adaptações curriculares.

Das leituras dos leitores sobre controle e emancipação

Apoiados em Bernstein, entendemos que "o controle estabelece formas de comunicação legítimas e o poder, as relações legítimas entre categoria".[14] O poder vincula-se às relações que se instituem nas práticas curriculares e o controle refere-se aos dispositivos do discurso pedagógico que as regula. Bernstein apresenta o dispositivo pedagógico como uma condição de qualquer discurso pedagógico, das formas da realização do dispositivo como discurso, prática ou forma de comunicação pedagógica especializada.

A visão de Bernstein sobre controle simbólico e dispositivo pedagógico pode ser sintetizada da seguinte forma:

> Controle simbólico é materializado no que eu chamo dispositivo pedagógico. O dispositivo consiste em três regras às quais correspondem três arenas respectivas, contendo agentes com posições/práticas que buscam dominação. [...] Retornando às três regras compondo um dispositivo pedagógico: a regra distributiva tenta controlar o acesso à arena para a produção legítima do discurso, discursos pedagógicos são projetados desde posições das arenas recontextualizadoras, e regras de avaliação definem qualquer contexto de aquisição dado. Isso conduz a uma transição macro/micro que não é necessariamente ou mesmo raramente é uma tradução linear. As arenas como recursos podem ter diferentes graus de autonomia entre cada uma e em relação ao Estado. O dispositivo pedagógico, condição para a materialização do controle simbólico, é objeto de embates por dominação, o grupo que se apropria do dispositivo tem acesso ao dominador e distribuidor de consciência, identidade e desejo. A questão é dominador de quem, pelos interesses de quem ou para que consciência, desejo e identidade. Até aqui, então, nós temos controle simbólico mediado pelo dispositivo pedagógico, o qual é condição para a construção dos discursos pedagógicos. De qualquer modo, discurso pedagógico como linguagem tem um vasto potencial de realizações.[15]

Assim, as formas de controle parecem resultar em diferentes modos de comunicação pedagógica. Dito de outra maneira, o dispositivo pedagógico cria um regulador simbólico da consciência. Para tanto, Bernstein[16] identifica três contextos básicos e correlacionados nos sistemas educacionais, o primário de produção do discurso, o secundário de reprodução discursiva e o de recontextualização do discurso, focalizando os contextos do discurso, da prática e da organização educacional.

Para a busca do conceito de emancipação, apoiamo-nos no estudo e na análise de alguns textos de Marx, Adorno, Horkheimer. No pensamento marxista, o conceito de emancipação tem a ver com a liberdade ao nível da supressão dos obstáculos à emancipação humana, ou seja, ao múltiplo desenvolvimento das possibilidades humanas, bem como a criação de uma nova forma de associação digna da condição humana. "Dentro da comunidade terá cada indivíduo os meios de cultivar seus dotes e possibilidades em todos os sentidos."[17]

Encontramos em Marx a ideia de uma "emancipação humana geral", como a mais elevada expressão das potencialidades humanas. A "emancipação humana só é realizada quando o homem reconheceu e organizou as suas próprias forças como forças sociais, deixando, pois de separar de si a força social sob a forma de força política".[18]

O sentido posto por Adorno[19] apresenta a emancipação como um movimento de libertação consciente e de superação das formas de alienação material e simbólica, coletiva e individual. Assim, a ação emancipadora seria o meio pelo qual romperíamos com a barbárie do padrão vigente de sociedade e de civilização, em um processo que parte do contexto societário em que estamos inseridos, do "lugar" que cada indivíduo ocupa, estabelecendo experiências formativas, escolares ou não, apoiadas na reflexão crítica. Diante disso, a emancipação humana parece que não acontecerá por eventualidade, por concessão, mas será uma conquista efetivada pela práxis humana, que demanda uma luta ininterrupta.

Se o currículo (e suas novas tendências) é o principal assunto no meio escolar, ele parece ter caminhado para uma situação de dispersão, ficando ainda à margem da prática pedagógica, não sendo encontrado de maneira clara nas escolas.[20] Se o campo do currículo avança sem preocupação maior com a prática pedagógica, é gerado um fechamento no discurso, já que um projeto cultural demanda, para concretizar-se, adequados dispositivos.[21]

Assim, na análise da produção curricular, buscamos leituras e leitores que interpretam o currículo como manifestação de intenções que se estabelecem no embate exclusão-inclusão escolar, nas negociações possíveis entre a diferença (deficiência) e a homogeneidade (normalidade), que permitem apanhar indícios do controle e possibilidades da emancipação.

As discussões que interrogam a elaboração curricular para a construção de uma escola inclusiva, particularmente para os alunos com deficiência, permitem que se pense no currículo como espaço de negociação e ambivalência, fronteira na qual se encontram e dialogam as possibilidades de adaptações do chamado "currículo comum".

Para Williams, o currículo, ou os conteúdos de ensino, são o produto de uma seleção cultural, o que quer dizer que não se ensina tudo o que compõe uma cultura, mas privilegiam-se alguns aspectos e omitem-se outros.[22]

O currículo é moldado de acordo com os interesses da sociedade vigente, na medida em que a seleção é realizada em consonância com a função atribuída à escola. Segundo Williams,[23] a seleção cultural busca elementos de uma cultura, a fim de constituir um currículo que possa, no mundo contemporâneo, tornar-se efetivamente uma cultura comum. Sendo assim, ele considera cultura comum justamente aqueles aspectos da cultura que são mais comuns entre os indivíduos ou que merecem maior relevância por sua importância.

Em se tratando do universo escolar, da identificação das necessidades educacionais de um aluno como sendo especiais, parece haver uma consideração de que essas dificuldades são maiores que as do restante de seus colegas. Tal identificação, portanto, parece constituir uma outra cultura para/na escola, na qual a concepção de especial está vinculada ao critério de diferença significativa do que se oferece normalmente para a maioria dos alunos da turma no cotidiano da escola.

Dessa forma, é significativo pensar que a identidade "deficiente" e sua legitimação por meio da hierarquização do conhecimento têm acompanhado o acesso desses indivíduos ao sistema escolar, mesmo com a afirmação de determinados direitos sociais e humanos para o espaço da escola. Essa afirmação deveria ter claramente definidas as possibilidades da construção de um olhar sobre a escola que não fosse excludente, e sim contextualizador de todas as instâncias e dimensões presentes no ato educativo.[24]

Sobre isso, Santomé Torres apresenta uma importante reflexão, "As culturas ou vozes dos grupos sociais minoritários e/ou marginalizados que não dispõe de estruturas importantes do poder costumam ser silenciadas, quando não estereotipadas e deformadas, para anular suas possibilidades de reação".[25]

Isso posto, a caracterização dos alunos com necessidades especiais (como grupos minoritários) para as escolas parece se constituir em um duplo jogo de interpretação do que seja deficiência. Por um lado, porque a caracterização oficial das deficiências deve dizer respeito, acima de tudo, a um desenvolvimento intelectual abaixo da média, determinado por uma avaliação psicopedagógica constituída por critérios contingentes. De outro, porque esses critérios respondem à presença e/ou ausência de dificuldades de aprendizagem e/ou problemas emocionais, não definidores da deficiência, mas que acabam determinando os alunos como deficientes.[26]

Escola é lugar de cultura, de expressão, de valorização dos conhecimentos, práticas e conteúdos colocados à disposição dos indivíduos. Ou, como afirma:

> É a escola a instituição responsável pelo desenvolvimento das estruturas cognitivas (no nível de produção social do conhecimento) necessárias à preservação e renovação da cultura. É a escola que coloca ao dispor dos alunos diferentes quadros de referência para a leitura do mundo, através de conteúdos, métodos e relações sociais, ou seja, tanto por meio do currículo formal como do oculto, permitindo que se dê, então, o processo dialético da construção-reconstrução do conhecimento.[27]

A escola, portanto, não é apenas o lugar de aquisição de saberes, ou normas universais, mas o lugar de produção desses saberes a partir das relações ali existentes. É ela que, no bojo de sua cultura, favorece aos alunos ampla visão das relações e práticas sociais por meio da ação pedagógica e do currículo, seja ele formal ou oculto.

A seleção e a hierarquização sociais mais amplas não ocorrem a partir de critérios epistemológicos de ensino ou de aprendizagem, e sim oriundas de um conjunto de interesses que expressam relações de poder e de norma. A noção de conhecimento universal que corrobora o papel histórico do currículo, quando transposto para o interior das construções de respostas educativas, permeado pelo discurso pluralista da escola para todos, parece operar o controle da diferença.

Todavia, é na escola que o currículo se materializa, ganha forma e passa a interferir direta ou indiretamente na vida dos sujeitos. Numa outra perspectiva de análise, Conde esclarece que "[...] os currículos escolares constituem esse crivo de aprovações e reprovações pessoais, ocupando um lugar relevante nos processos de subjetivação humana".[28]

A possibilidade que o ser humano tem de assimilar os sistemas simbólicos, num processo de reconstrução, o faz mediar as suas relações com o meio social, atribuindo às experiências curriculares uma importância expressiva para as construções pessoais. Diante disso, estamos entendendo que as adaptações curriculares parecem essencializar os processos relacionais entre escolarização, deficiência e saberes, revelando-se em parcialidades e mutabilidades operadas no currículo comum.

A produção curricular, como embate e negociação de conhecimentos, não se dá em um espaço de elaboração consensual, mas de projetos em disputas por uma hegemonia, ainda que provisória ou instável; numa luta incessante para a fixação dos sentidos das capacidades de aprendizagens dos deficientes, dos diferentes, dos iguais.

Contudo, no processo curricular, o embate desses diferentes sentidos faz com que alguns grupos consigam obter hegemonias, mas que não são absolutas nem estáveis. No caso dos deficientes, eles parecem estar sujeitos à constante legitimação das adaptações curriculares, bem como do discurso da qualidade de uma escola inclusiva. Ao mesmo tempo, parece estar diante de uma educação que parece torná-los instrumentos de legitimação na busca de novas hegemonias ou na manutenção das já existentes.

O caráter flexível de tais discursos favorece articulações e rearticulações de sentidos, numa disputa cultural pela definição de objetivos e finalidades educacionais, para os quais só os "normais", como grupo hegemônico, são passíveis de atingir.

Para obter um resultado positivo, seria preciso analisar essas questões, como parte de uma interrogação mais ampla: a permanência da barbárie no interior da civilização. A civilização secretamente preserva a barbárie pelo arquivamento da memória pela indústria cultural.

A consciência da barbárie exige que nos entendamos como sujeitos potenciais e promotores de opressão. Nessa identificação, segundo Adorno,[29] ancora-se a possibilidade do comprometimento com os indivíduos, com a aprendizagem. Essa consciência resiste à barbárie. Portanto, os sentidos da educação devem estar dirigidos à autorreflexão crítica, como crítica da sociedade, tendo por objetivo evitar a repetição.

No caso específico das adaptações curriculares, é importante destacar que os problemas de dominação política e cultural da diferença, junto às fortes tendências de homogeneização da deficiência, ocultam elementos e situações de outra ordem na dinâmica escolar, qual seja, a da indiferença. Dito de outro modo, o processo de ocultação da indiferença contribui para a manutenção do sistema, a despeito das novas oportunidades de escolarização eventualmente produzidas.

Isso não significa a defesa da restrição a um currículo próprio para os deficientes, mas a tentativa de elucidação da indiferença com a qual seria possível pensar em como a dominação consegue ser eficaz e o que deveria ser feito para alterar esse quadro. O processo de emancipação, apesar de aumentar o autocontrole do indivíduo, seja por pressão externa ou interna, também é acompanhado permanentemente por tipos de libertação dos mais diversos, porém, sendo impossível a existência de uma suposta liberdade "absoluta", se por ela entendemos total independência e ausência de qualquer coação social.

O que há é a libertação de uma forma de restrição opressiva ou intolerável para outra, menos pesada.[30] À medida que as políticas curriculares oferecem uma perspectiva de que os saberes, os conhecimentos e as práticas convivem/constroem-se pacificamente em diferentes escolas, é passível que os atores escolares passem a observar as outras pessoas e a serem observadas (o que Elias chama de controle social), fazendo com que o seu código de conduta, ou padrão de comportamento, seja lentamente transformado, aumentando a compulsão de policiar o próprio comportamento.

Essa nova forma de conduta é resultado da nova e maior dependência em que foi colocado o currículo. Ele não é mais um artefato cultural apenas, pois passa a expressar uma cultura, isto é, a cultura das escolas, dos grupos diferenciados, servindo à desigualdade. Como agora o currículo vive nas escolas cercado de pessoas que o reinventam, o reinterpretam a partir da diferença, ele parece ter que se comportar em relação a cada um dos diferentes grupos que compõem a escola, de maneira a adequá-los. Necessita aprender a "ajustar suas ideias" em relação às diferentes posições dessas pessoas no processo de ensino e de aprendizagem, usar com perfeição sua possibilidade de construção de procedimentos diferenciados de ensino, e também controlar exatamente os movimentos desses indivíduos.

Se, por um lado, a monopolização da diferença/deficiência, por meio do currículo, diminui o medo dos atores escolares em relação às aprendizagens desses indivíduos, ou mesmo de sua inserção na escola dos outros, por outro lado, essa pacificação do espaço-escolar faz com que diminuam as possibilidades dessa mesma diferença/deficiência sair dos pilares do controle. Sobre o medo, Elias[31] afirma que o processo civilizador avança na medida em que ocorre uma limitação progressiva de perigos externos, tornando-os mais calculáveis, diminuindo e canalizando o medo que eles provocam.

Para que o currículo se volte para a emancipação – sinônimo de liberdade –, precisa desenvolver um aluno que se apresente como um outro diante do objeto introjetado, entendendo-se como objeto a ser refletido. Em outros termos, emancipação, liberdade e escolarização estão sempre em processo de construção.

Isso significa que não podemos congelar, para um determinado grupo de indivíduos, uma lista fechada de direitos, a começar pela educação em um processo adaptado de acesso aos conhecimentos. Tal lista será sempre historicamente determinada, e neste momento, a determinação parece ter como objetivo a obtenção de resultados educacionais que vão permitir o ajustamento às necessidades e especificações de uma suposta leitura das diferenças/deficiências.

Assim, não basta entender que a tolerância e/ou a generosidade de uma educação para todos, nesse momento histórico, é sinônimo de emancipação, sem buscarmos o necessário vínculo entre a igualdade e a solidariedade. Esse vínculo pode implicar uma educação para a sensibilidade, para a subjetivação do objeto. Nesse caso, a diferença/deficiência pode provocar os sentimentos de indignação e revolta contra um currículo que se apresenta como universal/comum. Uma universalidade que requer a reivindicação e o reconhecimento efetivo das diferenças e das particularidades, e não apenas um processo de adaptação.

Do controle e emancipação e das possibilidades de correção das diferenças sociais e culturais de cidadania

Num único ato de leitura, como num único texto, podem estar presentes discursos dominantes e de oposição, que assim constituem, mudam ou reforçam os valores e leituras da realidade, num nítido processo político. Os textos, de maneira geral, não reproduzem mecanicamente a ideologia dominante. O processo é mais complexo do que as noções reducionistas induzem. Os textos são sempre leituras preferenciais, mas não unívocas.[32] Vale a pena acrescentar que nossa interpretação dessas leituras, muito embora tente fugir da arbitrariedade, pode não escapar às limitações contidas no papel de leitor/expectador desses textos.

A compreensão do currículo como cultura é a linha que, ao articular esta análise, permite que problematizemos as adaptações curriculares como cultura do especial no horizonte da diferença. Aí reside o nosso desafio, quem sabe da escola inclusiva, que traz em si a exigência do enfrentamento do controle e a busca da emancipação.

O dilema das adaptações curriculares consiste na consciência de que o próprio projeto é uma proposta do "nós" para "eles", e de que todos os projetos partem, de uma forma ou de outra, da ideia de que suas premissas são justas e os seus fins desejáveis. Contudo, sua análise não pode dispensar a análise dos modos como operamos a construção social da diferença, questionando as imagens e representações sociais difundidas, considerando a sua pluralidade e complexidade.

Parece-nos equivocado pensar que a cidadania expressa a forma superior da liberdade humana. Por suas origens e sua função social, ela representa uma forma de liberdade, certamente muito importante, mas essencialmente limitada. A nosso ver, a efetiva emancipação humana é, por seus fundamentos e sua função social, algo radicalmente diferente e superior à cidadania, que é parte integrante da emancipação política. Esclarecer essa distinção é hoje da máxima importância, se queremos que a luta social seja claramente orientada para a superação dessa forma desumanizadora de sociabilidade, cujas raízes se encontram no capital. Por sua vez, esse esclarecimento supõe a busca da natureza mais íntima tanto da cidadania quanto da emancipação humana.

Para significar a igualdade de princípios dos indivíduos no exercício do poder político, o enunciado da cidadania moderna deve fazer abstração das diferenças sociais, de sexo, de idade etc., deve abstrair os indivíduos de suas condições de existência concretas.

No caso específico da infância, assistimos a uma tentativa de descontrução da imagem abstrata, que historicamente a identificou, aliada a uma negação da ideia da "infância ideal", mas, ao mesmo tempo, produzindo um discurso de cidadania ativa homogeneizante. Esse nos parece o preço a pagar para proclamar a igualdade política de todos os indivíduos, seja qual for seu sexo, sua "raça" ou suas condições biológico-sociais.

Acrescemos a isso os pressupostos da globalização, que por si só já se constitui em um fator de ruptura civilizatório e de suas respectivas fontes de legitimidade, pautadas em uma visão cartesiana de conhecimento e interpretação da realidade, que caracterizaram o mundo moderno. Essa ruptura não se limita ao setor político, econômico e/ou educativo. Trata antes de uma ruptura existencial que se manifesta na necessidade de construção de novos comportamentos sociais, os quais atingem e transformam as ideias e valores que estão na base de qualquer processo que busca a igualdade.

No campo específico da educação especial, essa ruptura dá lugar à educação inclusiva, fazendo emergir um novo paradigma educacional pautado na ideia de que a inclusão escolar pressupõe a eliminação de barreiras em todas as dimensões do existir humano, desconstruindo antigos parâmetros que serviram de referência, na sociedade moderna, para o ordenamento da vida social e das atividades humanas em geral.

Essa nova realidade educativa, marcada por aceleradas transformações, especificamente a tomada da diferença no espaço da escola, traz em seu bojo um forte caráter excludente, na medida em que a integração social não mais pode ser buscada no marco da ação institucional planejada, mas sim no plano do desenvolvimento das competências individuais.

Notas

1 Essa pesquisa trabalhou com resumos de dissertações, de teses (bibliotecas digitais da USP, UFRJ, UERJ, PUCSP) e de artigos (Revista *Teias e Educação e Sociedade*), publicados no período de 2000 a 2005. Vale destacar que tal período foi estabelecido em virtude de incluir o maior número de produções sobre currículo na perspectiva do "discurso da defesa do pluralismo", pautado na ideia de que a educação é para todos e deve possibilitar o convívio com a diferença, bem como a atenção à diversidade.

2 As apropriações dos textos pelos leitores implicam sempre a consciência de que a possibilidade de leitura efetua-se por um processo de aprendizado particular, de que resultam competências muito diferentes. De acordo com Chartier (*Práticas da leitura*, São Paulo, Estação Liberdade 1996), a reflexão a propósito do suporte material do sentido é fundamental para a determinação de sua efetuação nas práticas.

3 Henry Giroux, *Professores como intelectuais*: rumo a Pedagogia Crítica da Aprendizagem, Porto Alegre, ArtMed, 1993, p. 53.

4 Pierre Bourdieu, *Contra-fogo*, Portugal, Editora Porto, 1988.

5 Eric Plaisance, "Denominações da infância: do anormal ao deficiente", em *Educação e sociedade,* Campinas, v. 26, n. 91, maio/ago., 2005, pp. 405-18.

6 Binet e Simon, apud Plaisance, op. cit., pp. 6-7.

7 Norbert Elias, *O processo civilizador,* Rio de Janeiro, Zahar, 1994, v. 1.

8 Idem.

9 Grundy, 1987, apud Gimeno-Sacristán, J. *O currículo*: uma reflexão sobre a prática, Porto Alegre, ArtMed, 1998.

10 BRASIL, PCN, 1998, p. 49.

11 Cf. BRASIL, PCN, Adaptações Curriculares, 1999, p. 33.

12 Cf. Fabiany Silva e Maria Adélia Menegazzo, "Escola e Cultura Escolar: gestão controlada das diferenças no/pelo currículo", em 28ª Reunião Anual da ANPEd, *40 anos da Pós-Graduação em Educação no Brasil*: produção de conhecimentos, poderes e práticas, Manaus, Microservice Tecnologia Digital, 2005.

13 Garrido, Gil e Manjón, "Adaptações Curriculares", em Rafael Bautista, (coord.), *Necessidades educativas especiais*, Lisboa, Dinalivro, 1997.

14 Bernstein, *A estruturação do discurso pedagógico*: classe, códigos e controle, trad. Tomaz Tadeu da Silva e Luís Fernando Gonçalves Pereira, Petrópolis, Vozes, 1996.

15 Idem, p. 269.

[16] Idem, p. 268.

[17] Marx, apud Tom Bottomore, *Dicionário do Pensamento Marxista*, Rio de Janeiro, Jorge Zahar Editor, 1993, p. 124.

[18] Idem, p. 46.

[19] Theodor W. Adorno, *Educação e emancipação*. São Paulo, Paz e Terra, 2000.

[20] Cf. Silva e Pessanha, "Currículo Emancipatório ou o Controle das Diferenças?", em: *III Colóquio Luso-Brasileiro, VIII Colóquio sobre Questões Curriculares. Globalização e (des) igualdades*: os desafios curriculares, Braga, Universidade do Minho, 2006.

[21] Antonio Flavio Moreira, Propostas Curriculares Alternativas: Limites e Avanços. *Educação & Sociedade*, Campinas, v. 21, n. 73, p. 109-138, dez. 2000.

[22] Apud Jean Claude Forquin, *Escola e cultura*: as bases sociais e epistemológicas do conhecimento escolar, Porto Alegre, Artmed, 1993, p. 38.

[23] R. Williams, Cultura, Rio de Janeiro, Paz e Terra, 1994.

[24] Cf. Fabiany de Cássia Tavares Silva, "A escola e os alunos com indicadores de necessidades especiais: dimensões da cultura escolar", em *XII ENDIPE, Conhecimento Local e Conhecimento Universal*, Curitiba, pp. 2985-2995, 2004.

[25] Jurjo Santomé Torres, "As culturas negadas e silenciadas do currículo", em Tomaz Tadeu da Silva (org), *Alienígenas na sala de aula*, Petrópolis: Vozes, 1995, p. 161.

[26] Fabiany de Cássia Tavares Silva, op. cit.

[27] Burnham, 1989, apud Nereide Saviani, "Vicissitudes da organização do saber escolar: problemas da elaboração do currículo e da constituição das disciplinas escolares", em *Saber escolar, currículo e didática*, São Paulo, Autores Associados, 1994, p. 81.

[28] Diva Lúcia Gautério Conde, "Currículo Escolar e Subjetividade", em Ira Maria Maciel (org.), *Psicologia e educação*: novos caminhos para a formação, Rio de Janeiro, Ciência Moderna, 2001, p. 168.

[29] Theodor Adorno, *Palavras e sinais*: modelos críticos 2, Petrópolis, Vozes, 1995a.

[30] Nobert Elias, op. cit., p. 184

[31] Idem.

[32] Marialva Barbosa, "Recuperando um leitor do passado: apontamentos metodológicos", em *Revista Teias*, n. 3, Rio de Janeiro, 2000.

Bibliografia

ADORNO, Theodor W. *Educação e emancipação*. São Paulo: Paz e Terra, 1995. (2 ed. 2000)

_______. *Palavras e sinais*: modelos críticos 2. Petrópolis: Vozes, 1995a.

_______; HORKHEIMER, Max. *Dialética do esclarecimento*. Rio de Janeiro: Zahar, 1986.

AINSCOW, Mel; PORTER, Gordon; WANG, Margaret. *Caminhos para as escolas inclusivas*: desenvolvimento curricular na educação básica. Lisboa: Instituto de Inovação Educacional, 1997.

APPLE, Michael W. A política do conhecimento oficial: faz sentido a ideia de currículo nacional? In: MOREIRA, Antonio Flavio; SILVA, Tomaz Tadeu da. *Currículo, cultura e sociedade*. São Paulo: Cortez, 1995, pp. 59-92.

_______. *Ideologia e currículo*. Porto Alegre: Artmed, 2006.

BARBOSA, Marialva. Recuperando um leitor do passado: apontamentos metodológicos. *Revista Teias*, Rio de Janeiro, n. 3, 2000.

BERNSTEIN, Basil. *A estruturação do discurso pedagógico*: classe, códigos e controle. Trad. Tomaz Tadeu da Silva e Luís Fernando Gonçalves Pereira. Petrópolis: Vozes, 1996.

BOTTOMORE, Tom. *Dicionário do pensamento marxista*. Rio de Janeiro: Jorge Zahar, 1993.

BOURDIEU, Pierre. *Contra-fogo*. Portugal: Editora Porto, 1988.

_______; PASSERON, Jean Claude. *A reprodução*: elementos para uma teoria do sistema de ensino. 3. ed. Rio de Janeiro: Francisco Alves, 1992.

BROOKOVER, Wilbur B. A educação como processo de controle social: função conservadora e função inovadora. In: PEREIRA, Luiz ; FORACCHI, Marialice M. *Educação e sociedade*. 6. ed. São Paulo: Nacional1971.

BRASIL. Secretaria de Educação Fundamental/Secretaria de Educação Especial. *Parâmetros Curriculares Nacionais*: adaptações curriculares (estratégias para a educação de alunos com necessidades especiais). Brasília: MEC, 1999.

CASTILHO, Ela Wiecko V. de. Direito à igualdade e à diversidade: condições de cidadania. *III Seminário Nacional de Formação de Gestores e Educadores. Ensaios Pedagógicos. Educação Inclusiva: direito à diversidade*. Brasília: MEC, SEESP, 2006, pp. 55-9.

CHARTIER, Roger. *El mundo como representación*. Barcelona: Gedisa Editorial, 2002.

_______. *Práticas da leitura*. São Paulo: Estação Liberdade, 1996.

CONDE, Diva Lúcia Gautério. Currículo Escolar e Subjetividade. In: MACIEL, Ira Maria (org.). *Psicologia e educação*: novos caminhos para a formação. Rio de Janeiro: Ciência Moderna, 2001, pp.157-76.

DOWBOR, Ladislau. Motivação, valores e ética *A reprodução social*. Petrópolis: Vozes, 2003, pp. 63-81, v. III – Descentralização e participação – as novas tendências.

_______. As políticas sociais. *A reprodução social*. Petrópolis: Vozes, 2003, pp. 111-94, v. II – Política econômica e social: os desafios do Brasil.

ELIAS, Norbert. *O processo civilizador*. Rio de Janeiro: Zahar, 1994, v. 1.

FÁVERO, Eugênia Augusta Gonzaga. Direito à Igualdade e à Diversidade: condições de cidadania. *III Seminário Nacional de Formação de Gestores e Educadores. Ensaios Pedagógicos. Educação Inclusiva: direito à diversidade*. Brasília: MEC,/EESP, 2006, pp. 61-5.

FORQUIN, Jean-Claude. *Escola e cultura*: as bases sociais e epistemológicas do conhecimento escolar. Trad. Guacira Lopes Louro. Porto Alegre: Artmed, 1993.

GARRIDO, A. A.; GIL, J. R.; MANJÓN, D. G. Adaptações Curriculares. In: BAUTISTA, Rafael (coord.). *Necessidades educativas especiais*. Lisboa: Dinalivro, 1997, pp. 53-82.

GOODSON, Ivor. Currículo: *Teoria e história*. Petrópolis: Vozes, 1997.

GIMENO-SACRISTÁN, J. *O currículo:* uma reflexão sobre a prática. Porto Alegre: Artmed, 1998.

GIROUX, Henry. *Professores como intelectuais*: rumo a Pedagogia Crítica da Aprendizagem. Porto Alegre: Artmed, 1993.

MOREIRA, Antonio Flavio Barbosa. Propostas Curriculares Alternativas: Limites e Avanços. *Educação & Sociedade*, Campinas: v. 21, n. 73, p. 109-138, dez. 2000.

_______; SILVA, Tomaz Tadeu da. *Currículo, cultura e sociedade*. São Paulo: Cortez, 1995.

PACHECO, José Augusto. *Estudos Curriculares:* para a compreensão crítica da educação. Porto: Porto Editora, 2005.

PINSKY, Jaime; PINSKY, Carla Bassanezi (orgs.). *História da cidadania*. São Paulo: Contexto, 2005.

PLAISANCE, Eric. Denominações da Infância: do anormal ao deficiente. *Educação e Sociedade*, Campinas, v. 26, n. 91, p.p. 405-418, maio/ago. 2005.

SANTOMÉ, Jurjo Torres. As culturas negadas e silenciadas do currículo. In: SILVA, Tomaz Tadeu da (org.). *Alienígenas na sala de aula*. Petrópolis: Vozes, 1995, pp.159-77.

SAVIANI, Nereide. Vicissitudes da organização do saber escolar: problemas da elaboração do currículo e da constituição das disciplinas escolares. *Saber escolar, currículo e didática*. São Paulo: Autores Associados, 1994, pp. 35-62.

SILVA, Fabiany de Cássia Tavares. A escola e os alunos com indicadores de necessidades especiais: dimensões da cultura escolar. *XII ENDIPE, Conhecimento Local e Conhecimento Universal*, Curitiba, pp. 2985-2995, 2004.

______; Menegazzo, Maria Adélia. Escola e Cultura Escolar: gestão controlada das diferenças no/pelo currículo. *28ª Reunião Anual da ANPEd, –40 anos da Pós-Graduação em Educação no Brasil: produção de conhecimentos, poderes e práticas*. Manaus: Microservice Tecnologia Digital, 2005, pp. 1-17.

______; Pessanha, E. Currículo Emancipatório ou o Controle das Diferenças? *III Colóquio Luso-Brasileiro, VIII Colóquio sobre Questões Curriculares . Globalização e (des)igualdades: os desafios curriculares*. Braga: Universidade do Minho, 2006.

Silva, Tomaz Tadeu da. *Documentos de identidade*: uma introdução às teorias de currículo. Belo Horizonte: Autêntica, 1998, pp. 85-150.

Souza Santos, Boaventura de. Por uma concepção multicultural de direitos humanos. *Lua Nova*, São Paulo, n. 30, 1997, pp. 105-24.

Tonet, Ivo. *Educação, cidadania e emancipação humana*. Ijuí: Editora Unijuí, 2005.

Williams, R. *Cultura*. Rio de Janeiro: Paz e Terra, 1994.

Os autores

Gizele de Souza (Organizadora)

Doutora em educação pela PUC-SP com estágio de doutorado na Universidade de Pavia, na Itália, sob orientação de Egle Becchi. Professora do Setor de Educação e do programa de pós-graduação em educação da UFPR. Coordenadora do Nepie – Núcleo de Estudos e Pesquisas em Infância e Educação Infantil.

Cynthia Greive Veiga

Historiadora da educação, é professora da graduação e da pós-graduação da Faculdade de Educação da UFMG. Membro do Grupo de Estudos e Pesquisas em História da Educação (FAE/UFMG) e do Grupo de Pesquisa Processos Civilizadores da UEL.

Eloisa Candal Rocha

Pesquisadora do Núcleo de Estudos e Pesquisas da Educação da Pequena Infância. Professora associada da UFSC – Centro de Educação e professora-orientadora no PPGE na linha Educação e Infância.

Fabiany Tavares Silva

Doutora em educação, é professora-pesquisadora da UFMS e do programa de pós-graduação em educação (cursos de mestrado e doutorado). Líder do Grupo de Estudos e Pesquisas Observatório de Cultura Escolar.

Fúlvia Rosemberg

Doutora em psicologia, é professora titular de Psicologia Social na PUC-SP, onde coordena o Núcleo de Estudos de Gênero, Raça e Idade (Negri). É pesquisadora sênior do Departamento de Pesquisas Educacionais da Fundação Carlos Chagas.

Gizlene Neder

Doutora em história social pela USP, é professora do departamento de história da UFF, pesquisadora do CNPq e cientista do Nosso Estado (Faperj). Editora de *Passagens: Revista Internacional de História Política e Cultura Jurídica.*

Lívia Fraga Vieira

Professora da graduação e do programa de pós-graduação da Faculdade de Educação da UFMG. Associada ao Grupo de Pesquisas sobre Política Educacional e Trabalho Docente – Gestrado e do Núcleo de Estudos sobre Infância e Educação Infantil – Nepei, ambos da UFMG.

Marcos Cezar de Freitas

É professor livre-docente do departamento de educação da Universidade Federal de São Paulo e coordenador do programa de pós-graduação em educação e saúde na infância e na adolescência.

Maria Cristina Gouvêa

Professora associada da Faculdade de Educação da UFMG e professora do programa de pós-graduação em educação da mesma universidade. Pesquisadora do Grupo de Estudos e Pesquisas em História da Educação (GEPHE/UFMG).

Maria Luiza Marcilio

Doutora pela École des Hautes Études en Sciences Sociales, Université de Paris. É professora titular do departamento de história e presidente da Comissão de Direitos Humanos da USP. Fundou e dirigiu o Centro de Estudos de Demografia Histórica da América Latina na mesma universidade.

Marynelma Camargo Garanhani

Doutora em psicologia da educação pela PUC-SP, é professora de mestrado em educação da UFPR e pesquisadora nas áreas de educação da infância e formação de professores. Vice-coordenadora do Nepie da mesma universidade.

Moysés Kuhlmann Jr.

Doutor em história social pela USP, possui pós-doutorado em ciências da educação pela Universidade de Lisboa. É professor associado-doutor da Universidade São Francisco, bolsista de produtividade do CNPq e pesquisador sênior da Fundação Carlos Chagas.